国家自然科学基金青年项目“基于多agent的林权交易市场关键影响因素及其仿真研究”（编号：71303113）
教育部人文社会科学青年项目“基于多agent的林权交易市场仿真模型研究”（编号：11YJCZH199）
国际粮农组织FAO项目“Supporting policy, legal and institutional frameworks for the reform of forest tenure in China's collective forests and promoting knowledge exchange”（编号：GCP/CPR/038/EC）

中国林权交易市场研究

FOREST TENURE TRADE MARKET OF CHINA

谢　煜◎著

经济管理出版社
ECONOMY & MANAGEMENT PUBLISHING HOUSE

图书在版编目（CIP）数据

中国林权交易市场研究/谢煜著．—北京：经济管理出版社，2020.7
ISBN 978－7－5096－7236－5

Ⅰ．①中…　Ⅱ．①谢…　Ⅲ．①林业—所有权—产权转让—研究—中国　Ⅳ．①F326.2

中国版本图书馆 CIP 数据核字(2020)第 116902 号

组稿编辑：曹　靖
责任编辑：杜　菲
责任印制：赵亚荣
责任校对：陈晓霞

出版发行：经济管理出版社
（北京市海淀区北蜂窝 8 号中雅大厦 A 座 11 层　100038）
网　　址：www. E－mp. com. cn
电　　话：（010）51915602
印　　刷：北京玺诚印务有限公司
经　　销：新华书店
开　　本：720mm×1000mm/16
印　　张：15.25
字　　数：274 千字
版　　次：2020 年 8 月第 1 版　　2020 年 8 月第 1 次印刷
书　　号：ISBN 978－7－5096－7236－5
定　　价：88.00 元

联系地址：北京阜外月坛北小街 2 号
电话：（010）68022974　　邮编：100836

前　言

2003年，中共中央、国务院颁布了《关于加快林业发展的决定》，以“明晰所有权、放活经营权、落实处置权、保障收益权”为主要内容的集体林权制度改革在全国各省得到全面推进，到2016年底，除上海和西藏外，全国29个省（自治区、直辖市）确权集体林地面积27.05亿亩，占集体林地总面积的98%以上。发证面积累计达26.41亿亩，发放林权证1.01亿本，约5亿农民获得了集体林地承包经营权，全国“明晰产权、确权发证”的主体改革任务基本完成①。集体林权制度改革一方面提高了林农经营林地、投资林业的积极性；另一方面也使得林权主体分散化、林地细碎化，一家一户的小规模林地经营不利于林业总体经营效率的提高。而林权流转是解决这一问题最有效的途径之一。林权作为一种资源，只有通过转让，才有可能形成价格，在价格机制的引导下流向价值最高的用途，让林地向高效率的经营者集中，实现规模经营，达到林地资源配置效率的帕累托改进。应该说，林地确权为各类林权交易市场的产生提供了必要的条件。

2008年中共中央、国务院颁布了《关于全面推进集体林权制度改革的意见》，在完成明晰产权、勘界发证、放活经营权、落实处置权、保障收益权、落实责任的集体林权制度改革任务基础上，提出规范林地、林木流转，“加快林地、林木流转制度建设，建立健全产权交易平台，加强流转管理，依法规范流转，保障公平交易”的要求。此后，全国出现了各类林权交易机构，包括由各地林业局主管下的林权交易中心（或统称林权管理服务机构）、具有林权交易职能的林业综合服务中心、南方地区的南方林业产权交易所、全国性的中国林业产权交易所以及乡镇、村一级的林权交易机构等。这些林权交易市场为产权明晰后规范林权、林木流转起到了重要的作用。但从实际运作来看，各级林权交易市场还存在相当多的问题，主要是：①场内交易量小，交易机构的效率低；②场内交易程序复杂、交易费用高；③场外交易亟须规范；④林农流转意愿不高等问题。为此，

① 国家林业局．中国林业发展报告［M］．北京：中国林业出版社，2017.

部分省份实施一些鼓励措施吸引林农进场交易，但收效甚微[①]。建立运行有效的林权交易市场对促进林业适度规模经营、提高林业经营效率，深化集体林权制度改革至关重要，是当前林业管理实践中亟须解决的重要课题。

综上，集体林权制度主体改革虽然已经完成，但是以林权交易市场为代表的林业配套改革远没有完成，还存在诸多问题有待研究与探索。林权交易市场是优化林业生产要素配置的关键，建立健全林权交易市场对中国林业经济发展具有重要的意义，是林业经济理论研究者、林业政策制定者和社会公众共同关注的重要问题，关系到现代林业建设发展的成败。

本书共三篇八章，包括理论篇、实证篇和仿真篇。其中理论篇综合了多个学科的理论与方法，对中国林权交易市场进行理论与机理分析，为后续的实证和仿真研究提供理论支撑。第一章林权与林权交易市场概述说明了林权交易市场的产生背景、性质和运行机制及与其他交易市场的比较。第二章林权交易市场研究的理论体系说明了本书的研究思路和林权交易市场研究的理论方法体系。实证篇通过微观和宏观、场内与场外两类市场的实证研究，发现中国林权交易市场存在的问题、发展趋势和影响因素。其中微观主体的林权流转行为和流转方式选择及其影响因素研究在第三、第四两章，主要是通过对基层林农的问卷调查和访谈来进行的，同时对林权交易场外市场进行了分析。而第五、第六两章从场内市场的角度，一方面对大型林权交易场内市场发展现状进行比较，并提供了两个县乡级林权交易中心的调研案例；另一方面以全国最大的交易市场——南方林权交易所的交易为例，分析了场内交易的数据和影响交易金额的因素。仿真篇根据实证研究的结果，利用多 Agent 仿真方法，对林权交易量的增长速度和增长幅度进行仿真分析。第七章阐述林权交易市场多 Agent 仿真的思路和步骤，界定林权交易市场交易主体，进行演化博弈分析确定影响市场交易的因素。第八章进行林权交易行为的仿真建模和运行分析，得出未来林权交易市场的发展趋势。附录部分是在浙江林权调研过程中设计并发放的农户调查问卷和村干部调查问卷。

本书由谢煜主笔并设计了总体框架和撰写了各章节的具体内容，并对全书进行统稿和详细修改。洪宇星（第三章第二至第四节），杨丽颖（第五章第一节，第六章），刘园园（第七章第二、第三节，第八章）在攻读学位期间参与了全书部分章节的撰写工作。朱小静设计了附录中的两份问卷，王靓琳协助进行了问卷的整理。此外，温作民、蔡志坚、张蕾、张浩等参与了相关课题的研究工作和指

① 温作民，朱小静，谢煜．浙江省林权交易中心案例研究报告［M］．北京：中国农业出版社，2012.

导，王雨露、石博文、杨铭慧、骈媛媛四位同学校对了本书的初稿，在此一并表示衷心的感谢！

本书是著作者团队关于林权交易市场多年研究的结晶。早在2010年，在国家林业局的组织和国际粮农组织项目（Supporting policy，legal and institutional frameworks for the reform of forest tenure in China's collective forests and promoting knowledge exchange；编号：GCP/CPR/038/EC；项目负责人：温作民；课题成员：谢煜、朱小静）的支持下，研究团队就开展了浙江林权交易中心的案例研究。2011年和2013年，分别申请并获批教育部人文社会科学青年项目“基于多Agent的林权交易市场仿真模型研究”（编号：11YJCZH199，项目负责人：谢煜）、国家自然科学基金青年项目“基于多Agent的林权交易市场关键影响因素及其仿真研究”（编号：71303113，项目负责人：谢煜）。在这些科研课题的资助下，研究团队深入集体林权改革的第一线，对林农、林业局、基层林业站、乡镇、村委会以及林业企业进行了深入调查和访谈，开展了林权交易市场从微观到宏观、从场内到场外的深入研究，并形成了一系列的研究成果。在此，向支持、帮助本书研究开展的项目资助单位、林业局工作人员、林业企业、农户、基层政府等表示深深的感谢！此外，本书的出版得到了南京林业大学经济管理学院资助出版专著项目的支持，在此一并表示感谢！

谢 煜

2019年10月于南京

目 录

理 论 篇

实 证 篇

仿　真　篇

理 论 篇

第一章　林权与林权交易市场概述

第一节　集体林权制度改革与中国林业产权的变迁

一、林业产权的构成及内涵

森林资源是人类历史发展过程中不可或缺的重要生产资料和生活资料。其权属问题由来已久，我国自封建社会至民国时期，历朝历代的法典或法律均对森林资源的所有权和使用权做出过规定。而“林权”一词在我国最早出现于20世纪20年代，随着社会经济制度变化和土地改革运动的发展，对林权的理解和规范在逐步加深和完善。林权是指国家、集体、自然人、法人或者其他组织对森林、林木和林地依法享有占有、使用、收益或者处分的权利。林权作为一种具体的产权形态，它是森林、林木和林地的所有权、经营权、收益权和处分权的集合（雷加富，2006）。

林权是一种用益物权，具有主体广泛性、客体复合性、内容多样性等特征（林旭霞等，2008）。不同的权利主体对于林权的不同客体都可以有各自不同的利益需求，包括采伐利用权、采果、采脂等林中—林下资源的采集利用权、补偿权、森林景观的开发利用权、新物种的品种权等。张红霄（2008）通过集体林权制度主体改革与配套改革进行法律解析，从法律角度对集体林权制度主体改革进行分析，认为集体林权制度主体改革的法律意义在于落实集体林成员总有和林地承包经营用益物权的法律属性。这是从法律角度对林业产权进行了解读。而林权证中登记的林权包括林地所有权、林地使用权、森林或林木所有权和森林或林木使用权。

总之，集体林权是针对集体所有林地派生出的一系列林业产权，包括林地、林木的所有权、承包权、经营权、处分权、收益权在内的多种权利的统称。集体林权制度改革就是针对这一系列林业产权的重新划分，确认权利人的权利与义务。

二、集体林权制度改革的阶段划分

集体林权制度设计的根本目标是调动林地生产经营者的积极性，提高林业资源的使用效率，使之得到合理、充分的利用。为此，我国进行了数次集体林权制度改革，初始产权的重新安排始终是改革的主题（韩立达等，2009）。根据不同经济发展阶段林权改革的特点，可以将其划分为若干个阶段：

1. 林业“三定”阶段（1981~2002年）

林地作为林业生产要素的重要组成部分之一，其权属问题一直受到广泛关注。和农耕地一样，林地制度与耕地制度变革的基本方向是一致的。早在20世纪80年代，随着农村家庭联产承包制度的推广，在林地权属改革中，中共中央、国务院发布《关于保护森林发展林业若干问题的决定》，启动了以“稳定山林权属、划定自留山、确定林业生产责任制”为核心的集体林产权制度，简称为林业“三定”。逐步放开木材市场，以自留山和责任山的形式，以家庭为基本单位经营管理集体林地（吕德文，2009）。在北方平原林区，家庭经营确实促进了林业的生产发展。南方集体林区的案例点在1983年开始推行家庭经营，1984年基本完成了责任山和自留山的划定，确定了家庭经营的基本模式（刘璨，2005）。但是这一阶段的集体林产权改革由于与市场化改革不匹配、林地经营合同期过短等多种原因，造成了大规模的乱砍滥伐。此后，各地对集体林产权实现形式进行不同的探索，如福建的股份合作制和辽宁强化农户经营模式以及山东等地拍卖租赁等（朱文清等，2018）。

2. 集体林权制度改革试点阶段（2003~2007年）

鉴于集体林地经营粗放，林地生产力水平低和对农民收入贡献低，各方利益主体对前一阶段的林地制度安排均无法满意。自2003年，中国掀起了自下而上的新一轮集体林权制度改革的浪潮，特别是在集体林分布广泛的中国南方省区市。2003年中央9号文件颁布了《关于加快林业发展的决定》，以“明晰所有权、放活经营权、落实处置权、保障收益权”为主要内容的集体林权制度改革开始在南方集体林区进行试点。

以福建为例，福建省政府出台《关于推进集体林权制度改革的意见》（2003年4月，闽政〔2003〕8号），全面推进以均山到户为主的集体林产权制度改革工作，将集体林的经营权长期交给农户家庭或联户经营，使其成为农民增收的稳定来源。具体政策包括：①明晰所有权，落实经营权。在保持林地集体所有的前提下，进一步明晰林木所有权和林地使用权，落实和完善以家庭承包经营为主体、多种经营形式并存的集体林经营体制。将林地使用权、林木所有权和经营权落实到户、到联户或其他经营实体。②开展林权登记，发换林权证。林木所有权、林地使用权一经明晰，必须及时开展林权登记，发换全国统一式样的林权证，以依法维护林业经营者的合法权益。③建立规范有序的林木所有权、林地使用权流转机制。遵循林地所有权和使用权相分离的原则，在集体林地所有权性质、林地用途不变的前提下，根据林业生产发展的需要，按照“依法、自愿、有偿、规范”的原则，鼓励林木所有权、林地使用权有序流转，引导林业生产要素的合理流动和森林资源的优化配置，促进林业经营规模化、集约化。

国内学者在这一阶段的主要研究集中在集体林权制度改革的具体做法（中共崇义县委，2006），取得成效（孔祥智等，2006；贾治邦，2006）方面。当时南京林业大学经济管理学院承担了福建省林业厅《福建集体林权制度改革及林业产业化》课题，该书编写团队对福建三明、南平等地集体林权制度改革进行了调研和经验总结，取得了丰富的研究成果。

3. 集体林权制度改革全面推进阶段（2008 ~ 2013 年）

2008 年，在南方集体林区林改取得初步成效的背景下，中共中央、国务院颁布《关于全面推进集体林权制度改革的意见》（中发〔2008〕10 号），要求用 5 年左右的时间基本完成集体林地的明晰产权、承包到户的改革任务。在此基础上，通过深化改革，完善政策，形成集体林业的良性发展机制，实现资源增长、农民增收、生态良好、林区和谐的目标。在坚持集体林地所有权不变的前提下，依法将林地承包经营权和林木所有权，通过家庭承包方式落实到本集体经济组织的农户，确立农民作为林地承包经营权人的主体地位。林地的承包期为 70 年，承包期满，农户可以按照国家有关规定继续承包。到 2013 年底，全国除上海和西藏以外的 29 个省（区、市）已确权面积 27.05 亿亩。全国累计发证面积达 26.41 亿亩，占已确权林地总面积的 97.63%。发证户数 9076.94 万户，占涉及集体林权制度改革总户数的 60.53%。全国“明晰产权、确权发证”的主体改革任务基本完成。

4. 林改配套改革和完善阶段（2009 年至今）

随着集体林权制度改革的全面推进和主体改革任务的完成，制约林业生产力发展的体制机制问题逐步显现出来。为进一步确保林农手中的集体林地能够达到农民增收、森林资源增长和生态良好的目标，与之相应的配套改革和政策完善一直在进行中。林地、林木规范流转问题，产权明晰之后的适度规模经营问题，林权抵押贷款和收储问题，林地、林木资源评估问题等随着林改的深入逐渐浮现出来，为此，以乡镇林业站、县林业局为主导，以各级林业主管部门为依托成立的林权管理机构承担了很多的职能。2012 年底，全国成立县级及以上的林权交易服务机构 1186 个，林业专业合作组织 11.15 万个。这一阶段的配套改革主要包括围绕林业金融和公共财政支持制度改革（包括林权抵押贷款、森林保险、林地林木资产评估、林业公共财政等）、林业市场体系建设（包括林业税费减免、林木交易市场放开、林业合作组织建设等）、生态林业建设（包括生态林区划与管护、生态林补偿机制等）、林业管理服务体制机制改革（包括采伐管理制度、林业要素服务中心建设、林业管理机构整合等）四个方面（贺东航等，2014）。配套改革既有中国林业建设中长期遗留下来的老问题，也有本轮集体林权制度主体改革之后的新现象、新问题。

同时，随着集体林权制度主体改革的完成，林权进一步明晰，林地、林木经营权落实到农户家庭，但是一家一户的经营难以与林业适度规模相适应，在承包权长期不变的背景下，有必要进行林地经营权的流转。但是流转林地之后，流入方只有流转合同，其中规定了流转期、金额等事项。流入的林地经营权无法进行林权抵押贷款，使得流入方的林地经营受到限制。为此，浙江安吉、龙泉一带开始由林业管理部门试着发放经营权证。2013 年 10 月《浙江省林地经营权流转证发证管理办法（试行）》的实施意味着符合条件的林地经营主体可获得林地经营权流转证，林地承包权仍由林农掌握，真正实现所有权、承包权、经营权的三权分置，开启了深化林权改革的新路径。

在国家层面上，2016 年，国务院颁布《关于农村土地所有权承包权经营权分置办法的意见》，将农村土地产权中的土地承包经营权进一步划分为承包权和经营权，实行所有权、承包权、经营权分置并行，“三权分置”是继家庭联产承包责任制后农村改革的又一重大制度创新。2018 年，新《农村土地承包法》通过了全国人大投票表决新增加了土地经营权。修改后的农村土地承包法以法律的形式既保证了原村集体农民的承包权，同时又使受让人获得权利保障，有利于土地适度规模经营，发挥农村土地资源的效率。在林业方面，随着集体林权制度改革进一步深化，2016 年 11 月，国务院办公厅印发了《关于完善集体林权制度的意见》。提出“逐步建立集体林地所有权、承包权、经营权分置运行机制，不断健全归属清晰、权能完整、流转顺畅、保护严格的集体林权制度，形成集体林地集体所有、家庭承包、多元经营的格局”。将林地承包权与经营权分离，在“所有权、承包权、经营权”三权分置的基础上，进一步促进林地资源生产力的发展。同时，在健全林权抵质押贷款制度、鼓励集体林权有序流转、完善森林采伐更新管理制度、充分调动社会资本、完善林业社会化服务等方面提出了新的要求。

第二节　林权交易市场的分类及其运行机制

一、林权交易市场研究的背景

自 2003 年，国务院、国家林业局发布 9 号文件《关于加快林业发展的决定》以来，按“一次分配考虑公平，二次分配考虑效率”的原则，集体林权制度改革在全国得到广泛的开展，将集体的山林分给了林农，办理了林权证，农民对林木拥有了所有权、经营权、处置权，为林地的二次配置提供了必要的条件。由于各地在林权改革中多数采取按家庭人口数平均分配的方法，农民一家一户的林地比较分散，林地细碎化现象严重，难以实现林地的规模化经营，导致农民对林地的经营不够重视，经营积极性较低，林地的经营效率比较低。因此，可以认为集体林权制度改革完成了明晰产权的任务，为林地资源的流转提供了必要的条件，但同时也带来了林地经营细碎化的问题。

从林业产业的效率角度，中国林地的经营效率远低于世界平均水平，且低于我国农地的经营效率。随着我国林业第二产业特别是木材加工业的快速发展，对木材的需求逐年增加。木材进口量较大，对外依存度高。2011 年我国进口原木 4233 万立方米，是同年国内木材产量的 52%①。与农业相比，中国 18 亿亩耕地解决了 13 亿人口的吃饭问题，而我国现有林地 43 亿亩却没有解决 13 亿人的用材问题，更没有满足社会对生态产品的需求。第七次森林资源清查结果显示（朱永，2009），每公顷乔木林的蓄积量约为 85. 88 立方米，只有世界平均水平的 78%，因此，无论是与农业用地相比，还是与世界平均水平相比，我国林地的潜力远未发挥，还有待挖掘。虽然造成我国林地经营效率低下的原因很多，但是细碎化是导致这一结果的主要原因。

为了解决林地经营效率低下、细碎化的问题，国内外林业经济管理方面的学

① 《中国林业统计年鉴》（2011）。

者、相关管理部门进行了广泛的研究与实践，所达成的共识是林权流转是解决上述问题的有效途径之一。而林权交易市场提供了林权流转的场所，是林权交换关系的总和（谢屹等，2012），是集体林权制度改革深化的产物，是后林改时代配套改革的重点。从实践角度，国内多家林权交易机构随着集体林权改革的深化而成立，其核心职能主要是从事林权交易信息发布、林权交易变更登记、林权抵押贷款等业务。截至2011年，全国27个省（区、市）成立县级及以上林权交易服务机构（包括综合服务中心设立的交易机构）1065个，2012年底，全国成立县级及以上的林权交易服务机构1186个；至2012年全国累计发生集体林地流转面积1.92亿亩，占已确权林地的7.12%。林权交易市场是林权供给与需求双方的供求关系的集中反映，市场出现了交易量萎缩、交易机构效率低、交易程序复杂、林农转出意愿低等问题（温作民等，2012），呈现出弱市场化的态势（陈念东等，2012）。而1994～2000年，美国北缅因州参与流转的商品林地面积达80%，且流转后的林地收益水平远高于未流转的林地（Jin et al.，2006）。由此可见，现阶段中国林权交易市场发展还存在较大的差距和问题。在理论研究方面，虽然研究林权流转的文献很多，但由于林权交易市场出现的时间不长，针对林权交易市场的研究还较少，与林权交易市场发展的实践不相称。在我国各级林权交易机构已经基本建立的基础上，分析中国林权交易市场问题、运行机制非常有必要。

二、不同机制主导下的林权交易市场

林权交易市场作为一般产权交易市场的组成部分，与其他产权交易市场相比，由于其起步较晚和林业自身的特点，形成了不同机制下主导下的林权交易市场（谢煜等，2013）。

1. 政府主导下建立的林权交易机构

（1）全国性的林权交易市场。为提高林业资源配置效率，鼓励林业生产经营要素向高效率、规模化经营方向集中，提高林业的经营效益，国家林业局与北京市政府联合于2009年11月建立了中国林权交易所（以下简称中国林权所），这是我国第一个国家级林业产权交易所。中国林权所的主营业务除林权流转外，还包括大宗林产品交易、林业碳汇交易、金融与国际业务服务等。在林权流转方面，建立了国家级林业产权交易平台，搭建了全国林权信息权威发布平台，组建林业资产评估权威中心。中国林权所于2010年3月在成都注册设立控股子公司——中国林权所西南林权交易中心，负责公司西南地区的业务开展。

（2）以省或地区为基础形成的林权交易市场。南方林业产权交易所是经江西省机构编制委员会办公室批准设立的全额拨款事业单位，于2009年11月7日正式挂牌成立。主要职能是实现林业产权交易市场的整合、建设、运营和指导管理，规范和指导林权、林业企业股权、林业科技成果（项目）、大宗林产品转让的服务，开展林权抵押贷款、森林保险、森林资源资产评估、林业法律法规和政策咨询等服务。类似的林权交易市场还有华东林业产权交易所、广州林业产权交易中心等。

（3）县、乡级林权交易市场。县一级的林权交易市场是县级林业局的派出机构，设立在林业局内的专门林权管理中心，另外也有作为县级行政服务中心的一部分而存在，如浙江的遂昌、安吉等地。

乡镇一级的林权交易市场是以原来的乡镇林业站为基础，在原有职能的基础上（谢煜等，2007），增设林权交易中心，承担林权交易中的办证、评估等工作。除此之外，为了方便林农交易，降低交易成本，部分地区还在村级设立了林权交易服务点。

县、乡一级林权交易机构的主要职能包括林权信息发布、变更登记、林权证发放、林权抵押贷款、法律政策咨询等，部分县、乡级林权交易机构还提供了森林资源评估、抵押担保与收储等服务。

2. 在以市场机制为主导下自发形成的林权交易市场

林权交易市场中维系市场正常运行的是林业产权的供给与需求。而在市场机制主导下，市场通过价格来调节供需，从而形成了市场机制主导下的林权交易市场。市场机制主导下自发形成的林权交易市场的特征有：①以个体经营者为主，一般交易者直接与林农打交道，经双方协调形成的交易，多以木商为主，如卖青山的交易；②一家一户的小规模林权的临时出租或转让；③林业经营大户长期投资林业经营，与林农签订的长期经营的书面和口头协议；④中介组织（如林业股份合作社）在场外交易中起到了重要的作用，林农以林地入股，参与分红。

两类不同机制主导下的林权交易市场及交易主体之间的关系如图1-1所示。交易主体包括林农、企业、木材商人、村集体以及合作社等，他们根据自己的意愿和需要选择交易市场。在林权交易市场中，政府主导下建立的林权交易机构中交易面积、交易频数和交易双方信息可以统计，其交易过程规范化、合法化，因此又称之为场内交易。而大量存在的市场机制导向下的私下交易，则称为场外交易，其交易面积、交易面积所占比例、交易户数等信息不明确，统计的难度较大。

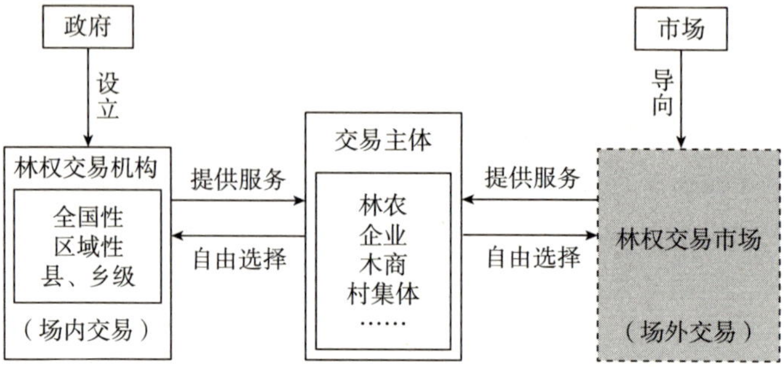

图 1-1　不同机制主导下的林权交易市场

为了获得林权交易市场发展现状的第一手资料，课题组在多个研究项目的资助下，从2010年起多次深入浙江安吉、遂昌、龙泉、平阳，福建邵武、建瓯、延平、尤溪等南方集体林区，通过与省、市、县林业主管部门，林权交易机构，村集体，林农，经营大户，木材商人的访谈和半结构式问卷，获得当地林权交易的统计资料和林农访谈的问卷调查数据，在这些资料的基础上，开展林权交易市场的运行机制研究。其中场外交易的数据主要采用参与式农村评估法（PRA）和农户抽样问卷调查获得相关信息。

三、林权交易市场运行机制分析——基于林权交易过程

林权交易市场无论场内场外，其核心目标是为了辅助和促成林权交易的完成。因此，有必要从林权交易的全过程来看不同机制对市场的影响（见图1-2）。为此，本书将林权交易过程分解为交易过程的支持、保障体系两个部分。林权交易过程可以从林权交易双方有转入、转出的意愿开始，到信息搜寻和发布、谈判、签约与交付、履约和执行以及评价与反馈等环节所组成。这是林权交易的一般过程，其中交易双方可根据本次交易是否顺利进行以及完成并执行后的结果，进行成本与收益比较，根据学习和自适应机制来决定下一次是否转入或转出林权。而林权交易的支持和保障体系对整个林权交易过程起到促进、支持、辅助和保障的作用，包括提供信息交流平台、法律和政策咨询、森林资源价值评估、林权核实和变更登记以及在执行中可能存在的仲裁和协调等工作，其核心目标是促成林权的交易，保障林权交易的安全和降低林权交易的成本。

从交易双方在信息搜寻、比价、谈判和交付的林权交易过程来看，市场机制占主导地位，商品的价格起到主要的调节作用。而林权交易过程的支持、保障体系则不能完全由市场机制来配置，在促成林权交易、降低交易成本的过程中，相

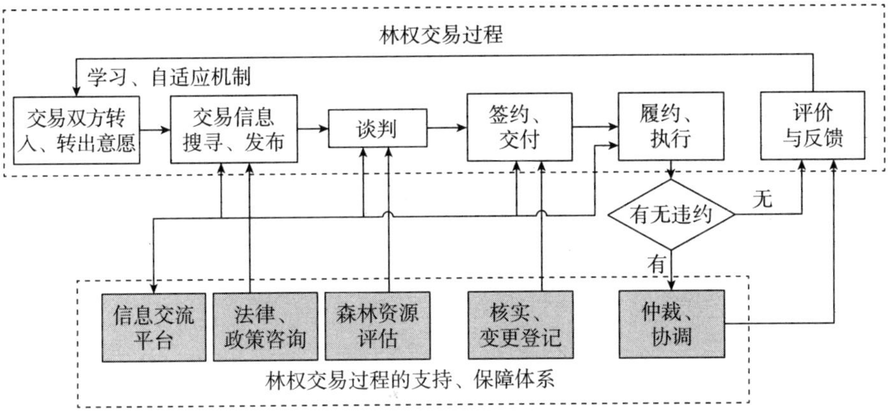

图1－2 林权交易过程及其支持、保障体系

关的政策、法律制度起到了重要的调节作用。在目前林权交易市场的市场机制尚未发展健全的情况下，政府主导下的林权交易机构承担着林权交易过程的支持、保障的功能，为支持林权交易市场的规范化起到了一定的引导作用。但是随着市场的发展，林权交易市场越来越趋向于成熟化，政府所承担的部分角色可以移交给中介组织去完成。例如，信息平台建设、政策解读、森林资源评估等功能，而保留核心的林权证变更、登记和法律仲裁这些直接与政府管理职能和法律制度有关的功能。在比较成熟的房地产交易市场中，信息交流、法律与政策咨询、房产评估等都由中介来完成，政府只是做到核实、变更登记、发放房产证等。

第三节 林权交易市场性质及其与其他交易市场的比较

一、基于交易成本的林权交易市场的性质分析

林权交易市场作为集体林权制度改革后的一类新生事物，有必要对其性质进行分析。从交易角度分析，林权交易市场提供了各类林业产权的交易场所，为林权的出让方和受让方进行规范合法交易提供了软、硬件保障，其目的是为了优化林地、林木的资源配置而建立起来的综合性服务机构。林权流转的最终实现必须依靠完善规范、运行有效的交易市场。营林业作为一种适合规模化经营性质的产业，集体林权制度主体改革只是解决了产权明晰的问题，而后续林权交易市场的

建立成为农户进入市场的重要桥梁，可有效地解决林权制度改革后小农户生产与林业适度规模经营之间的矛盾，而且可以加速实现林权主体的效用和收益，促使生产要素的配置由低效率向高效率方向流动（朱再昱等，2010）。

1. 影响交易成本的四个方面

在《企业的性质》一书中，经济学家科斯提出了交易成本的概念。后来奥利弗·威廉姆森在科斯理论的基础上，又具体分析了在什么情况下会使市场交易成本提高到使它失效的程度。他的分析着重在以下四个方面：

（1）机会主义行为。威廉姆森对经济分析中关于人的行为特征的基本假定作了新的界定：经济生活中的人总是尽最大能力保护和增加自己的利益，也就是说，经济中的人都是自私的，而且，为了利己还可能不惜损人。不过，人的行为要受到法律的制约，违反了法律，就要受到法律的制裁，所以法律使损人利己的行为受到一定的节制。威廉姆森把人一有机会就会不惜损人而利己的“本性”，称为机会主义。人的这种本性直接影响了以私人契约为基础的市场效率。市场上交易的双方不但要保护自己的利益，还要随时提防对方的机会主义行为。每一方都不清楚对方是否诚实，都不敢轻率地以对方提供的信息为基础，而必须以自己直接收集的信息为基础作出交易决策。因此，机会主义的存在使交易费用提高。交易越复杂，交易费用提高的幅度也越大，作者认为，对于机会主义的认识，是他对经济学首创的贡献之一。一切足以引起提高市场交易费用的其他因素都是通过人的机会主义行为，才会具体转化为交易费用的上升。

（2）不确定性。包括经济生活在内的人类社会发展变化不是简单的机械运动，不可能完全准确预测未来的局势；或者说，未来充满着不确定性。在市场中，一项交易从发生到完成总要持续一段时期，在该时期中可能会发生很多影响交易双方权利和义务的事件，从而影响交易契约的执行。又由于合同执行者很可能有机会主义行为。那么，当市场条件变化对他不利时，他可以借口契约的前提改变而停止履行合同，在不违反法律的情况下给交易伙伴造成损失。为了避免这种情况的发生，交易双方将尽可能把契约写得复杂，力图包括一切未来的可能性，以及每一种情况发生时双方的权利和义务。但是，任何契约不可能是完全的，总会给机会主义行为留下可乘之机。其基本态势是，交易本身越复杂，交易谈判及其所达成的契约越趋复杂化，交易费用就越高，市场作为一种交易的管理机制，其效率就越低甚至不能完成交易。

（3）小数目条件。如果市场是充分竞争的，交易的一方对另一方的依赖性就很小，那么，机会主义本身就会有颇高的代价——机会主义的行为使机会主义者失去交易伙伴。因此，竞争的压力会使经济利益的考虑较少地诱发机会主义行为，而是抑制机会主义行为。然而，如果市场上角色的数目很小时，那么，交易的一方对另一方的依赖就会增大，经济利益的考虑就会更多地诱发机会主义行为。当市场是寡头甚至垄断时，依赖寡头和垄断的另一方就要付出很高的代价，或者说，对于非寡头、非垄断的一方，市场交易费用将会十分高昂。

（4）资产专用性。随着市场的扩大和分工的发展，出现了使用日益专一的生产要素。生产要素越是专用的，设计就越简单，制造费用就越低。资产的专用性有三种：一是资产本身的专用性，如特殊设计能够一次性加工成某个部件的设备。二是资产选址的专用性，如为了节省运输费用，设备一般以原料产地布局，一旦建成，移迁费用很高甚至使移迁成为不可能。三是人力资本的专用性，如果一个企业具有专用性人力资本，则有一些雇员在这一企业的工作中积累了与此相关的丰富经验，那么他的经验和技术是适用于这个特定企业的。对于厂商，重新训练类似的雇员需要花费很多时间或很高费用，同时，他的这些经验和技术也并不适合其他厂商。维持长期稳定的契约关系，对于厂商和这类雇员都会有好处。专用性资产的出现大大提高了厂商对交易伙伴的依赖性。资产的专用性程度越高，专用性资产价值越大，拥有专用性资产的厂商对交易伙伴的依赖性越大。如果他的交易伙伴不再保持交易关系甚至中断交易关系，就可以使他的专用性资产蒙受重大损失。因此，对于拥有专用性资产的厂商，虽然是降低了生产费用，但如果他仍然依赖市场的话，将大大提高自己的交易费用。

以上四个因素在市场交易中会互相影响并会大幅度提高综合性的市场交易费用。对于复杂的、市场交易成本很高的资源配置过程不应由市场机制来运行，而应通过企业之间的合并，把原来的市场交易转变为企业内部的资源配置过程，即所谓内在化，从而实现降低费用的目的。也因此，我们并不能一般地、笼统地评价市场交易成本的高低，而要依据具体的交易对象和交易过程特点，分析其交易费用的高低，从而得知这个过程是否采用市场机制。

2. 基本交易成本的林权交易市场性质分析

基于奥利弗·威廉姆森的交易成本分析框架的四个方面，对影响林权交易市场的交易成本的四类因素进行分析，可以说明林权交易和林权交易市场的性质。

（1）林权交易中的机会主义行为。林权交易中的买卖双方作为理性交易主体，均有可能出现损人利己的机会主义行为。例如，在行使林权时拒不按合同履行相关的义务，干扰林地经营者的正当经营活动等。因此，为了防止此类行为的产生，林权交易活动中必须要有规范的合同文书。多数林权交易中心（或林权管理服务机构）都有相应的规范性文本提供。同时，为了保障转入方的权利，发放林地、林木经营权证可进一步从法律角度对受让方林权进行保护，并且可以进行林权抵押贷款。因此，林权交易市场可以减少林权交易过程中的机会主义行为，从而降低交易成本。

（2）林权交易的不确定性。在交易过程中，林权交易双方既要面临来自环境（或市场）的不确定性，又要面临交易双方行为的不确定性。这些不确定性是造成交易成本增加的原因之一。特别是随着经济的发展，木材价格的逐年提升，吸引了社会资本参与速生丰产林的建设。同时经济林（主要是非木质林产品）和林下经济也得到长足发展，林地的经济价值逐年提高。早在 20 世纪 80 年代，广西、海南等地的宜林荒山荒地的承包价格低至每年 1 元/亩，而现今，随着当地速生桉树和相思树的种植，林地的经济价值和承包价格提升了几百倍。这种环境和市场的不确定性在林权交易中比较明显，也是造成林权交易合同无法履行的主要原因。林地使用权流转时间较长的更是如此。而林权交易市场所提供的森林资源评估可以在某种程度上降低不确定性，提供森林资源的公允价值。交易双方行为的不确定性是在执行合同的过程中个体策略性地隐瞒、掩盖或扭曲信息等机会主义行为从而对交易产生的影响。

（3）林权交易双方的小数目条件。由于林地、林木资源的稀缺性，林权交易中存在小数目条件，表现为可以提供给林权交易市场进行交易的林地、林木资源的有限性。从买方角度，通常从事林地经营林长期流转的转入方，特别是一些林业经营大户，具有一定的林业经营和市场的经验，转入林地后，通过投资使林地的经营效率和投资收益大幅度提高。而相当一部分的林地经营权流转主要还是在当地村集体或周边农户中进行，外来人员通常不参与此类林地的流转。对长年从事木材经营的商人来说，通常有固定的经营区域，短期地流转成熟林，承包期一般在 1 ~2 年，采伐之后进行营林更新，经营权到期后再返回到原卖方手中。

（4）林权资产的专用性。专用性资产指的是为支持某项特殊交易而进行的持久性投资，一旦形成便很难转移到其他用途上。如果交易过早地终止，所投入的资产便可能无法补偿。因而资产的专用性越强，越需要交易双方建立一种稳定的、持久的契约关系。资产专用性有三类：资产本身的专用性（林地的专用性）、资产地理区位的专用性和人力资本的专用性（林农不专用，但是专业技术人员具有专用性）（谢和生等，2011）。林权流转中林地、林木经营权具有专用性的特点。表现为林地属性一旦明确下来，很难变更用途，只能从事林地、林木经营活动。所以林权的专用性特征也是导致交易成本提高的因素之一。

林权交易中的机会主义行为、不确定性、交易双方的小数目条件和林权资产的专用性是提高林权交易成本的重要因素。如果市场想要降低交易成本，促成更多的交易行为，则有必要将上述四个方面的影响降低到最小。

二、林权交易市场的性质分析

林权交易市场作为一类新生事物，其内在的市场性质有必要进行探究。韩雅清和魏远竹（2017）从双边市场的角度对林权交易市场的性质进行分析，研究发现林权交易中心具有需求互补性（林权交易中心、林权需求方与林权供给方）、交叉网络外部性（平台转出方和转入方数量匹配）和价格结构非中性（交易平台向林权供需任何一方收取的费用发生变化，都会对林权交易平台的总需求和总交易量产生直接的影响）的双边市场一般属性，以及林权交易中双边参与主体多元化、交易对象复杂化和交易中心公益化的特殊性质。

从林权交易市场的研究性质角度分析，谢煜等（2014）提出林权交易市场具有参与主体多样性、发展的长期性与动态性、政策的不可实验性等特点。

1. 林权交易市场参与主体的多样性

林权交易市场参与主体有林农、村集体、县乡村级林权交易中心、企业、中介组织、基层政府等。各主体的利益不同，取向不同，在不同政策条件、市场条件、社会环境中的决策有着很大差异，且在市场中相互作用，形成了一个复杂的林权交易市场系统。在这个系统中，林农是重要的主体之一，但不是唯一的，因此在研究中不能只考虑其中的一部分主体，而忽略了其他主体。而且，不能忽视主体间的相互作用，主体是自适应的，或称为理性的决策者，能够对其他主体的行为进行反应。由于这种自适应性导致的复杂性在研究中应充分考虑。

2. 林权交易市场发展的长期性和动态性

林权交易市场的发展对林业的作用是长期的。虽然从理论上，林权交易市场是实现林业规模经营的有效途径，但目前从集体林权制度改革绩效来看，并未达到预先设计的要求。从长期发展趋势来看，需要多少个交易周期、林权交易比例达到多少、交易主体的投入和产出大小才能最终实现林业生产要素的有效配置，实现现代林业的目标。这是一个长期性和动态性的问题，受到诸多因素的影响。要识别出这些关键影响因素，并发现这些因素对林业发展的长期和动态影响。

3. 影响林权交易市场发展政策的不可实验性

在林权交易市场研究中，由于该市场具有资产专用性强、不确定性程度高和交易频率低的特点，出现了弱市场化的特征（谢和生等，2011），而要改变现状采取的正确措施是什么？从理论上由于对市场假设前提的高度抽象，而现实的交易现状又存在复杂性的特点，所以相关假设无法实验，相应的政府应该采取的促进林权交易市场的发展措施效果难以预料。这一直是困扰各级政府的政策导向问题。例如，浙江省安吉县递铺镇政府2009年出台政策鼓励土地流转，“对当年新增成片流转林地200亩且流转期限10年以上的，规范签订流转合同，经验收合格的，县财政对流出户一次性补助35元/亩，村级一次性补助每亩15元/亩，镇财政给予扶持配套资金10元/亩”，后2010年又提高了补助标准①。但据实地调研情况来看，这些补助措施并未达到政策的预先设想。这类政策试错的方法实施成本高，效果不明确。

三、林权交易市场与其他交易市场的比较

为了进一步了解林权交易市场的特点，有必要将林权交易市场与其他经济社会中常见交易平台进行对比。近年来，随着经济的发展，其中最受关注的有房地产交易市场、股票交易市场等。本书将从交易对象、交易透明化程度、不确定性、交易频率和机会主义行为五个方面进行探究（见表1-1）。

表1-1 林权交易市场与其他交易市场的比较

特性＼交易市场	房地产交易市场	股票交易市场	林权交易市场
交易对象	房产所有权，土地使用权	股票所有权	林地使用权、经营权；林木所有权、使用权
交易透明化程度	有专业公司进行估价，同类地段报价可以参考	价格完全透明	影响价格的因素较多，估价有专业公司，同类地段参考性较差
不确定性	市场价格波动较大，受调控政策影响	市场价格波动较大，容易变现	林地、林木价格有波动；且存在自然风险（病虫害、火灾、恶劣天气等）
交易频率	交易频率低	交易频率很高	交易频率极低
机会主义行为	可能存在机会主义行为	成交后机会主义行为很少	经营周期长，存在机会主义行为的可能性大

① 浙江省安吉县递铺镇2010年政府工作文件。

1. 交易对象角度的比较

从交易对象角度比较，股票交易的对象比较简单，即企业股份的所有权，与之相伴的获得企业分红的权利，转让股份的权利等。企业的大股东还有参与企业决策、进入董事会的权利。房产交易的权属包括房产所有权，土地使用权。房产证与土地证分离，分属于政府的房产管理部门和土地管理部门。林权交易中交易的对象是林权证上的权利，其中林地所有权属于集体或国家，不能进行交易。因此，交易的权属仅包括林地使用权、林地经营权、林木所有权和林木使用权。

2. 交易透明化程度角度的比较

从交易透明化程度角度比较，首先，房产交易中房产的报价通常由卖家或中介公司根据市场成交价格给出合理的报价，房地产开发商根据企业的房产开发成本和同行报价进行定价，同地段相同面积或户型的报价具有可参考性。股票市场的价格完全透明化，正常的交易价格是由买卖双方的多次成交所形成的，当然也受周边市场、整体经济环境、行业特征等因素的影响。初始入市、重组等情况下定价受企业自身资产水平、股份价值评估方法等因素影响（岳修奎等，2018）。

林权交易市场中林权的估价分为活立木估价和林地经营权的估价。立木估价是木材商人、森林资源评估机构、买卖方根据市场的木材价格，对林地上现有林木资源采伐后的木材价值以及采伐运输过程中的成本进行估计后产生。立木价值受立木品种、质量、所处地理位置等因素的影响，同地段的参考性较差。林地价值估计是森林资源评估机构、买卖方除了林地上已有的林木价值之外，对林地未来若干年内的使用价值进行估计。其价值受未来投资大小、林业经营技术、种植品种等因素的影响。如20世纪80年代，广西林业的荒山荒地比较多，林地上的林木资源价值低，导致林地估值很低。因此，以极低的价格承包给国外营林企业。国外营林企业经营了桉树、相思树等纸浆定向速生林，经济效益良好。林权价值增长了几百倍。

3. 从不确定性角度的比较

以证券交易所为代表的股票交易市场于20世纪90年代出现，受GDP增长、通货膨胀、市场发展、行业政策等因素影响，股票市场的交易价格波动较大，交易后可能盈利也可能亏损，虽然不确定性较大，但是可以通过卖掉所持股票使得资金回笼。中国房地产市场的价格波动也较大，房产作为一种保值和增值的工具，成为很多人投资的主要渠道。但是房地产市场的调控政策对房价的影响较大，房产变现能力较股票弱，其不确定性较大，但是一线城市的房价始终处于上升中。

木材作为一类重要的资源，其市场一直处于政府统购统销的计划经济体制下。直到1985年，木材市场开放之后，木材流通才由过去的单一渠道向多渠道形式转化（张春霞，1985），木材的价格才真正走向了市场化的阶段。木材价格因地域、树种、规格、质量、用途等不同而升降各异（郭萌，1996），波动性较大。集体林权制度改革后，林地权属明晰，林地流转更加规范化。其价格波动也较大，受未来投资规模、林业经营技术、种植品种等因素的影响。同时，由于林业经营周期较长，如南方林区杉木的一个轮伐期是26年，因此在林木生长过程中还存在较大的自然风险，包括病虫害、火灾、恶劣天气等。经营周期长，不确定性高是林权交易市场中林权所特有的特征。

4. 从交易频率角度的比较

交易发生的频率是影响交易成本和收益的一个重要因素（威廉姆森，2010）。主要体现在设立某种交易的规制结构的费用能否得到补偿。经常发生的交易较一次性交易更容易补偿交易的规制结构的确立和运行成本，相抵降低交易费用。交易频率可分为一次、数次和经常三类（谢和生等，2011）。

股票市场的交易频率最高，股民通过股票的买卖获取利润。房地产市场次之，房主通过房产的交易获得利润。频繁的交易获取的利润可以弥补交易费用。而林权交易中较长的森林经营周期不仅提高了交易的不确定性，还降低了交易频率（单位时间内的交易次数），这一点在用材林经营中更为明显。即使是速生林也不能保证每户林农每年有成熟林供采伐收获。而经济林和林下经济，以笋、竹、林果、林药等非木质林产品为交易对象的，由于这类林产品的生长周期较短，交易频率较高，其较高的交易频率容易补偿林权交易中的交易费用。

5. 从机会主义行为角度的比较

经过20多年的发展，股票市场的交易行为较为规范。国家层面由专门机构——中国证券监督管理委员会（以下简称中国证监会）统一管理。中国证监会是国务院直属正部级事业单位，依照法律、法规和国务院授权，统一监督管理全国证券期货市场，维护证券期货市场秩序，保障其合法运行。因此，股票交易市场中的机会主义行为较少。而房地产交易市场中，由于市场价格波动较大、房产合同签订不够完善、信息不对称（相对垄断、消费者搜集信息成本高、政府对房地产市场交易的规制不力）（谢刚，2007）等原因，导致一些机会主义行为。其中房地产开发商、房产中介机构、承包商等市场主体利用其信息优势导致机会主义行为，包括经营主体不合格、虚假和不规范的广告行为、合同及其签订不规范、违背合同，不守诺言等（谢刚，2007）。

在林权交易市场中，林业经营周期长、不确性高、林权流转合同不规范、历史遗留问题多等是导致机会主义行为的主要原因。随着集体林地流转越来越频繁，集体林地承包经营纠纷也随之呈现多发频发态势（刘依依，2018）。一旦纠纷发生，当事人就不能对争议林地和林木进行生产经营活动，影响林业生产建设，争议过程经常伴随乱砍滥伐，哄抢林木等现象，甚至发生群体斗殴、人员伤亡事故，影响了社会稳定和经济的和谐发展。一般发生纠纷与冲突时，纠纷主体可以通过和解、调解、仲裁和诉讼途径解决。刘依依（2018）从中国裁判文书网上集体林地承包经营纠纷诉讼案例找到从 2010 年到 2017 年的 1423 份个体合同纠纷，案件包括合同问题引发的纠纷，林地、林木价值损害纠纷，林地补偿款纠纷三类，其中合同问题引发的纠纷与林地、林木价值损害纠纷占大多数，林地补偿款纠纷在所有案件中只占 1.6%。

综上，由于林权交易市场交易标的物的特殊性、交易透明化程度较低、林业经营中不确定性高、交易频率低无法补偿交易费用、存在机会主义行为等特点，使林权交易市场的规范性、公开性和普及程度较低，其市场特征必然导致交易费用较高，后期执行合同成本较高的结果，这是由林权交易市场的性质所决定的，也是我们研究林权交易市场必须要清楚认识到的。

第二章　研究思路和理论方法体系

第一节　林权交易市场研究的现状与评述

一、国内林权交易市场研究的现状

早在20世纪90年代就有学者提出“林地流转”的概念，但直到2005年后，随着集体林权制度改革的全面推进，在森林、林木、林地资源产权明晰的前提下，理论界对林权流转（或林权交易）问题的研究才更加关注和深入，通过林权流转达到林业生产要素的有效配置是理论研究者和实践者的共识。各年度在该领域发表的论文总体呈递增趋势，从2003年的仅有4篇到2010年的119篇，说明这一领域的研究是林业经济管理领域中关注的热点。特别是从2008年之后出现快速增长。2010年达到顶峰之后发文量趋于平稳。2017～2018年进一步下降到每年60多篇。发文量变化与集体林权制度主体改革的开始与完成时间基本符合。以“林权流转”和“林权交易”为主题在知网中检索，绘制各年度论文发表情况如图2－1所示。

1. 林权交易市场的研究内容

现有大量文献的研究内容涉及林权交易市场中林权流转的方式、林权流转的政策与法律、交易市场主体林农参与林权流转行为及其影响因素研究以及林权交易市场等问题。

（1）林权交易的形式。主要有转包、租赁、转让、拍卖、招标、股份合作、托管等。研究集中在对不同形式的区别以及在执行中应注意问题的讨论上（杨萍，2008；罗攀柱等，2010）。

（2）林权交易的政策与法律研究。该类讨论较多，有国家层面的《农村土地承包法》、《物权法》（朱小静等，2012）、《森林法》，中共中央、国务院《关

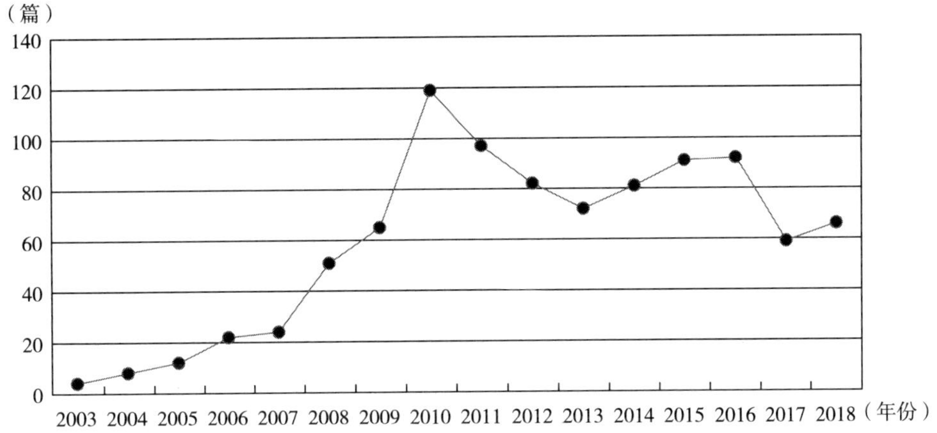

图 2-1 各年度林权流转知网论文发表数量

于全面推进集体林权制度改革的意见》(2008 年颁布),国家林业局《关于切实加强集体林权流转管理工作的意见》(2009 年颁布)等法规;地方层面上有各省自行制定的林权流转管理办法等(中国集体林产权制度改革主要政策问题研究课题组,2010),这类研究评价了这些政策法规在实践中的应用及其在经济、社会、生态等方面的绩效等(赵海兰等,2012;文彩云等,2015;魏建等,2018)。

在政策层面的改革完成、完善的过程中,相关的法律也进行了调整。例如,2019 年新颁布的《农村土地承包法》中将农村土地实行"三权分置"制度,即在原农村土地承包经营权中分离出土地经营权,这三权分别指的是土地所有权、承包权和经营权,三权是国家赋予农民的一项新权利。2019 年新修订《森林法》中第二章森林权属明确规定:"集体所有和国家所有由农民集体使用的林地依法实行承包经营,承包方享有林地承包经营权和承包林地上的林木所有权,合同另有约定的从其约定。承包方可以自主决定依法采取出租(转包)、入股、抵押、转让等方式流转林地经营权、林木所有权和使用权。"

(3)林农参与林权流转的行为、意愿与影响因素研究。林农作为参与林权流转的重要主体之一,在研究中得到了广泛的关注。研究主要是针对林权流转中林农的林权流转行为和意愿研究以及影响流转行为和意愿的主要因素。本书根据现有研究进行变量梳理,可以将影响林农流转的因素分为三大类:①与林农本身有关的因素。包括林农的自然属性(性别、年龄、文化程度、劳动力、地区)、经济属性(收入结构)、社会属性(是否村干部)和资源属性(林地面积、林种、地块数、是否规模经营)。②与市场有关的因素。包括交易成本、木材价格、采伐许可交易等。③与政府有关的因素。包括法律制度、监管制度和政策干预等（董加云等，2012）。

林权流转之后所产生的效益以及后续林农的经营行为也是与林农个体有关的重要研究内容之一。其中李怡等（2016）从多个维度分析了林权流转的经济、社会及生态效益，发现林权流转在提升林业社会化服务水平、增加转出林农经济收入、拓展林农就业渠道、增加集体收益分配、加速政府职能转变、加快农村基层民主建设步伐、落实生态保护主体等方面表现出积极作用。杨超等（2015）研究发现不同的林权流转方式下农户的营林行为和营林规模存在较大差异。

（4）林权交易市场理论与案例研究。随着林权交易市场的发展，现有的文献中对林权交易市场也有较丰富的研究。其中谢屹等（2012）研究了我国林权交易市场的发育、形成，分析了林权交易市场的现状、存在的问题以及发展对策。谢煜等（2013）分析了集体林权制度改革后林权交易市场的发展机制和面临问题。赵伟和张维（2009）研究了林权流转市场，并将林权流转市场分为林地产权市场、活立木流转市场、林权抵押市场三个部分。关于县、乡级林权交易中心的现状与问题研究，联合国粮农组织出版的报告中有较全面而详细的论述，报告的部分作者围绕县乡级林权交易发表了一些研究论文（魏远竹等，2011；温作民等，2012）；对跨区域的林权交易市场有文献提出了建立区域中心性林权交易市场的思路（朱再昱等，2010）。

（5）林农对林权交易市场的选择研究。根据不同的林权交易管理服务机构的差异，林农在进行林权交易时有不同的选择，通常的分类是私下交易和场内交易。整体来看，林农进入场内交易的比例不高，不到20%（文彩云等，2015；谢煜等，2016）。魏远竹等（2011）将最主要的林权交易方式分为五类：一是买卖双方直接交易；二是通过亲戚朋友介绍交易；三是通过林权交易中心交易；四是通过乡镇招投标办统一组织交易；五是通过其他公司性质的中介机构组织交易。此外，还对不同交易方式的优缺点进行了比较。

林农选择林权交易方式的影响因素很多。谢煜等（2016）通过实证研究发现：林地流转面积、林农是否知道林权交易中心对小规模林农是否选择林权交易中心进行交易影响显著。魏远竹等（2011）对福建省尤溪、邵武、沙县和永安4县市进行调研和实证研究发现农户了解的林权交易途径数量、人均收入、林业收入比、中心的交易程序复杂程度、中心的影响力、中心的效率等因素对农户是否选择林权交易中心进行交易具有显著影响。卢秋佳等（2018）运用计划行为理论对闽浙赣3省样本农户调研发现：①农户选择通过林权交易中心交易的意愿较高，农户认为林权交易中心交易更快更高效、保护林权交易各方合法权益和提供更专业的交易服务对农户选择林权交易中心意愿的影响显著为正；②林权流转规范程度的认知对农户选择林权交易中心意愿的影响显著为负；③家人支持通过林权交易中心交易、村集体支持通过林权交易中心交易的认知对农户选择林权交易中心意愿的影响显著为正；④对林权交易中心的了解程度和林权交易信息获取的难易程度均会显著正向影响农户的选择意愿；⑤流转风险承受能力的认知对农户选择林权交易中心意愿的影响不显著。

（6）林权交易市场的交易现状研究。全国性和跨区域的大型林权交易市场的建立和多年成功运行（方斌，2017），使学者有可能根据不同林权交易机构的交易数据对整体的林权交易发展进行统计分析。其中全国性的林权交易中心有中国林权交易所（简称中国林权所），其他地方性的林权交易机构规模较大的有五家：永安林业要素市场（福建）、南方林业产权交易市场（江西）、华东林业产权交易所（浙江）、重庆涪陵林业产权交易所（重庆）、江南林业产权交易所（安徽）（张晓丽，2013）。乔永平（2014）利用南方林权交易所 2007 ~ 2012 年的交易数据分析发现，森林资源产权场内交易呈逐年上升趋势，国有和集体森林资源是场内交易的主要对象，交易方式为拍卖，2012 年以来，交易对象逐渐覆盖了江西、湖南、四川等 12 个省、自治区。杨丽颖和谢煜（2017）利用南方林权交易所 2007 ~ 2017 年的交易数据，从场内交易的数量与金额、权属类型、交易方式、林权分类、流转面积与流转年限五个方面分析了中国林业产权场内交易市场的发展现状。结果表明：①场内交易的总量和金额呈现先增加后减少的趋势；②在权属类型方面，场内交易的主要对象是国有和集体权属森林资源，私有权属森林资源的交易自 2012 年开始逐年减少；③2014 年以前拍卖是主要的成交方式，2014 年以来竞价转让成为主要的交易方式；④在场内交易的林权类型方面，参与交易的主要是林木所有权；⑤普遍存在交易面积较小，流转期限较短的现象。

2. 林权交易市场的研究方法

从研究方法上看，对林权流转的政策和法律、林权交易形式研究主要在实地调研的基础上运用定性研究方法（定量描述为辅）来开展，包括成本收益比较分析（中国集体林产权制度改革主要政策问题研究课题组，2010）、博弈分析（刘园园等，2012）、法律解释（朱小静和张红霄，2012）等方法，对林权流转的现状和问题进行分析和探讨。

在对林权流转中林农这一主体的流转意愿、行为和效果研究中，定量研究方法应用较多。这些研究普遍采用抽样调查的方法，其中大样本长周期的调查数据为研究林权流转对农户的收入影响、农户流转意愿与行为提供了充分的第一手数据（袁榕等，2012）。模型角度主要是利用多元统计手段建立计量经济模型，其中二元离散选择模型得到了广泛的应用，模型中以林农参与林权交易的行为和意愿为因变量，以林农主体有关的各类影响因素为自变量，根据实际调研中获取的数据，分析影响因素与因变量之间的关系。近年来，倾向值匹配的方法也在模型中得到了利用（仇晓璐等，2018），以解决“反事实”情况不可观测而带来“样本自选择”问题产生的偏误。

对林权交易市场研究主要采用了案例研究法、描述性统计分析法、回归分析等方法。其中对林权交易中心的案例研究中主要是通过对南方集体林区的各地林权交易中心进行深入分析，深入基层，与农户、乡镇工作人员、村委会委员、基层林业管理部门、经营大户、企业进行访谈，广泛地听取相关利益者的意见，多听、少说，不用自己的观点诱导相关利益者；鼓励他们表达、交流、分析他们对林权交易市场的意见与建议，最后得出相关结论。对林权交易市场的交易现状分析中主要采用了描述性统计分析法、回归分析方法，其中对交易量、金额、交易地点等表达林权交易现状的关键变量进行描述性统计分析。而对林权交易中价格形成机制（张月月等，2019），影响交易金额的因素分析（杨丽颖，2018）则采取了回归分析的方法。

二、国内林权交易市场的研究评述

随着国内林权交易市场研究的发展，近年来已经取得了较丰富的研究成果，学者的研究主要集中在林权交易方式、林权流转的政策与法规研究、林权流转中林农主体的意愿与行为研究、林权交易中心的案例研究、林权场内交易现状研究等方面。但是在实践中林权流转的终极目标是实现林地的适度规模化经营，而从目前来看，由于小规模林农进行林权流转的意愿不强，真正从事林权流转的比例较低，如何实现林地的适度规模化经营，提高林地的经营效率，促进林业的经济、社会、生态效益的发挥，林权交易市场还需要发挥更大的作用才行，也为理论研究提出新的问题。

目前研究尚存一些不足之处，主要有以下三个方面：一是林权交易市场机制与效率研究较少；二是过于关注林权交易中林农这一主体的交易行为，而忽视了整个林权交易市场中多个主体的特征，以及他们之间的相互作用；三是研究方法有待改进。

具体来说，在研究内容方面，林权交易市场研究得到了学者的广泛关注。主要集中在对林权流转实践现状研究、方式研究、政策法规研究、绩效评价、影响林农流转因素研究方面，而对林权交易市场整体运行机制研究较少，这与林权交易市场的发展现状极不协调，也与中国林业集体林权制度改革后林业发展的需求不符，研究内容中对各类林权交易市场的运行机制及其未来演化的趋势少有涉及。

在研究对象方面，林权交易市场涉及多个利益相关者，政府、林业管理部门、企业、林农、村集体、林权交易中心、中介组织等，应从各利益相关者的利益博弈来研究林权交易行为，这些主体的属性、行为、状态受多种利益分配机制的影响。单纯研究其中某一类主体很难了解整个系统的运行机制和演化趋势，而当前的大量文献以林农这一单一主体作为研究对象，关注其林权流转意愿及其影响因素等，对整体市场中其他重要的参与主体涉及较少，只看了林权交易市场中的冰山一角，而无法了解其全貌。这显然是不够的。

从研究方法角度，定性和定量方法在林权交易市场中都有着广泛的应用。但是单纯的定性研究缺乏实证检验，其可信度受到质疑。而定量研究中又存在样本量不够、样本分布不全面、缺乏对样本的长期跟踪研究等问题。广泛采用的二元离散回归模型通常是根据一次调研所获取横截面数据进行影响因素分析，只是静态的研究，无法掌握这些因素对林权交易市场交易量、交易水平的长期影响。

第二节　研究思路和章节安排

一、本书的基本研究内容与章节安排

本书共三篇八章，包括理论篇、实证篇和仿真篇。其中理论篇综合了多个学科的理论与方法，对中国林权交易市场进行理论与机理分析，为后续的实证和仿真研究提供理论支撑。第一章林权与林权交易市场概述说明了林权交易市场的产生背景、性质和运行机制及与其他交易市场的比较。第二章林权交易市场研究的理论体系说明了本书的研究思路和林权交易市场研究的理论方法体系。实证篇通过微观和宏观、场内与场外两类市场的实证研究，发现中国林权交易市场存在的问题、发展趋势和影响因素。其中微观主体的林权流转行为和流转方式选择及其影响因素研究在第三、第四两章，主要是通过对基层林农的问卷调查和访谈来进

行的，对林权交易场外市场进行了分析。而第五、第六两章从场内市场的角度，一方面对大型林权交易场内市场发展现状进行比较，还提供了两个县乡级林权交易中心的调研案例；另一方面以全国最大的交易市场——南方林权交易所的交易为例，分析场内交易的数据和影响交易金额的因素。仿真篇根据实证研究的结果，利用多 Agent 仿真方法，对林权交易量的增长速度和增长幅度进行仿真分析。第七章对林权交易市场多 Agent 仿真的思路和步骤进行分析，界定林权交易市场交易主体，进行演化博弈分析确定影响市场的因素。第八章进行林权交易行为的仿真建模和运行分析，得出未来林权交易市场的发展趋势。附录部分是在浙江林权调研过程中设计并发放的农户问卷和村干部调查问卷。

二、本书的研究思路

根据研究内容和章节安排，用图 2－2 进一步说明本书的研究思路。最左边一栏是本书的总体框架；中间栏为每一篇的具体研究内容；最右边一栏说明本书所用到的研究方法及其与各部分研究内容的对应关系。

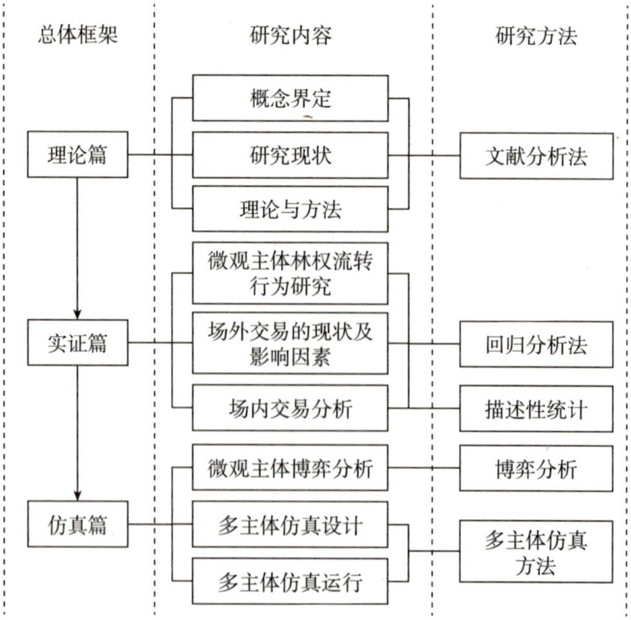

图 2－2　本书的研究思路

本书是笔者团队研究人员对林权交易市场长期研究的归纳和总结，将各部分零散的研究内容在本书中连贯为一个整体。我们从2007年开始研究集体林权制度改革中林业管理部门的职能，到2010年前后研究林权交易中心的案例，后续又从事林权交易市场场内、场外的实证研究，仿真研究等。当然，本章也提出林权交易研究中还存在很多不足之处，希望后续林权交易市场新的研究能使用新的理论和方法、新的调研数据和统计数据，得出更多、更好的研究结论，为中国林业规模化经营和提升林业的生态、经济和社会综合效益做出更大的贡献。

第三节　林权交易市场研究的理论和方法

一、林权交易市场研究的基础理论

林权交易市场研究，应用了多种理论，其中最基本的是新制度经济学中的交易费用理论、产权理论和博弈分析理论。新制度经济学是在制度经济学基础上，研究人、制度与经济活动以及它们之间的相互关系，拓展了经济学的研究范围。与新古典经济学的零交易成本假设相比，新制度经济学以交易成本为出发点。与新古典经济学的产权不变或既定假设相比，新制度经济学认为不同产权安排下绩效是不一样的。产权及交易费用是制度经济学分析中的基本问题。因此新制度经济学更加接近真实世界的经济学。

1. 交易费用理论

（1）交易的概念。交易费用是西方新制度经济学的核心范畴。交易是制度经济学的基本分析单位，为了搞清交易费用的概念，先从交易开始。

科斯（1937）从资源配置效率角度来认识交易本身的内涵：企业配置资源的活动在替代了市场交易的层面上才被称为是“被组织的交易”。在企业之外，价格变动决定生产，是通过一系列市场交易来协调的。

威廉姆森（2004）对交易作了进一步细化和一般化，他认为交易是指“某种产品或服务从一种技术边界向另一种技术边界的转移，由此宣告一个行为阶段结束，另一个行为阶段开始”。他在《资本主义经济制度》一书的序言中写道：“当一项物品或劳务在技术上可分的结合部发生转移时，交易就发生了。技术上可分的结合部指的是技术不可分的实体之间发生联系的区域。”

林权交易市场中交易的对象是林权，即林地使用权、林木所有权和林木使用权，林权在不同的权利人手中进行交易。林权流转是实现林业资源优化配置的重要途径，而在“三权分置”的承包经营权处理中，将原先经营权和承包权结合部分进行分离并转移，交易就发生了。

（2）交易费用。经济学家对于交易费用的概念尚无统一的定义，威廉姆森将交易费用分为合同签订之前的交易费用和合同签订之后的交易费用（杨德才，2016）。事前交易费用是指起草、谈判、保证落实某种契约的成本，也就是达成合同的成本。事后交易费用是指契约签订之后发生的成本，包括：①当事人想退出某种契约关系所必须付出的费用；②交易者发现事先确定的价格等合同条款有误而需改变所必须付出的费用；③交易当事人为政府解决他们之间的冲突所付出的费用；④为确保交易关系的长期化和持续性所必须付出的费用等。威廉姆森认为影响和决定交易费用的因素包括交易因素（资产专用性、不确定性程度、潜在交易对手的数量和交易频率）和人的因素（有限理性和机会主义行为）。

交易费用还可以分为市场型交易费用、管理交易费用和政治型交易费用（卢现祥等，2012）。其中市场型交易费用包括：①合约的准备费用（搜寻和信息费用）；②决定签约的费用（谈判和决策费用）；③监督费用和合约义务履行费用。管理型交易费用主要有：①建立、维持或改变一个组织设计的费用；②组织运行的费用。政治型交易费用是集体行动提供公共品所产生的费用，主要有：①建立、维持和改变一个体制中的正式与非正式政治组织的费用；②政体运行的费用。

规范的林权交易市场的建立就是要降低市场型交易费用，但是同时可能又会导致管理型交易费用和政治型交易费用的增加。

2. *产权理论*

经济学将对公共产品的过度使用称为公地悲剧，公地悲剧的最终结果是公共资源的破坏和缺失，而新制度经济学提出解决公地悲剧的一条有效途径就是明晰产权。

从亚当·斯密开始，很多经济学家认为市场是有效配置资源的无形之手。但是市场在公共产品提供领域经常会出现“市场失灵”的现象。公共产品的非排他性和非竞争性是导致市场失灵的主要原因。出现负的外部性后，市场无法发挥自我调节的作用，政府必须进行有效的干预。但政府的干预是有成本的。有时候，政府干预的成本很高以至于其效果不如市场调节的效果，出现了“政府失灵”的现象。解决市场失灵和政府失灵下公共产品提供问题可以引入产权和交易成本，通过界定产权等措施从不同程度上解决。政府所需要做的，更多的是健全产权制度，而不是直接干预市场经济活动（杨德才，2016）。

狭义的产权是所有权，但是广义的产权概念更大，不仅包括所有权，还包括由所有权延伸出来的其他财产权利（使用权、收益权、让渡权）。我们可从以下几方面来理解产权的概念：①产权是一组权利，具体来说，包括所有权、使用权、收益权、处置权、让渡权等；②产权具有排他性和可让渡性；③产权核心概念是所有权；④产权反映了人与人之间的关系；⑤产权具有可分性。产权的一组权利可以划分开来，这种做法有利于不同的财产权利可以不同程度地在不同的人之间转移。

科斯在其《社会成本问题》和《联邦通讯委员会》两篇论文中提出了用产权理论来解决外部性问题，解决外部性问题的宗旨是使社会总福利最大化。在交易成本为正的情况下，产权的初始安排状况将会影响最终资源的配置效率。

集体林权制度改革之前，林地林木的所有权权利人为村集体，个体村民作为这部分林权的共同产权人，事实上形同于没有所有权（根据凡勃伦（1898）对所有权的定义）。因此这部分公共的林业生产要素没有发挥出应有的生产力，盗伐事件时有发生，集体林地的经营效益不高。而以明晰产权为目的的新一轮集体林权制度改革对林地、林木产权进行初始的产权安排很好地界定了村民的产权，发挥了产权的激励与约束功能、外部性内在化和资源配置的优化功能。

3. 博弈论

博弈就是一些个人、队组或其他组织面对一定的环境条件，在一定的规则下，同时或先后，一次或多次，从各自允许选择的行为或策略中进行选择并加以实施，各自取得相应结果的过程。在这个概念中，包括博弈的参与主体（Players）、各方各自可选择的全部策略（Strategies）或行为（Actions）的集合、进行博弈的次序（Orders）和博弈方的收益（Payoffs）。上述四大基本构成要素统称为博弈规则。博弈分析的实质就是寻找博弈规则均衡的过程，均衡是指局中人在博弈过程中的最优战略或行为的组合。

（1）博弈的分类。根据博弈中博弈方的多少可以分为单人博弈、两人博弈和多人博弈；根据博弈中可选策略数量可以分为有限博弈和无限博弈；根据博弈中收益结果可分为零和博弈、常和博弈和变和博弈；根据博弈过程的差异可分为静态博弈、动态博弈和重复博弈；根据博弈的信息结构可分为完全信息博弈、不完全信息博弈、完美信息博弈和不完美信息博弈。[①] 按照当事人之间是否有对双方具有约束力的协议，博弈可以分为合作博弈和非合作博弈。非合作博弈比合作

① 谢识予. 经济博弈论（第二版）[M]. 上海：复旦大学出版社，2002.

博弈要复杂得多，人们平时生活中常见的博弈一般都属于非合作博弈。

对非合作博弈做进一步的分类。根据局中人对相关信息的了解程度，博弈可以分为完全信息博弈和非完全信息博弈。完全信息博弈是指博弈过程中的参与者对彼此的特征、策略空间及收益矩阵都有准确的信息的博弈模型；不完全信息博弈是指参与人对其他参与人的特征、策略空间及收益函数等没有准确的信息的博弈模型。根据局中人策略选择的次序，博弈又可以分为静态博弈和动态博弈。静态博弈是指在博弈过程中，参与人同时选择策略，或者即使不是同时选择策略，后选择策略的局中人完全不了解先行动者所采取策略的信息，“囚徒困境”是典型的静态博弈；动态博弈是指博弈过程中，局中人的策略选择行为不是同时发生的，有一定的先后次序，并且先行动的局中人的策略选择相关信息对后行动者是公开的，例如棋盘类游戏都属于动态博弈。

将以上对非合作博弈的两种分类有机地结合，可以得到非合作博弈的四种类型，如表 2－1 所示。

表 2－1　非合作博弈的分类

	完全信息	不完全信息
静态	完全信息静态博弈	不完全信息静态博弈
动态	完全信息动态博弈	不完全信息动态博弈

经典博弈论在研究博弈均衡时的一条基本假设是局中人是完全理性的。即博弈中每个局中人都具有完美的信息搜索能力、逻辑推理能力和完备的知识，能够根据自己所了解的信息做出准备的策略选择。在经典博弈中，要求博弈方的各方面，如追求最大收益的理性意识、问题识别能力、信息的收集及分析能力、推断能力、记忆能力和行动能力等都非常完美。

然而现实世界是复杂的，每一个社会人都不完美。每个人在策略选择或行动时都可能犯错误，都可能存在某些知识的缺乏，完全理性的局中人在现实生活中不可能存在。但是社会人都是有记忆能力和模仿能力的，他们可以在多次的博弈过程中不断学习、积累经验，同其他局中人的收益作比较，不断优化自己的策略，从而达到博弈均衡，即这一均衡状态不是一瞬间达到的，而是局中人在长期的、重复的博弈中逐渐达到的。许多博弈存在多个均衡态，每个局中人在不同均衡状态所取得的收益一般不同，在每个均衡状态所有局中人的总体收益一般也是不同的。为了解决如何使局中人趋向于有利于自己的均衡态的问题，生物学家在博弈论的研究中引入了自然选择和遗传变异机制（Smith et al.，1973），提出了演化博弈论。

（2）演化博弈论概述。演化博弈理论是将生物的自然选择和遗传变异机制引入博弈论中所形成的理论，是博弈论的最新发展领域，也是研究热点。与自然界的生物进化过程类似，在博弈过程中，局中人自己选择行动策略并得到相应的收益，但由于现实世界是复杂的，并且每个局中人的个体的知识、能力和所能获取的信息各不相同，他们所获取的收益也出现差异，获得较高收益的局中人的策略被不断模仿，而取得较低收益的局中人的策略不断被遗弃。演化博弈理论的主要思想是进化稳定策略（Evolutionary Stable Strategy，ESS），这一概念由 Maynard Smith 和 Price 结合经典博弈理论和生物进化论提出。

与经典博弈论相比，演化博弈论包括以下特点：

第一，局中人是有限理性的。经典博弈论中假设局中人是完全理性的，是一种理想化的状态。而演化博弈论的有限理性假设更接近现实，有限理性假设允许局中人有知识不全面、理解不正确、信息不完全和反应不迅速等缺陷。

第二，研究群体的博弈行为。演化博弈论的研究对象是群体，与经典博弈论不同，演化博弈论中的每个局中人的博弈对象是不确定的、不具体的。群体中个体与个体之间、种群与种群之间的行为都是相互影响的，这种相互影响关系也是演化博弈论研究的重点问题之一。

第三，演化博弈是无限次重复进行的。在经典博弈模型中，假设博弈是一次性静态或有限次动态博弈，而演化博弈论是无限重复进行的，达到均衡需要一个漫长的演化过程，或者总是处于一个接近均衡的状态，永远也达不到均衡。

第四，演化博弈论强调局中人的学习、模仿和策略调整能力。博弈过程中的局中人并不总是能一次性找到最优或满意化的策略，而往往是通过在多次的博弈过程中不断学习，尝试着寻找较好的策略，从而逐渐找到最优或满意化的策略。

第五，演化博弈论更加接近人们在现实决策的行为模式。经典博弈论的核心是研究博弈方最优策略的选择，而演化博弈论的研究核心是博弈方组成的群体的策略调整过程、趋势和稳定性。演化博弈中的博弈均衡的稳定性强调的是博弈群体中采用某种策略的个体比例不变，而不是某个博弈方的策略选择不发生变化。演化博弈论中也允许某些异常的产出，即局中人并没有按照博弈规则选择最佳策略。

演化博弈论的分析过程关键是确定局中人的学习和策略调整机制。根据局中人理性层次、学习和模仿速度的不同，演化博弈的学习和策略调制机制主要包括最优反应动态（Best - Response Dynamics）机制和复制动态（Replicator Dynamics）机制。最优反应动态机制适合研究那些理性层次高、学习和模仿的速度快的小群体的博弈形式；复制动态机制适合研究那些理性层次低、学习和模仿的速度慢的大群体的博弈行为。

（3）复制动态和进化稳定性。博弈方的学习速度较慢表现为群体中的个体向优势策略的转变是一个渐进的、漫长的过程。对群体中策略类型比例的动态变化过程的研究是演化博弈分析的核心，主要是研究动态变化的速度（包括大小和方向），而这一速度主要取决于学习模仿的速度。群体中个体学习模仿的速度一般取决于以下两个因素：一是模仿对象规模的大小，规模越大模仿的难度相对就越大，模仿的速度就越慢；二是被模仿对象的成功程度，即被模仿对象实施其策略所取得的收益超出群体平均收益的幅度，幅度越大对模仿的激励就越大，模仿速度相对就越快。

若用 p 表示博弈方群体中选择 A 策略的比率，由于在演化博弈中 p 不是固定不变的，而是随时间变化的，即可以写成时间的函数 $p(t)$，为简单起见这里仍然写成 p，u_A 表示选择 A 策略的期望收益，$\overline{u}$ 表示所有博弈方的平均收益。

博弈中选择 A 策略的动态变化速度可以用动态的微分方程来表示：$d_p/d_t = p(u_A - \overline{u})$，此动态微分方程与描述某一性状个体数量变化的自然选择过程的动态复制方程是一致的，所以该微分方程也被称为策略动态变化的复制动态方程。$d_p/d_t = 0$ 表示博弈群体中选择 A 策略的个体的数量保持不变，即是一个稳定状态。

在演化博弈中，群体中的个体在不断地学习、模仿，寻找更好的策略，这意味着即使博弈出现了稳定状态，个体也不会停止学习，并且这些个体都是有限理性的，不可避免地会出现失误、决策错误，所有这些已经达到均衡状态的个体仍然可能偏离稳定状态。如果偏离稳定状态的个体通过学习没有回到原先的稳定状态，说明该稳定状态不具有抗干扰性；如果偏离稳定状态的个体通过学习仍然能回到原先的稳定状态，说明此稳定状态具有抗干扰性，该稳定状态的策略被称为进化稳定策略。

（4）博弈论在林权流转方面的应用。博弈论在林权流转和林权交易市场中已经有了一定的研究。博弈理论和方法主要用于参与林权流转中各利益主体之间的收益比较，以分析影响林权流转和林权交易量变化的主要因素。吕铎等（2014）运用演化博弈方法对集体林权流转过程中各利益相关方的博弈关系进行分析发现：林业中间人运作成本、林农的法律意识以及来自政府的监管等因素直接影响林业中间人与林权资产评估机构诚信行为的选择，进而决定集体林权流转市场形态在初级阶段的演化方向。柯水发等（2011）基于经典博弈理论构建了林管部门、村干部、农户三方的动态博弈模型并分析，研究结果表明：林地使用权流转的最优均衡解为林管部门鼓励林地使用权流转，村干部积极配合流转，农户积极参与流转。冷清波（2011）通过对林权出让者和受让者构建不完全信息静态博弈模型，推导了交易双方的最优化条件和纳什均衡概率，剖析了影响林权交易行为的要素如交易成本高、采伐限额管理刚性约束、比较利益或机会成本的差异是造成林权交易不旺的主要原因。刘园园等（2012）通过构建林权交易市场中林权的供给方和需求方两个群体的进化博弈模型，指出林权交易中交易成本高、林权转出后林权供给方的非林业就业收入不稳定、林权需求方对林地投资的期望收益低和林地经营难以获得规模经营收益等是交易不旺的主要原因。本书将在仿真篇中进一步对参与林权交易的主体进行博弈分析。

二、林权交易市场研究的基本方法

1. 描述性统计分析方法[①]

要对林权交易市场研究中所收集的调研数据进行分析，通常最直接的方法是使用描述性统计分析方法。描述性统计分析方法（Descriptive Statistics）是量化分析的基本方法，是认识社会经济现象的一种重要分析工具，是一套整理、描述、解释数据的系统方法与统计技术。如何以简单明白的统计量来描述复杂的数据，是描述统计的主要责任。描述性统计中可使用的工具有：①各种初步汇总描述方法（分段汇总、百分位数）；②各种统计指标（统计量）；③统计表；④统计图。本书主要介绍表示集中趋势和离散趋势的两类描述指标。

（1）集中趋势的描述指标。即描述一组数据集中点的统计量，常用的集中趋势的描述指标是平均数、中位数。平均数的计算方法主要有调和平均数、几何平均数和算术平均数。其中算术平均数是最常用的方法，简称为平均数、均值。平均数（Mean）一般以 M 来表示。如果 M 是由 x 计算得来的，可记作 $\bar{x}$，用公式表示如下：

$$\bar{x} = \frac{x_1 + x_2 + \cdots + x_n}{n} = \frac{\sum_{i=1}^{n} x_i}{n} \qquad (2-1)$$

式中，x_i 为样本观测值或调研数据，n 为观测次数或样本数。平均数的基本

① 张文彤，闫洁. SPSS 统计分析基础教程［M］. 北京：高等教育出版社，2004.

含义是全部的数值之和除以全部的次数，平均数是数据的数值中心。

除平均数外，有时我们还用中位数来表示数据的集中程度。中位数（Median，Md）是将一组数据按值的大小顺序排列，处于中间位置的标志值就是中位数。中位数的意义在于：在一个有序排列的数据中，各有一半数据的值在它之上或之下。

对于未分组的原始数据，必须将标志值按大小排序。假定将 x_1，…，x_n 按从小到大顺序排序，则中位数的计算结果为：

$$Md = x_{\frac{(n-1)}{2}} \quad 当 n 为奇数时$$
$$Md = \frac{x_{\frac{n}{2}} + x_{\frac{(n+1)}{2}}}{2} \quad 当 n 为偶数时 \tag{2-2}$$

（2）离散趋势的描述指标。表示数据离散程度的统计量主要有全距、方差和标准差。全距（Range，R）又称极差，是一组数据中最大值与最小值之差，公式如下：

$$R = x_{\max} - x_{\min} \tag{2-3}$$

全距反映的是变量分析的变异范围或离散程度。它的优点是容易计算，适用性高，缺点是不精确也不稳定，无法反映一个分布的每个数值状态。方差和标准差都是利用离均差作为计算的基础。离均差是每一个个体数据与均值的差值，可以用来描述个体的变异大小。离均差的平方和（Sum of Squares，SS）可以反映所有个体数据的综合离散程度，以避免直接用离均差加总而产生正负抵消的问题。离差平方和的大小显然与样本量有关，因此如果要客观反映变异程度的大小，就应当去除样本量的影响，因此用离均差平方和除以观察样本数 n 所得就是方差（Variance），记作 σ^2。方差越大，数据的离散程度越大。公式如下：

$$\sigma^2 = \frac{\sum_{i=1}^{n}(x_i - \bar{x})^2}{n} \tag{2-4}$$

对于样本数据而言，方差的计算公式有所不同，样本方差记作 S^2，公式如下：

$$S^2 = \frac{\sum_{i=1}^{n}(x_i - \bar{x})^2}{n-1} \tag{2-5}$$

式中，$n-1$ 称为自由度（Degree of Freedom），它描述了当 $\bar{x}$ 选定时 n 个 x 中能自由变动的变量个数。由于公式中需要使用均值，因此样本量为 n 中样本实

际上只有 $n-1$ 个可以自由取值，最后一个数值可能通过均数算出来。

方差在使用上由于量纲不合理，因此将方差开方得到标准差（Standard Deviation，SD），总体和样本的标准差分别用 σ 和 S 来表示。标准差偏离平均数的大小，相当于平均偏差，可以直接地、概括地、平均地描述数据变异的大小。对于同性质的数据来说，标准差越小，表明数据的变异程度越小；标准差越大，表明数据的变异程度越大，分布越发散。

由于标准差和方差的计算中涉及每一个变量，所以它们所反映的信息在离散指标中是最全面、最可靠的变异描述指标。不过也正是由于标准差和方差的计算涉及每一个变量值，容易受到极端值的影响，所以当数据中有较明显的极端值时不宜使用。为了解决极端值的问题，人们又使用了分位差，分位差有四分位差、十分位差以及百分位差等，常用的是四分位差。四分位差是在一组从大到小排序的数据中，第三四分位数（区分高分端的前 25% 的分位数）与第一四分位数（区分低分端的后 25% 的分位数）距离的一半（邱皓政，2009）。

描述性统计分析方法和统计量虽然比较简单，但是在研究中是不可或缺的重要组成部分。描述性统计分析的结果可以初步反映一组数据的集中趋势和离散趋势，但是更进一步的变量之间的关系分析还需要其他的统计分析方法。在本书研究中，描述性统计分析方法主要是用于实证篇中分析和描述调研数据和林权交易数据。

2. 回归分析方法①

描述性统计给出了一组数据（对应于单个变量）的数学特征，但是对于随机变量之间的关系分析是揭示变量之间相互关系的重要手段，也是发现统计规律的途径。各种变量的间接关系可以分为两类：一是确定性函数关系；二是不确定的统计相关关系。相关分析和回归分析是研究非确定性统计相关关系的最常用方法。相关分析（Correlation Analysis）主要研究随机变量间的相关形式及相关程度。变量间线性相关的程度可以用相关系数来测量，两个变量 X 和 Y 的总体相关系数为

$$\rho_{XY}=\frac{\mathrm{Cov}(X,\ Y)}{\sqrt{\mathrm{Var}(X)\mathrm{Var}(Y)}} \tag{2-6}$$

式中，$\mathrm{Cov}(X,\ Y)$ 是变量 X 和 Y 的协方差，$\mathrm{Var}(X)$ 和 $\mathrm{Var}(Y)$ 分别是变量 X 和 Y 的方差。多个变量之间线性相关程度可以用复相关系数和偏相关系数来度量。

① 谢宇．回归分析（修订版）［M］．北京：社会科学文献出版社，2013.

“回归”这一概念是19世纪80年代英国统计学家Francis Galton在研究父代身高与子代身高之间的关系时提出来的。如今，回归已经成为社会科学定量研究中最基本、应用最广泛的一种数据分析技术。在现实生活中，影响某一现象的因素往往是错综复杂的。由于社会科学研究不可能像自然科学那样采用实验的方式来进行，为了弄清和解释事物变化的真实原因与规律，就必须借助一些事后的数据处理方法来控制干扰因素。而回归的优点在于它可以通过统计操作手段来对干扰因素加以控制，从而帮助研究者发现自变量与因变量之间的因果关系。

相关分析与回归分析之间既有联系又有区别。两者都是研究非确定性变量间的统计依赖关系，并能度量线性依赖程度的大小。但是两者间又有明显的区别。相关分析仅仅是从统计数据上测度变量间的相关程度，而无须考察两者之间是否有因果关系，即因变量数值随着自变量变化而变化的依存关系。在相关分析中变量的地位是对称的，而回归分析中变量的地位是不对称的，有解释变量和被解释变量之分（李子奈等，2010）。

回归分析根据自变量个数多少可以分为一元回归和多元回归；根据参数是否线性可以分为线性回归和非线性回归；根据因变量是否是连续型随机变量，可建立不同类型的回归模型。本书主要介绍最常用的一元线性回归模型、多元线性回归模型和二元离散回归模型。

3. 一元线性回归模型

（1）一元线性回归模型的建立。

一般地，一元线性回归模型可以表示为：

$$y_i = \beta_0 + \beta_1 x_i + \varepsilon_i \quad (2-7)$$

式中，y_i 表示第 i 名个体在因变量 Y（也称为被解释变量、结果变量、反应变量或内生变量）上的取值，Y 是一个随机变量。x_i 表示第 i 名个体在自变量 X（也称为解释变量、先决变量或外生变量）上的取值。β_0 和 β_1 是模型的参数，通常是未知的，需要根据样本数据进行估计。ε 是随机误差项，也是一个随机变量，而且均值 $E(\varepsilon)=0$、方差为 $\sigma_\varepsilon^2=\sigma^2$、协方差 $\mathrm{Cov}(\varepsilon_i, \varepsilon_j)=0$，代表了不能由 X 结构性解释的其他因素对 Y 的影响。这些影响包括缺失的影响因素、残缺的数据、数据观测的误差、模型设定的误差、自变量的内在随机性以及其他众多细小影响因素。

一元线性回归模型针对总体，是对总体特征的总结和描述。所以参数 β_0 和 β_1 是总体特征。在实际研究中我们往往无法获得总体的回归方程，只能通过样本数据来估计总体。当利用样本统计量 $\hat{\beta}_0$ 和 $\hat{\beta}_1$ 来代替总体回归方程中的 β_0 和 β_1

时，就得到了估计的样本回归方程，其形式：

$$\hat{y}_i = \hat{\beta}_0 + \hat{\beta}_1 x_i \tag{2-8}$$

同时，将样本观测值与估计值之差称为残差，记作 e_i，$e_i = y_i - \hat{y}_i$。

（2）样本回归方程的参数估计。为了估计样本回归方程中的 $\hat{\beta}_0$ 和 $\hat{\beta}_1$，我们通常采用最小二乘法（Ordinary Least Squares，OLS）。该方法的基本思路是，根据从总体中随机抽取的一个样本，在平面直角坐标系中找到一条直线 $\hat{y}_i = \hat{\beta}_0 + \hat{\beta}_1 x_i$，使得样本观测值 y_i 和拟合值 $\hat{y}_i$ 之间的距离最短。即两者之间的残差平方和最小。残差平方和可以表示为：

$$\sum_{i=1}^{n} e_i^2 = \sum_{i=1}^{n} (y_i - \hat{y}_i)^2 = \sum_{i=1}^{n} (y_i - \hat{\beta}_0 - \hat{\beta}_1 x_i)^2 \tag{2-9}$$

根据微积分知识，当残差平方和对 $\hat{\beta}_0$ 和 $\hat{\beta}_1$ 的一阶偏导数为零时达到最小，可求出 $\hat{\beta}_0$ 和 $\hat{\beta}_1$ 的估计值，如下：

$$\begin{cases} \hat{\beta}_1 = \dfrac{\sum_{i=1}^{n} x_i y_i}{\sum_{i=1}^{n} x_i^2} \\ \hat{\beta}_0 = \bar{y} - \hat{\beta}_1 \bar{x} \end{cases} \tag{2-10}$$

$\hat{\beta}_0$ 和 $\hat{\beta}_1$ 的估计值是通过最小二乘法估计获得的，所以又称普通最小二乘估计量。普通最小二乘估计量具有线性、无偏性和有效性的特点。

（3）一元线性回归模型的假设检验。回归分析的目的在于对总体中自变量和因变量之间的关系加以描述或解释。回归直线是基于某一具体样本数据进行的。如何将基于样本数据的关系推论到研究总体中去呢？将通过假设检验和统计推断。

回归分析中的假设检验包括模型的整体检验和回归系数检验。模型的整体检验考虑的是基于样本数据所确定的自变量和因变量之间的线性关系在总体中是否真实存在，那么回归方程的解释力如何？回归方程的整体解释力可以由判定系数 R^2 来测量。

$$R^2 = \frac{ESS}{TSS} = \frac{\sum_{i=1}^{n} (\hat{y}_i - \bar{y})^2}{\sum_{i=1}^{n} (y_i - \bar{y})^2} \tag{2-11}$$

因变量的观测值围绕其均值变动的总离差平方和（Total Sum of Squares，TSS）可以分解为两部分，一部分来自被回归模型所解释的因变量变动，即回归平方和（Explained Sum of Squares，ESS）；另一部分则来自随机项所产生的变动，体现了来自自变量之外的影响，称为残差平方和，记作 RSS（Residual Sum of Squares）。式（2-11）表明，在总的离差平方和中，回归平方和所占的比重越大，残差平方和所占比重越小，回归直线与样本点的拟合就越好。判定系数 R^2 取值介于 0~1。因此，用判定系数可以反映模型的整体拟合优度。但是判定系数 R^2 只是一个绝对量，受样本量大小的影响，不能直接用来进行假设检验。因此构造统计量 F 服从自由度为 k 和 $n-k-1$ 的 F 分布，公式如下：

$$F=\frac{ESS/k}{RSS/(n-k-1)} \tag{2-12}$$

式中，k 表示自变量的个数，n 为样本数，$n-k-1$ 是残差平方和的自由度。在一元线性回归中 $k=1$。根据给定的显著性水平 α，查表获得相应的临界值 F_α，若 $F>F_\alpha$，表明两个变量之间的线性关系显著存在。

回归系数检验是单独考察某一个自变量对因变量的影响是否显著。在一元线性回归模型中，如果 $\hat{\beta}_1=0$，则 x 对 y 没有线性关系。所以回归系数检验在于检验这种关系是否具有统计上的显著性。

对于一元线性回归中的 $\hat{\beta}_1$，已经知道它服从正态分布。因为 $\hat{\beta}_0$ 和 $\hat{\beta}_1$ 分别是 y_i 的线性组合，由最小二乘估计量的线性所决定，由于 y_i 服从正态分布，所以 $\hat{\beta}_1$ 也服从正态分布，其分布特征由其均值和方差唯一确定。由此可得：

$$\hat{\beta}_1 \sim N\left(\beta_1,\frac{\sigma_\varepsilon^2}{\sum_{i=1}^{n}(x_i-\bar{x})_i^2}\right)$$

式中，σ_ε^2 总体真实方差是未知的，这里用它的无偏估计量 $\sum_{i=1}^{n}\frac{e_i^2}{n-2}$ 来代替，构造 t 统计量：

$$t=\frac{\hat{\beta}_1}{\sqrt{\sum_{i=1}^{n}\frac{e_i^2}{n-2}}} \tag{2-13}$$

该统计量服从自由度为 $n-2$ 的 t 分布。因此，可以用该统计量作为 β_1 显著性检验的 t 统计量。在自变量显著性检验中设计的原假设与备择假设分别为 H_0：$\beta_1=0$、H_1：$\beta_1\neq0$。在一个给定的显著性水平 α 下，查 t 分布表获得相应的临界值 $t_{\frac{\alpha}{2}}(n-2)$。将估计出来的参数 $\hat{\beta}_1$ 代入式（2-13）可以计算得出相应的 t 值。如果 $|t|>t_{\frac{\alpha}{2}}(n-2)$，则在显著性水平 α 上拒绝原假设 H_0，即 $\beta_1\neq0$，自变量 X 对因变量 Y 有显著影响；否则接受原假设，即 $\beta_1=0$，自变量 X 对因变量 Y

无显著线性关系。经过检验合格之后的一元线性回归模型可以用来进行模型预测、影响因素分析、政策评价和理论检验与发展等。

4. 多元线性回归模型

在实际经济问题中，仅含有一个自变量的模型往往不能对我们所研究的问题给出恰当的描述，任何一个社会现象通常都有不止一个变量对其产生作用。仅考虑一个变量对因变量的影响，而忽略了其他变量的影响，则回归模型中的参数估计是有偏、不精确的。在社会研究中，由于许多变量之间都存在一定程度的相关，所以一元回归分析无法确定某一自变量对结果变量的净效应或偏效应。这种净效应表达了某个变量对因变量的独立贡献。因此，在实际的研究中，更多的研究采用的是多元线性回归模型。

多元线性回归模型参数估计和假设检验与一元线性回归模型的原理有很多相同的地方，这里主要介绍多元线性回归所特有的内容。

（1）多元线性回归模型的形式。

多元线性回归模型的一般形式为：

$$y_i = \beta_0 + \beta_1 x_{i1} + \beta_2 x_{i2} + \cdots + \beta_k x_{ik} + \varepsilon_i \tag{2-14}$$

式中，y_i 表示个体 i（$i=1, 2, \cdots, n$）在因变量 y 中的取值，k 为解释变量的个数，β_j（$j=1, 2, \cdots, k$）称为回归系数。由于多元线性模型中变量数较多，用矩阵形式来表达更加简洁。如果采用矩阵形式，式（2－14）可以表达为：

$$Y = X\beta + \varepsilon \tag{2-15}$$

式中，Y 表示因变量组成的向量，X 表示由所有的自变量含一列常数 1 所组成的矩阵，β 表示总体回归参数的向量，ε 表示随机误差项组成的向量。各向量和矩阵定义如下：

$$Y_{n\times 1} = \begin{bmatrix} y_1 \\ y_2 \\ \vdots \\ y_n \end{bmatrix} \quad X_{n\times(k+1)} = \begin{bmatrix} 1 & x_{11} & x_{12} & \cdots & x_{1k} \\ 1 & x_{21} & x_{22} & \cdots & x_{2k} \\ \vdots & \vdots & \vdots & \cdots & \vdots \\ 1 & x_{n1} & x_{n2} & \cdots & x_{nk} \end{bmatrix} \quad \beta_{(k+1)\times 1} = \begin{bmatrix} \beta_0 \\ \beta_1 \\ \vdots \\ \beta_k \end{bmatrix} \quad \varepsilon_{n\times 1} = \begin{bmatrix} \varepsilon_1 \\ \varepsilon_2 \\ \vdots \\ \varepsilon_n \end{bmatrix}$$

与一元线性回归类似，多元线性回归的样本回归函数可以表示为：

$$\hat{y}_i = \hat{\beta}_0 + \hat{\beta}_1 x_{i1} + \hat{\beta}_2 x_{i2} + \cdots + \hat{\beta}_k x_{ik} = y_i - e_i \tag{2-16}$$

其矩阵形式表示为：

$$\hat{Y} = X\hat{\beta} \quad Y = X\hat{\beta} + e \tag{2-17}$$

其中，

$$\hat{Y}_{n\times 1}=\begin{bmatrix}\hat{y}_1\\ \hat{y}_2\\ \vdots\\ \hat{y}_n\end{bmatrix}\qquad \hat{\beta}_{(k+1)\times 1}=\begin{bmatrix}\hat{\beta}_0\\ \hat{\beta}_1\\ \vdots\\ \hat{\beta}_k\end{bmatrix}\qquad e_{n\times 1}=\begin{bmatrix}e_1\\ e_2\\ \vdots\\ e_n\end{bmatrix}$$

（2）多元线性回归模型的参数估计。与一元线性回归模型类似，根据常规最小二乘法的原理，对多元线性回归模型的残差平方和进行最小化就可以得到总体参数的最小二乘无偏估计量 $\hat{\beta}$。在满足多元线性回归模型的基本假定的前提下，其参数的普通最小二乘估计具有线性、无偏性和有效性。

$$\hat{\beta}=(X'X)^{-1}X'Y \tag{2-18}$$

（3）多元线性回归模型的假设检验。与一元线性回归模型类似，多元线性回归模型的假设检验也可以分为模型整体检验和单个系数检验。其中模型整体拟合效果可以用判定系数衡量，需要说明的是，随着多元回归模型中更多地引入解释变量，R^2通常会增大。所以在多元线性回归模型之间比较拟合优度，R^2不是一个合适的指标，必须加以调整。

在样本容量一定的前提下，增加解释变量必定使得自由度减少，所以 R^2 的调整思路是将残差平方和与总离差平方和分别除以各自的自由度，以剔除变量个数以及自由度的影响。调整后的 R^2记作 $\bar{R}^2$。随着解释变量个数的增加，$\bar{R}^2$ 会越来越小。公式如下：

$$\bar{R}^2=1-\frac{RSS/(n-k-1)}{TSS/(n-1)} \tag{2-19}$$

拟合优度给出解释变量对被解释变量变动的解释程度高低，但是不能得出一个在统计上的严格结论。多元线性回归模型方程显著性的 F 检验假设模型中参数 β_1，β_2，…，β_k 是否显著为零，其原假设与备择假设分别为：

H_0: $\beta_1=0$，$\beta_2=0$，…，$\beta_k=0$

H_1: $\beta_j\neq 0$（$j=1$，2，…，k）不全为零

构造统计量进行假设检验，见式（2-12）。

多元线性回归模型的单个系数的显著性检验仍然使用最为普遍的 t 检验，参数估计量 $\hat{\beta}$ 的方差为：

$$\mathrm{var}(\hat{\beta})=\sigma^2(X'X)^{-1}=\sigma^2 c_{jj}\quad j=1,2,\cdots,k \tag{2-20}$$

式中，c_{jj}为矩阵$(X'X)^{-1}$主对角线上的第 j 个元素，σ^2 为随机误差项的方差，在实际计算中，用它的估计量来代替，相应的标准差表示为 $S_{\hat{\beta}_j}$。构造 t 统计量：

$$t=\frac{\hat{\beta}_j-\beta_j}{S_{\hat{\beta}_j}}=\frac{\hat{\beta}_j-\beta_j}{\sqrt{c_{jj}\cdot e'e/(n-k-1)}}\sim t(n-k-1) \tag{2-21}$$

该统计量用于变量的显著性检验。这里需要说明的是，在一元线性回归中，t 检验和 F 检验是一致的。而在多元线性回归中，有可能出现不一致的情形。原因是 F 检验所检验的是一组自变量的回归系数是否显著不等于零，而不是组中某个自变量是否显著。实际上，即使一组自变量中绝大多数自变量的 t 检验都不显著，F 检验也可能是统计显著的。

5. 二元离散选择模型

在经典的计量经济学中，被解释变量通常被假定为连续变量。但是经济分析经常面临许多决策问题，因变量只能在两个可能的数值中取值，要么选择“是”或“有”，要么选择“否”或“无”。在统计方法上，这种仅具有两类可能结果的数据被称为二分类数据，所对应的变量称作二分变量（Binary Variable）。通常，表示肯定的二分变量被编码为“1”，而另一类被编码为“0”。二分变量也被称作 0－1 变量。

需要说明的是，与线性回归直接针对观测变量进行分析不一样的是，对二元离散模型中二分因变量进行统计分析的目的是某一事件发生的概率是如何受到协变量影响的。在林权流转和林权交易市场研究中，林农是否愿意将林权进行流转、是否有林权流转行为、是否选择林权交易市场进行交易，这些都可以作为 0－1变量，进行二元离散回归分析就是要考虑这些意愿、行为是如何受到个体特征、政策变量、社会经济环境变量、资源禀赋、自然条件等多种因素影响的。

（1）二元离散选择模型的形式。按照线性回归的思路，可以建立如下模型：

$$y_i = \sum_{i=1}^{n} \sum_{j=0}^{k} \beta_j x_{ik} + \varepsilon_i \tag{2-22}$$

式中，$i=1, 2, \cdots, n$ 代表个体数，$j=0, 1, 2, \cdots, k$ 代表自变量数，$j=0$ 时含有常数项，$x_{i0}=1$。写成矩阵形式如下：

$$Y_i = X_i \beta + \varepsilon_i \tag{2-23}$$

此时，Y_i 的期望值实际上是选择“是”时的条件概率，并且被表示为一组自变量的线性组合。式（2－24）也被称为线性概率模型。

$$E(Y_i) = \Pr(Y_i = 1 \mid X_i) = X_i \beta \tag{2-24}$$

观察式（2－24）可以发现，等式左边对应的是 $Y_i=1$ 的概率，是介于 0～1 的。而右边 $X_i \beta$ 是一组自变量的线性组合，其取值范围在（$-\infty$，$+\infty$）这一区间的任意取值。这是线性回归面对二分因变量时的第一个困境。

对式（2－23）进行变换，随机干扰项 ε_i 有：

$$\varepsilon_i = \begin{cases} 1 - X_i \beta & 当\ Y_i = 1 \\ -X_i \beta & 当\ Y_i = 0 \end{cases}$$

ε_i 的方差是自变量 X_i 的函数，随着自变量 X_i 的变化而变化。不满足普通最小二乘法的古典假定。这是线性回归面对二分因变量时的第二个困境。因此，要二分因变量模型必须采用专门的方法，一种称作转换的方式，另一种称作潜变量的方式。所谓转换方式的思路是将样本数据转化为比例或者经验概率作为因变量，使用最小二乘法或广义最小二乘法进行参数估计。通过转换建立 Logit 和 Probit 模型可以避免线性概率模型的困境，保证预测的条件概率处在［0，1］区间内。潜变量的方式是假定在观测到的 Y_i 背后，存在一个未被观测到的或潜在的连续因变量 Y_i^*，如果 Y_i^* 大于0，则观测到的因变量 Y_i 等于1；反之观测到的因变量 Y_i 等于0。潜在的因变量 Y_i^* 可被表示为 X_i 和 ε_i 的线性函数。

$$Y_i^* = X_i\beta + \varepsilon_i \tag{2-25}$$

如果式（2-25）中残差 ε_i 服从正态分布，且满足独立同分布的假定，那么式（2-25）就构成了 Probit 模型的一般形式，见式（2-26），相应的概率计算见式（2-28）。此时，残差项的均值为0，方差为1；如果式（2-25）中残差 ε_i 标准 Logistic 分布，且满足独立同分布的假定，那么式（2-25）就构成了 Logit 模型的一般形式，见式（2-27），相应的概率计算见式（2-29）。此时，残差项的均值为0，方差为$\frac{\pi^2}{3}$。

$$\text{Probit}(p_i) = Y_i^{\ *} = X_i\beta + \varepsilon_i \tag{2-26}$$

$$\text{Logit}(p_i) = \ln\left(\frac{p_i}{1-p_i}\right) = Y_i^* = X_i\beta + \varepsilon_i \tag{2-27}$$

$$p_i = \Phi(X_i\beta) = \int_{-\infty}^{X_i\beta} \frac{1}{\sqrt{2\pi}} \exp\left(-\frac{1}{2}u_i^2\right) \mathrm{d}u_i \tag{2-28}$$

$$p_i = \frac{\exp(X_i\beta)}{1+\exp(X_i\beta)} \tag{2-29}$$

式（2-28）中 $\Phi(\cdot)$ 表示标准正态分布的累计分布函数。

（2）二元离散模型的参数估计。对于 Logit 模型和 Probit 模型，通常采用最大似然法（Maximum Likelihood，ML）来对模型参数进行估计。最大似然法的基本思想是当从总体中随机抽取 n 组样本观测值后，最合理的参数估计量应该使得从总体中抽取该 n 组样本观测值的概率最大。由此思路可以构造相应的似然函数。二元离散模型的随机干扰项满足独立同分布的特点，由此可以构造似然函数 L 如下：

$$L = f(y_1, y_2, \cdots, y_n) = \prod_{i=1}^{n} p_i^{y_i}(1-p_i)^{(1-y_i)} \tag{2-30}$$

由于直接实现似然函数的最大化比较困难，可使该函数的自然对数最大。以 Logit 模型为例，将式（2－29）代入，

$$\ln L = \sum_{i=1}^{n} y_i \cdot \ln\left[\frac{\exp(X_i\beta)}{1+\exp(X_i\beta)}\right] + \sum_{i=1}^{n}(1-y_i)\cdot\ln\left[\frac{1}{1+\exp(X_i\beta)}\right] \quad (2-31)$$

通过对式（2－31）实现最大化，可以求出对应的一套回归参数 $\hat{\beta}$ 的最优解。

（3）二元离散模型的检验。二元离散模型的检验包括拟合优度检验、整体方程显著性检验、变量显著性检验等。其中变量显著性检验及检验统计量与经典单方程模型相同，可以进行 Wald 检验。这里仅简单介绍拟合优度检验和总体显著性检验。

对于常规的线性回归模型，可以用判定系数 R^2 表示观测到的因变量总离差中被模型解释的部分所占比反映模型的拟合优度。对 Logit 模型和 Probit 模型而言，二分因变量 y_i 不含有尺度信息，因此无法构造一个完全等价于判定系数 R^2 的估计量。参照最大似然法，设 L_0 为模型中所有解释变量的系数都为 0 时的似然函数值。L 为模型估计得到的似然函数值，构造一个统计量 R^2 如下：

$$R^2 = 1 - \frac{\ln L}{\ln L_0} \quad (2-32)$$

R^2 越接近于 1，模型的拟合效果越好。这里的 R^2 被称为 McFadden R－squared。

总体的显著性检验的零假设和备择假设为：

H_0: $\beta_1 = 0$，$\beta_2 = 0$，…，$\beta_k = 0$

H_1: $\beta_j \neq 0$（$j = 1$，2，…，k）不全为零

构造一个似然比（Likelihood Ratio，LR）统计量如下：

$$LR = -2(\ln L_0 - \ln L) \sim \chi^2(k) \quad (2-33)$$

如果 LR 较大，说明 L_0 和 L 之间的差较大，倾向于拒绝零假设而接受备择假设。

（4）二元离散模型的回归系数解释。完成二元离散模型的检验后，如果检验通过，下一步就要进行模型回归系数的解释。类似于线性回归模型，Logit 模型和 Probit 模型的回归系数也可以被解释为自变量变化一个单位带来因变量的变化幅度。但是由于 Logit 模型和 Probit 模型对观测的因变量进行了非线性变换，所以针对线性回归系数的解释方式在这里不大适用。

Logit 模型和 Probit 模型的区别在于残差的分布不同，Logit 模型的残差比 Probit 模型大，是后者的 $\pi^2/3$ 倍。这是两种模型的区别。在实际研究中，研究者并不知道残差的分布，Logit 模型和 Probit 模型哪一个更适合。不过出于概率分布

函数简洁性和 Logit 模型的对数发生率比（Log - odds - ratio）在解释形式上的便利性，许多学者更倾向于 Logit 模型。

如果从发生率比的角度，Logit 模型中的因变量 $\ln\left(\frac{p_i}{1-p_i}\right)$ 可以理解为“是”对“否”的发生比率（Odds）的对数，那么，在控制其他变量的情况下，回归系数的指数 $\exp(\hat{\beta}_j)$ 揭示了相应自变量 x_j 每变化一个单位，对发生比率的影响倍数。

对 Probit 模型，无法计算发生比率，因此，可以通过连续概率的边际效应来报告自变量对因变量的影响。当自变量为连续变量时，可以计算自变量 x_j 对事件发生概率 P 的边际效应为：

$$\frac{\partial p}{\partial x_j}=\beta_j\Phi(x'_i\beta) \tag{2-34}$$

这里 Φ（·）是在 $x'_i\beta$ 点处的正态分布密度。同理，也可以计算 Logit 模型的边际效应。

6. 多主体仿真方法

（1）复杂适应系统。20 世纪开始，人们对事物的认识从简单性、简单系统向复杂性、复杂系统转变（于景元等，2005）。复杂适应系统是由两个及两个以上的要素（子系统）通过一定的联系结合在一起形成的，整体系统的行为和特征不能由单个要素或者子系统的行为和特征来解释，其行为和特征也不等于所有组成要素或者子系统的行为和特征之和（Arthur，1999）。

Holland 于 1994 年在圣塔菲研究所成立 10 周年的研究报告中正式提出了一种复杂性科学理论——复杂适应系统理论（Complex Adaptive System，CAS）。CAS 理论的基本思想是：复杂系统中的要素都是积极的、有自身目的的、活动的适应性主体（Adaptive Agent），主体与主体之间、主体与环境之间能够相互交流，在交流的过程中不断学习，并不断改变自己的行为以更适应系统的要求（廖守亿等，2004）。

复杂适应系统的特征主要有以下四个方面：

第一，主体是具有主观能动性的主体，这一点从根本上区别于其他理论。复杂适应系统演化的根本动力是系统内部主体与主体的交互作用，并且通过主体间的相互作用涌现出一些新的特征。

第二，主体与主体、主体与环境之间具有交互关系。复杂适应系统中个体与个体、个体与环境之间都是相互联系的，它们之间可以进行信息的传递，这种信息流动促进了主体行为的改变，从而促进了系统的进化。

第三，复杂适应系统引入了随机因素的变量，随机因素变量使某些个体产生变异，即使变异的个体没有按照原先的规则运行，从而使系统产生了新特征，这也促进了复杂适应系统的进化。

第四，复杂适应系统搭建了宏观世界和微观世界的桥梁。通过对微观世界的实验丰富了对宏观世界的认识。

人们对复杂系统的特点做了大量的研究，主要采用的方法有三种：一是“涌现”方法，采用自下而上的研究方式；二是控制方法，采用自上而下的研究方式；三是隐喻的方法。

（2）多主体仿真。人类对世界的认识是通过不断地建立世界模型而实现的，每一次对世界认识的描述都是对世界的一次建模（方美琪等，2007）。我们称现实存在的原系统为原型系统，称为了认识世界所构建的模型为模型系统，两者之间存在着反馈的关系。模型系统是以我们对原型系统规律的认识而建立起来的，通过在模型系统中进行实验，我们又可以发现一些新的规律，由此预测原型系统的未来或丰富对原型系统的认识。模型系统与原型模型在认识过程中的关系，如图 2－3 所示。

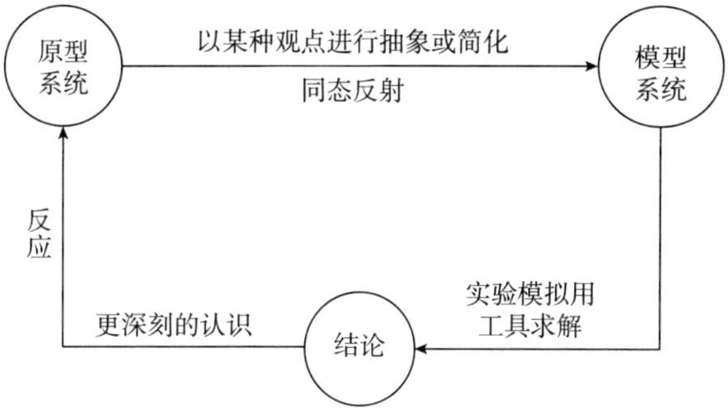

图 2－3 模型和原型的关系

计算机模型是原型系统的同态象，是一种特殊的模型，是描述系统演化过程的可运行的计算机程序。运用计算机系统建模需要将各种数理方法（如学习方法、推理方法、进化理论、博弈论发展网络等）综合集成到计算实验方法体系中，并以基本建模方法为载体，对社会、经济领域的复制问题进行模拟（盛昭瀚等，2009）。多主体仿真（Multi－Agent Simulation，MAS）是基于计算机的计算能力，利用分布式人工智能领域的最新研究成果采用自下而上的思路，对复杂系统建立模型，模型中的个体有接近与现实的属性、行为特征和决策逻辑（见图2－4），通过个体与个体、个体与环境的相互作用涌现出宏观系统的特征，从而建立宏观世界和微观世界的联系。多主体建模的思想被提出以来就被广泛应用于复杂适应系统的研究领域，推进了人们对生态系统、经济系统、社会系统认识的进程（翟东升等，2006）。

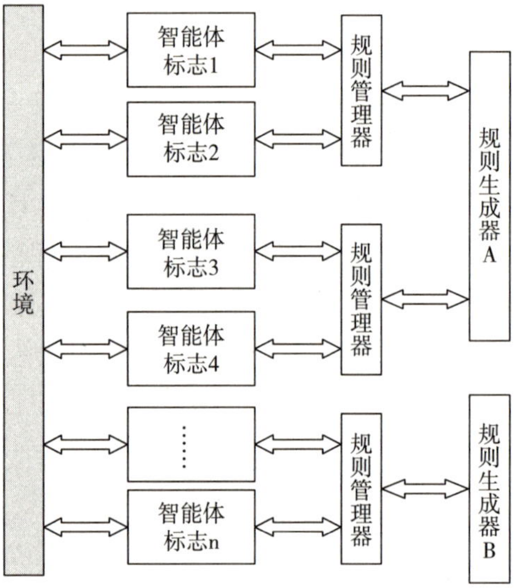

图2－4　多主体仿真模型的规则生成

多主体建模与其他建模方法的一般流程类似，包括前期概念模型的设计到后期成功文档的发布（刘贞等，2008），主要包括如图2－5所示的四个步骤。

①观察、理解真实系统，理解真实系统各组成元素的属性、特征及相互之间的联系，收集宏观、微观数据。对真实系统的认识是建立模型的基础。②设计概念模型。概念模型是将对真实系统的认识做进一步的简化、抽象。设计概念模型最难做的工作是判定真实系统的哪些特征应该保留，哪些特征可以省略。③建立仿真模型。包括模型的架构和模型的实现两个步骤。对概念模型的个体属性、特征、行为规则、环境以及相互关系等进行定义，并用计算机语言转换成计算模型。④进行仿真，结果校验，得出结论。模型建立后需要对模型的可靠性、有限性及稳健性等做检验，使模型能真实地反映原系统的特性。

（3）多主体仿真的建模工具。在多主体方法应用与社会科学研究的初期，计算机建模对程序设计的掌握要求较高，多主体仿真只能被那些既拥有丰富的程

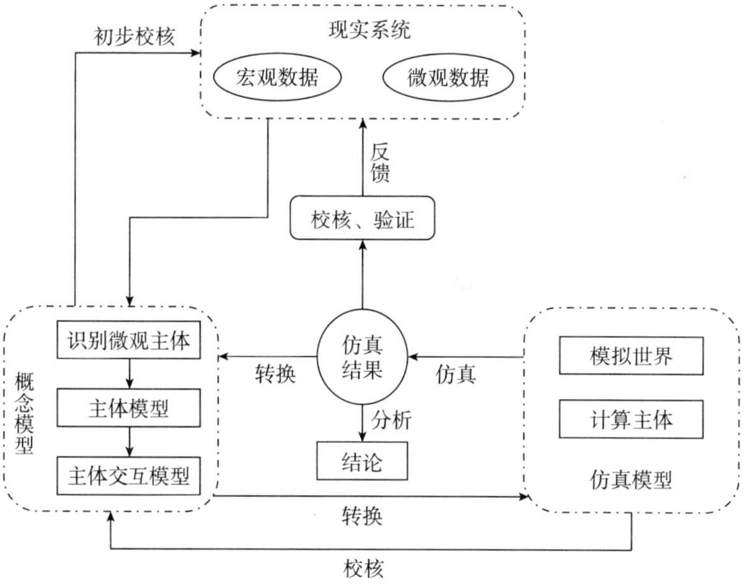

图 2－5　多主体仿真的一般流程

序设计经验同时又具备相关专业知识背景的专家使用。这对多主体仿真在社会学、经济学方面的研究产生很大的障碍。在这一背景下，人们期待有一套标准的程序库来简化多主体建模的过程。

1995 年，圣塔菲研究所启动了 Swarm 项目，他们以建立一套标准的程序库为目的，用来分析社会科学和自然科学领域的复杂系统。多主体建模的标准平台出现增加了建模的透明性，方便了学者之间的交流，使更多的学者能够运用多主体模型进行研究。

多主体仿真的应用在很多领域都取得了成功，涌现出了各种各样的代理系统开发工具，当前比较流行的、基于主体的系统建模工具有 Swarm、RePast、NetLogo 等。

1）建模工具软件 Swarm。Swarm 是美国圣塔菲研究所（SFI）于 1994 年为复杂系统建模而设计的、“元老”级的平台软件。Swarm 的核心是一个面向对象的框架，用以定义能动性的主体及其属性、行为规则等。它支持 Unix、Windows、Fedora、Mac OS X 操作系统，有 Object－c 和 Java 两个语言版本。Swarm 广泛地应用于生物学、经济学、物理学、化学和生态学等领域。Swarm 的特点有：①支持面向对象编程；②程序的层次性、模块结构性很强；③提供多种实用工具。

2）建模工具软件 RePast。RePast 是一种在 Java 语言环境下，基于主体的计算机模拟软件架构，由芝加哥大学的社会科学计算研究中心开发研制。RePast 是一款非常易学、易用、功能又非常强大的软件。RePast 从 Swarm 模拟工具集中借鉴了不少的设计结构和方法，可以说，它是一个类 Swarm 的模拟软件架构。RePast 的主要功能特点是：①能够对运行中的模型进行“快照”，生产模型运行过程的录像；②可以实现多主体协同计算。

3）建模工具软件 Netlogo。Netlogo 是 1999 年由 Uri Wilensky 首次推出的、一种用于仿真自然和社会现象的可编程的建模环境，自身携带模型库。Netlogo 模型由行为者（Turtles）、环境（Patches）和观察者（Observer）三部分组成。Turtles 和 Patches 构成仿真系统，Patches 为网格（Grid）系统，可以代表环境也可以表示不能行动的主体，Turtles 可以在 Patches 自由移动，表示行为者（Agent）。Observer 表示建模的作者。

Netlogo 为用户提供了便捷的按钮、滑动条、文本输入框、数据显示器、绘图窗口等标准元素，用户可以按照自己的需要进行设置。仿真的运行可以由 setup 按钮、go once 按钮和 go 按钮来控制，setup 按钮的功能是初始化试验参数，go once 按钮的功能是单步运行试验，go 按钮的功能是启动实验开始，再次按下 go 按钮时实验停止。Netlogo 仿真的基本框架如图 2 -6 所示。

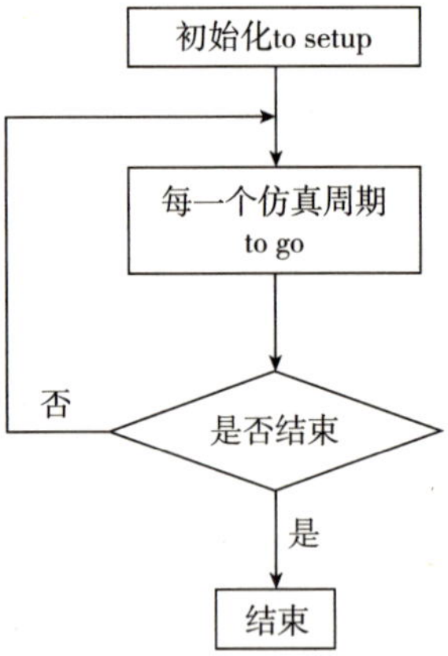

图 2 -6　Netlogo 的仿真框架

（4）多主体仿真方法在国内外林业经济研究中的应用。多主体仿真在国内外林业经济管理理论研究与实践中得到了广泛的应用。例如，Campo 等（2009）以菲律宾巴望岛 3 个乡镇为例，通过多主体系统建模方法模拟社区森林资源的多个利益相关者之间复杂、动态的相互作用，建立 MAS 模型，最终形成社区森林资源合作发展计划。Purnomo 等（2005）以印度尼西亚东卡里曼丹的一个森林经营单元为例，建立 MAS 模型，利用计算机模拟社区资源管理中的多个利益相关者（或 Agent）行为、理性决策以及他们之间的相互作用，其结论证明 MAS 是一种获得多利益相关者森林经营方案的有效工具。Bone 等（2009）将多主体仿真与地理信息系统（GIS）相结合来检测不同森林经营方式导致森林植被的影响，利用 MAS 模型模拟相关利益主体对不同木材价格、采伐成本、林木处置权等条件变化下对决策行为，以及这些行为对森林植被的长期影响；同时用 GIS（Geographic Information System）方法来计算森林采伐的地块大小，地块数等；结果表明，用 MAS 方法来研究在不同的经济政策条件下人们对森林经营方式的变化是非常适用的。

MAS 方法在国内林业经济领域中也有少量应用，如龙飞等（2016）基于多 Agent 系统的交互规则，对有林业碳汇需求的企业、政府和农户进行仿真分析（龙飞等，2016）。谢煜等（2014）提出了基于多主体的林权交易市场仿真研究框架，探讨多主体仿真方法应用于林权交易市场仿真研究的可行性和研究目标。在本书的第七、第八两章中将详细介绍有关林权交易市场多主体仿真研究的内容。

实　证　篇

第三章　微观主体林权流转决策行为研究——以浙江为例

集体林权制度主体改革的目标是进一步明晰林业产权，将集体所有的林地使用权、林木所有权、林地经营权等权利落实到林农手中，以发放林权证的形式保证林农对林权的行使。因此，随着集体林权制度改革的深入，林农成为林业生产要素的经营主体，微观主体——林农的意愿与行为及其影响因素研究成为集体林权制度改革中研究的重要热点。

第一节　样本地区林权交易的现状与数据来源

一、案例省份选择的依据

本章以经济发达地区——浙江为例。浙江由于“七山一水两分田”的地理特点和亚热带的气候，为林业发展提供了优越的先天自然条件。现有林地面积10019.55万亩，占土地总面积的65.6%，林区县人口占全省总人口的63.6%。2017年底全省森林覆盖率已达到61.17%，林业行业产值达到8500亿元，林业旅游年产值超过2500亿元，均位居全国前列。从集体林权制度改革的进展来看，早在20世纪90年代林业“三定”期间，林地权属就比较清晰，新一轮改革中也只是进一步完成确权发证工作。浙江的林权改革走在全国的前列。该地区经济较发达，森林覆盖率较高，林农中从事兼业的人员较多，非林收入占家庭收入比重高，林权交易中转入与转出的意愿都较强，流转行为发生的比例较高。在该地区开展林权流转行为的研究具有重要的代表意义和示范意义。

二、浙江林权改革的历史和现状

浙江是中国集体林权制度改革的代表省份，在“三定”阶段，1981年10

月，《关于稳定山权林权和落实林业生产责任制若干问题的规定》的出台标志着浙江林业“三定”工作的全面部署。到1984年底，浙江林业“三定”工作基本结束，全省共有72%的集体山林到户经营，形成了以家庭承包经营为基础、统分结合的林业双层经营体制（王宪恩，1989）。随后的一段时间，浙江不断完善林业生产责任制工作，解决了许多林业“三定”改革过程中的遗留问题。林业“三定”政策通过分离林业资源所有权和经营权，激发了农户对林业资源开发生产的积极性。据统计，截至1989年底，浙江全省有77%的集体山林到户经营。但是由于种种原因，到1990年，林业“三定”对全省的林业生产并没有实质性的促进作用（王宪恩，1989）。

新一轮集体林权制度改革时期，2006年1月，浙江省下发《关于切实做好延长山林承包期工作的通知》，标志着新一轮集体林权制度改革全面推开。新一轮林改以“延长山林承包期、发放林权证、规范林权流转”为主要内容的山林延包工作历时两年。至2008年初，浙江省集体林权制度主体改革基本完成。全省共完成换（发）林权证面积8657.5万亩，其中集体所有8258.8万亩，占95.4%，国有398.7万亩，占4.6%。在集体所有面积中，责任山2619.2万亩，占31.7%，自留山1878.9万亩，占22.8%，集体统管山3760.7万亩，占45.5%。通过山林延包，进一步明晰了林业产权关系，依法保障了林农的合法权益；调动了林农的积极性，激活了林业经营机制；推进了林权规范流转，优化了森林资源配置；统一了山林权属资料的归档保存，建立了林权管理制度基础；调处了大量的山林纠纷，维护了林区社会和谐稳定（赵洪祝，2007）。

同时，浙江还是最早开展“三权分置”的试点省份之一。2013年，浙江批准龙泉市率先开展林地经营权流转改革试点工作，该市上垟镇花桥村村民郑自友领取了全国第一本《林地经营权流转证》，并以此作抵押向民泰村镇银行贷款88万元，成为首例《林地经营权流转证》抵押贷款成功案例。

三、调研设计与数据来源

为了解林农参与林权交易的意愿与行为，自2009年以来，课题组多次对浙江安吉、龙泉、遂昌、温州、杭州等林业重点县市进行调研和访谈，获得了大量第一手的调研资料。其中问卷调查包括农户个体和家庭基本情况、农户参与林权交易的动机、林权交易合同的特征等信息。基本情况包括农户及其家庭基本情况、收支状况以及承包和经营林地现状三方面内容；随后对有林权交易行为的农户和未进行过林权交易行为的农户分别设计问题，针对前者，问题从交易的动因、交易途径和合同细节等方面展开；针对后者，问卷设计把没有进行交易的农户区分成不愿意交易和希望交易但未进行交易两类，分别统计了原因。详细的问卷设计见本书附录部分。

本书的问卷调查来自2013年9月在浙江安吉县的递铺镇和孝丰镇下属7个行政村的实地调研，调研共发放问卷200份，回收有效问卷187份，有效问卷率为93.5%。样本选择采用随机抽样结合典型调查的方法，对发生过林权交易的中小规模农户和没有发生过林权交易的农户分别采取随机抽样方法。对发生过林权交易的大户，在当地村干部的协助下，对其进行典型调查与访谈。最终，样本数量和所属行政村如表3-1所示，村落名称以字母替代。

表3-1 调研覆盖地区及农户有效样本数 单位：份

镇名	递铺					孝丰		合计
行政村	ADS	DC	DL	DN	DS	XC	XF	
农户样本数	2	26	4	23	33	50	49	
合计	88					99		187

第二节 样本地区林权交易的现状与数据分析

一、调研农户的基本情况

1. *农户家庭劳动力和受教育程度*

被调研地区整体来说，农户家庭平均劳动力有3~4人，大多数农户家庭拥有的劳动力人数也在3~4人的水平。拥有最多劳动力的两户均有7人，3户成为被调查地区拥有劳动力最少的农户家庭，均仅有1人。访谈得知，具有专科以上学历的年轻人，大多不愿意从事农林业劳作，已经或希望未来能够在企事业单位找到一份满意的工作，他们也认为自己能在同龄人中获得更多求职或晋升的机会。统计发现，所有学历为专科的30~40岁被访者均担任村干部工作，占该年龄段村干部总人数的60%。

2. *农户家庭收入*

样本地区农户的收入结构如表3-2所示。“当地企业雇佣收入”占总收入的比例为 39.21%，成为农户首要收入来源；其次为“林业收入”，占比 31.24%；“外出务工收入”占总收入的 21.02%，是第三大农户收入来源。

表 3－2　收入结构（分地区）　　单位：%

地区		各收入项目占总收入百分比						
镇	村	林业收入	非林农业收入	当地企业雇佣收入	外出务工收入	村集体分配收入	政府补贴	其他
递铺	ADS	55.00	0.00	17.00	8.00	5.00	15.00	0.00
	DC	27.60	2.75	52.40	16.74	0.09	0.34	0.07
	DL	11.89	6.09	57.77	23.10	0.72	0.44	0.00
	DN	33.15	1.69	44.70	5.56	1.14	1.00	12.7
	DS	24.01	5.77	40.75	19.22	0.35	5.90	4.00
孝丰	XC	30.54	5.17	35.42	27.70	0.21	0.40	0.56
	XF	38.47	1.84	31.86	25.32	0.30	0.67	1.53
总计		31.24	3.61	39.21	21.02	0.42	1.66	2.84

从按地区分类的农户收入中可以看出，“当地企业雇佣收入”在 DC、DL 等村农户中占总收入比重较高，在当地企业获得工作机会成为这 5 村农户优先考虑的谋生手段。ADS 村和 XF 村均以“林业收入”为首要收入来源。

二、样本地区林权交易总体状况分析

1. 林权交易数量

样本中林权交易数量统计如表 3－3 所示。截至 2013 年 8 月 31 日，样本农户共发生林权交易 100 笔，其中林权转入交易 63 笔，林权转出交易 25 笔。进行过林权交易的农户总数为 90 户，其中 59 户仅进行过林权转入交易，25 户仅进行过林权转出交易，6 户既进行过林权转入交易也进行过林权转出交易。在仅进行过林权转入交易的农户中，有 4 户农户均先后转入 2 处地块，每处地块的交易单记为 1 笔；其余农户均转入 1 处地块。没有进行过林权交易的农户共有 97 户，占全部有效样本农户的 51.87%。

2. 林权交易地理分布

按地区分类，从图 3－1（a）可以看出，在 7 个村的样本农户中，除了 DL 村的转出用户数大于转入用户数以及 ADS 村的转出、转入数相同外（因为进行该笔交易由同一个农户进行），其余样本村的转入用户数均大于转出用户数。

表 3－3　林权交易数量统计

林权交易行为	交易笔数（笔）	参加交易的农户数（户）
仅林权转入	63	59
仅林权转出	25	25
既林权转入又林权转出	12	6
合计	100	90

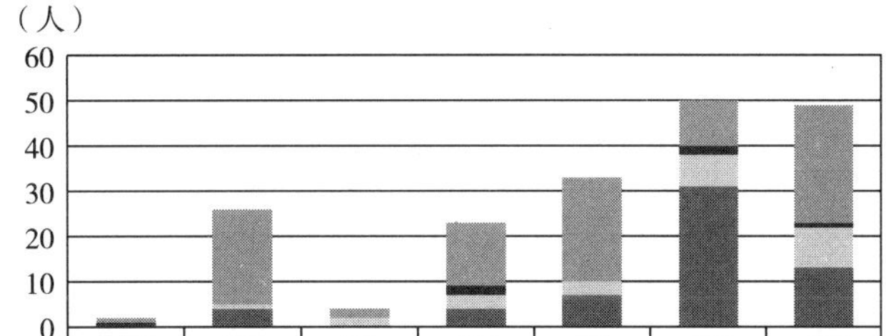

	ADS	DC	DL	DN	DS	XC	XF
未进行林权交易	1	21	2	14	23	10	26
既林权转入又林权转出	1	0	0	2	0	2	1
仅林权转出	0	1	2	3	3	7	9
仅林权转入	0	4	0	4	7	31	13

（a）按行政村统计

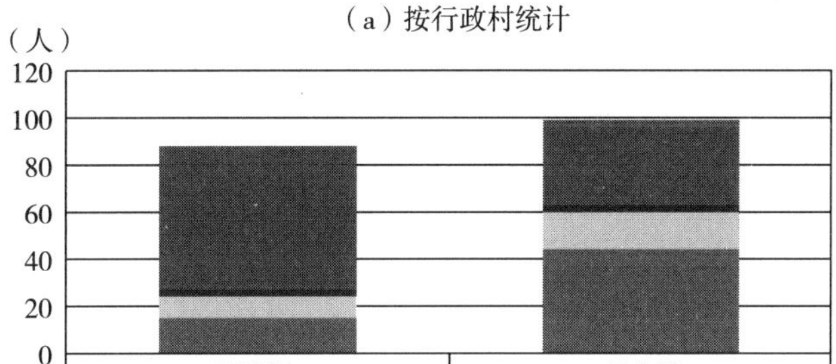

	递铺镇	孝丰镇
未进行林权交易	61	36
既林权转入又林权转出	3	3
仅林权转出	9	16
仅林权转入	15	44

（b）按行政县统计

图 3－1　调查的林权交易地理分布

另外，除了 XC 村出现进行过林权交易的样本农户数大于未进行过林权交易的样本农户数，以及 ADS 村因同一样本农户既进行过转入交易又进行过转出交易，而使得统计结果显示进行过林权交易的样本农户数大于未进行过林权交易的样本农户数外，其余各村的统计结果均显示进行过林权交易的样本农户数小于未进行过林权交易的样本农户数。在行政镇层面上，如图3－1（b）所示，孝丰镇中进行过林权交易的样本农户数超过未进行过林权交易的样本农户数，在递铺镇则反之；而对于进行过林权交易的农户来说，两镇的样本均呈现以下特点：第一，林权转入交易量大于林权转出交易量；第二，“仅转入林权的农户数”、“仅转出林权的农户数”和“既进行过林权转入又进行过林权转出交易的农户数”分别占“进行过林权交易的农户总数”的比例呈递减关系。

因为问卷调查采用随机抽样的方法选取样本，样本具有代表性。从该统计结果可以看出，地区间的林权交易状况可能存在细微差异，但在现阶段，如转入、转出和未交易数量间的大小关系等总体交易状况特征是一致的。

3. 林权交易所涉林业资源规模

此次调研的林地交易存在这样一个特点：许多在名义上是林地转入或转出的林权交易，实质上是农户以转包或租赁等方式，仅流转了地上林木的使用权或所有权，因此问卷中涉及的“林地面积”指标虽不能真实体现标的物为“林地”的林权交易量，但可以粗略地反映出整个林权交易规模和活跃程度，所以本书在统计林地和林木交易规模时均以相应的林地面积为单位。经统计，被调研地区的农户在林权交易前的“自家”林业资源所占面积合计数约为3209亩，林权交易后的“自营”林业资源所占面积——交易前“自家”林业资源所占面积与“流转的”林业资源所占面积——合计约为7898亩，实际转入5232亩，转出543亩，净转入4689亩。表3－4展示了以相应林地面积度量的农户转入林业资源占原有林业资源倍数。从中可以看出，69笔林权转入交易中有54笔交易涉及的转入林业资源所占面积超过农户原有林业资源所占面积的一倍以上，超过78%。将每个比例级次取中间值得到转入的林业资源平均占地面积为农户转入前拥有的林业资源总占地面积的13倍。如表3－5所示，31笔林权转出交易中有13笔交易涉及的转出林业资源所占面积占农户原有林业资源所占面积的75%以上，超过40%。将每个比例级次取中间值，得到转出的林业资源平均占地面积为农户转出前拥有的林业资源总占地面积的60%。

表3－4　转入的林业资源所占面积占农户转入前拥有的林业资源所占面积的倍数

倍数（倍）	0~1	1~10	10~20	20~30	30~40	40~50	不清楚
交易数（笔）	11	26	11	8	6	3	4

注：除［40~50］区间的取值范围包含50外，其余区间取值范围包含区间下限而不含区间上限。

表 3－5 转出林业资源所占面积占农户转出前拥有林业资源所占面积的比例

比例（%）	1～25	25～50	50～75	75～100	不清楚
交易数（笔）	4	8	3	13	3

注：除［75～100］区间的取值范围包含 100% 外，其余各区间取值范围包含区间下限而不含区间上限。

4. 林权交易的时期分布

在全部有效样本农户的林权交易中，最早的一笔林权转入交易发生在 1988 年，进行该交易的农户是与同村朋友私下进行的。双方自行拟订了交易协议，协议规定：甲方自协议签订之日起，将 100 亩林地至 2025 年转入乙方，采用砍伐一次支付一次的方式付款。结合付款形式看，这笔交易实质上属于林地租赁交易。1993 年，转入方又以与同村朋友私下交易的方式，将 200 亩林地转入 25 年，采用分年度以现金形式付款。最早的一笔林权转出交易进行时，该交易的农户私下与同村朋友订立流转协议，将 3 亩林地转包出去，该农户转出的林地占其原有林地总面积的 75% 以上，规定的到期年限为 2010 年但已于到期前续约。通过访问得知，这两家农户均对林业相关法律政策有较为深入的了解。

如图 3－2 所示，20 世纪 80 年代的林业“三定”政策让农户成为林业经营的主体，农户的生产积极性被大幅度地调动起来，加上当时农户增加收入的渠道不多，林业经营成为其主要收入来源。所以这一时期，林业资源交易发生并不频繁，即使有，规模也相对较小。20 世纪 90 年代初，样本地区的林权交易量虽略呈上升趋势，但始终保持相对稳定的状态。90 年代中期，随着国家改革开放水平的不断提高，样本地区经济飞速发展，面对外出打工和自主创业的机会，林地经营越来越显得“不划算”——生产经营周期长、收益低。这一时期，部分农户无心打理林地，或闲置或转出给仍愿意经营林地的亲朋好友或经营大户，总体来看，林权交易量明显上升。样本地区林业经营水平相对较高，经营大户在这一时期较为频繁地转入林地。由于农户受到活动范围的限制，林权交易量很快回落至一个高于八九十年代的稳定水平。新一轮林权改革的实施进一步明确了林业产权关系，以法律的形式确定了多种林权流转方式，并给予政策支持，给相对保守的农户吃了“定心丸”。林权交易量的增速提高了，更多低效甚至闲置的林地被流转出来，农户收入得到广泛提高，林业资源利用率得到大幅提升。林权交易时期分布情况如图 3－2 所示。

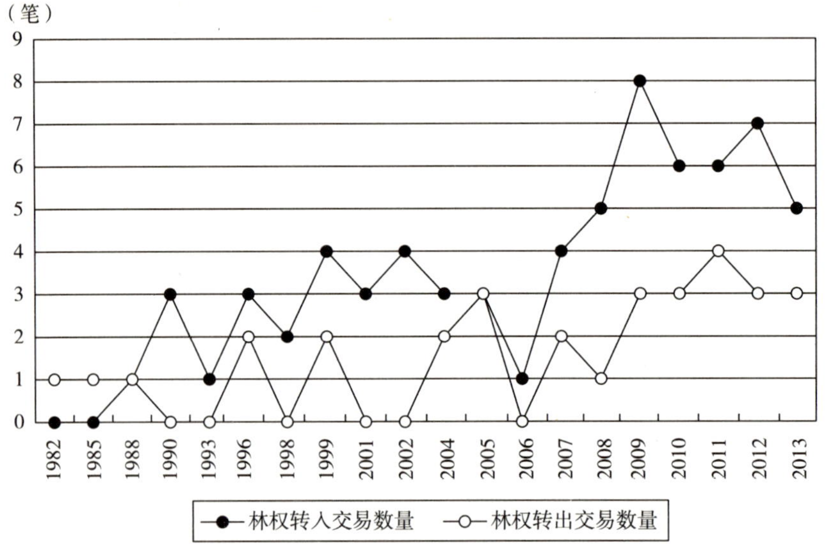

图 3-2 林权交易时期分布

三、农户参与林权交易的动机分析

1. 转入林权的动机分析

农户会基于单个或多个动机而选择交易林业资源，对于进行过林权转入交易的农户来说：52 笔交易基于单个动机，占交易总量的 75.36%；12 笔交易基于两个动机，占交易总量的 17.39%；仅 2 笔交易基于三个动机。

在得票数上，如图 3-3（a）所示："增加收入"成为得票最多的选项，其次为"合理配置劳动力"，接着是"实现中长期投资价值"。事实上，农户选择"增加收入"、"实现中长期投资价值"以及"实现林地规模经营"这三个选项均含有"增加收入"的意思。细微的差别在于，"实现中长期价值"和"实现林地规模经营"两个选项还表述了增加收入的途径。通过访谈可以发现：农户对林业资源的认识程度逐渐深化，掌握的有关林业资源经营、投资途径的知识不断丰富，投资意识也有所增强。

农户进行林权转入交易，还会基于合理配置劳动力的动机。超出调研结果预期的是，农户除会因有不愿从事雇佣工作的富余劳动力而进行林权转入外，还会因为其他家庭缺乏劳动力而帮忙转入林权代为经营，这种帮忙性质的林权转入，使转入方与转出方之间的关系更加亲密。另外，有一例农户是为子女转入林地，

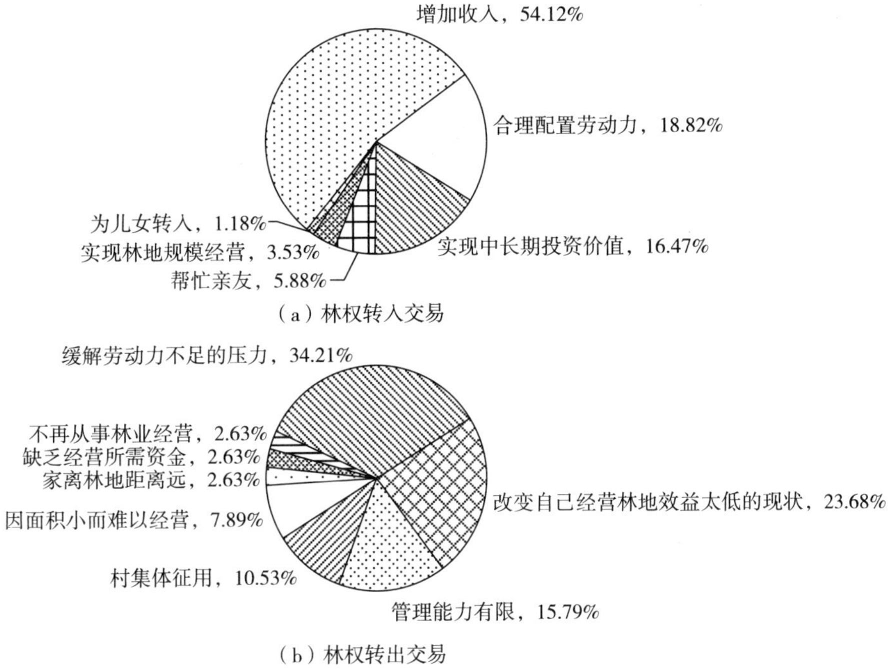

图 3－3　林权交易动机调研情况

他们认为林地资源作为不动产具有保值增值功能，能够在未来为其子女抵抗经济风险，这个观点也在后续访谈中得到其他农户的认可。

2. 转出林权的动机分析

对于进行过林权转出交易的农户来说，同样会基于单个或多个动机，如图 3－3（b）所示：22 笔交易基于单个动机，占交易总量的 70. 97%；8 笔交易基于两个动机，占交易总量的 25. 81%。缓解劳动力不足的压力和增加收入成为农户进行林权流出的主要动机。通过进一步对进行林权转出交易的农户访谈得知：有些农户因无法有效规避林业生产经营周期长的风险，或为解决因林业经营中不可克服的障碍所导致的低收益问题，需要找到突破口改变现状，转出林木或林地成为最直接的方式；有些农户已得到相对稳定且能够获得高于林业经营收入的非林业工作，或者已实际脱离农村社区无法经营农地，从而选择转出林业资源以获得租金、分红或一次性转让所得。城市化进程加快使得越来越多的家庭面临林地经营缺乏劳动力的危机，未来可能会有更多的农户做出转出林业资源的选择；还有一些农户因村集体征用、受制于交通的不便利或缺乏管理能力，主动或被迫转出林业资源。

四、农户林权交易合同特征分析

林权交易合同特征分析将对林权转入交易和林权转出交易分别展开。林权交易特征包含交易的合同签约对象、标的物及其价格、定价方式、流转形式和林权登记的变更情况等内容。本书除对每个特征进行单一分析外，还对若干特征进行交叉分析。

1. 合同签约对象与合同形式分析

本书将合同签约对象主要分为父母以及兄弟姐妹等直系亲属、其他亲戚、同村朋友、林业经营大户和其他相对人四大类，其中“其他签约对象”由调研时农户自行填写。统计结果如表3－6和表3－7所示，农户主要从同村朋友手上转入林业资源，少数农户从父母、兄弟姐妹和亲戚处转入林业资源；而因交通不便利、信息获取困难等原因，更少量的农户从村集体或外村转入。在进行转出交易方面，农户主要将林业资源流转给林业经营大户以及同村朋友。从中可以看出，农户主要与家族外的人进行林权交易，少量农户将林业资源在家族内部流转。

表3－6　林权转入交易供给方统计　　单位：%

交易类型	父母或兄弟姐妹	亲戚	同村朋友	外村朋友	村集体	其他
林权转入交易	10.14	10.14	73.91	1.45	1.45	2.90

表3－7　林权转出交易需求方统计　　单位：%

交易类型	父母或兄弟姐妹	亲戚	同村朋友	营地大户	集体征用	其他
林权转出交易	3.23	3.23	19.35	61.29	9.68	3.23

根据经验和以往的研究，农村地区具有较高的熟人社会性质，其内生性规范作用使农户在与亲朋好友进行类似的产权交易时采用口头交易的比例较高，本书对交易采用的“合同形式”与“合同相对人”进行了交叉分析。从表3－8与图3－4（a）、图3－4（b）可以看出，有81%的农户明确表示采用了书面合同形式进行林权交易；对转入和转出农户采用的合同形式分别统计，明确表示采用书面形式进行林权转入和转出交易的农户，分别占各自交易方向类别所含交易总数的比例为79.71%和83.87%，仅16%的农户明确表示采用了口头合同形式进行

表3-8 林权交易合同的形式 单位：笔

交易类别	书面合同	口头合同	其他
林权转出交易	55	11	3
林权转入交易	26	5	0

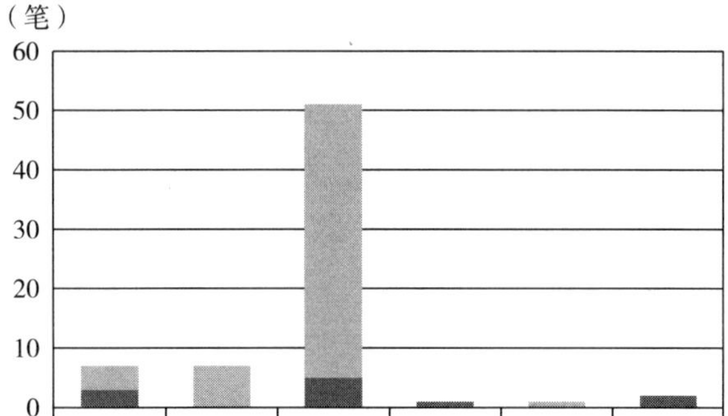

	父母或兄弟姐妹	亲戚	同村朋友	外村朋友	村集体	无效样本
书面合同形式的交易数	4	7	46	0	1	0
口头合同形式的交易数	3	0	5	1	0	2

（a）林权转入交易

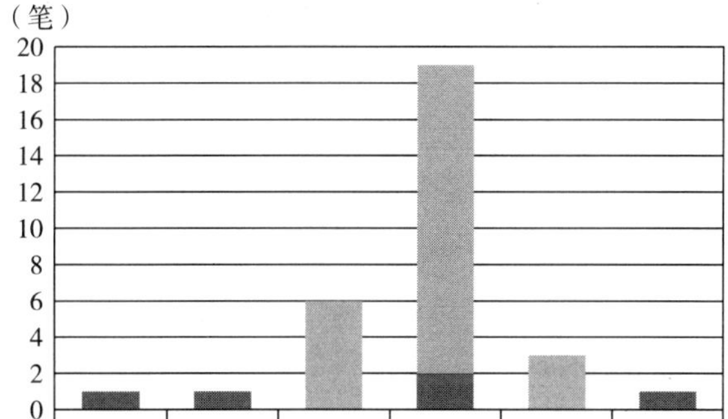

	父母或兄弟姐妹	亲戚	同村朋友	营地大户	集体征用	无效样本
书面合同形式的交易数	0	0	6	17	3	0
口头合同形式的交易数	1	1	0	2	0	1

（b）林权转出交易

图3-4 林权供给方与合同形式的交叉分析

林权交易。按合同相对人分类统计可以发现，农户在与父母和兄弟姐妹进行交易时选择口头交易的比例明显高于与朋友或林业经营大户交易时采用口头交易的比例，但其数值低于预期值。这说明虽然农户仍会基于亲密的血缘或熟人关系选择口头交易方式向亲朋好友流转林业资源，但市场经济的契约观已在农村地区逐渐普及并体现在农户的具体经济行为上。

2. 林权交易定价方式及其心理价位分析

问卷预先设计了两种具体定价方式：双方协商确定价格和利用评估中心的评估结果。如有其他交易方式，由农户填写补充。统计结果如图 3 –5 所示，大部分农户选择双方协商确定林权交易价格：在所有林权转入交易中，采用该方式定价的比例有 69. 57%；在所有林权转出交易中，采用该方式定价的比例有 61. 29%；剔除无法明确采用何种定价方式的样本，其比例分别达到 84. 21% 和 65. 52%。统计显示，经专业价格评估中心确定交易价格的林权交易量占比较少：在调研统计的 69 笔转入交易中，不到 2% 的交易采用该方式定价；在 31 笔转出交易中，不到 10% 的交易采用该方式定价，这些交易均属于将林权转出给林业经营大户的情况。需要说明的是，对于没有写明定价方式的林权转出交易，其大部分发生时间早于该地区农户能够接触到的最早成立的林权价格评估中心的时间，故这部分交易不可能通过评估中心得以确定。这部分农户表示，即使当时有林权价格评估机构，他们也不可能通过这些机构定价。此类机构的公信力不足是农户主要担心的问题。

除预先给定的定价方式外，农户自己也填写了实际交易过程中采用的其他定价方式。如图 3 –5 所示，一部分农户在林权交易时会委托村委会帮忙定价，明确表示采用这一方法为林权定价的，其林权转入交易和林权转出交易的对应比例分别为 4. 35% 和 9. 68%。经访谈得知，村委会在农户心中具有相对较高的公信力是其被选择帮忙定价的重要原因，以由村委会给出的参考价格进行交易，更可能减少讨价还价带来的不被交易双方期望的摩擦；少部分农户也表示，缺乏定价能力是其找村委会帮忙的主要原因。另一部分农户在林权交易时会直接采用同类林业资源流转的市场参考价，经访谈得知，很多采用这种方式定价的农户一开始只是希望以同类交易的价格作为参考，但交易中他们过度依赖同类参考价，使其难以向对方开出有利于自己的价格，最终不得不接受同类交易的参考价格。

大部分农户在进行林权交易前会尽可能地了解各类林权的市场行情，或尝试通过不同途径评估拟转让的各类林权的价格，故此次调研按照林地和林木分类，分别统计了当面对不同合同相对人和采用不用定价方式时，农户对林权心理价位

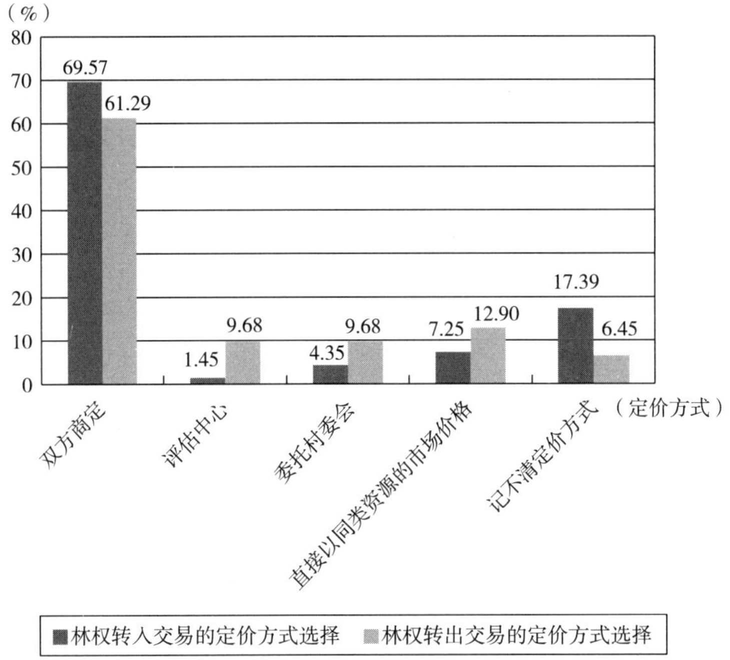

图 3－5　农户在林权交易中的定价方式选择情况

的认知情况。

如图 3－6（a）所示，总体来说有 65.22% 的农户认为转入交易中的林地估值是合理的，接近 30% 的农户认为转入交易中的林地估值不合理，其中接近一半的农户觉得估值偏低，另一半觉得估值偏高；有 57.97% 的农户认为转出交易中的林地估值是合理的，超过 1/3 的农户觉得估值偏低，没有农户认为估值偏高。也就是说，有接近 30% 的农户认为林地估值水平应当向有利于自己的方向倾斜。在林木交易方面，如图 3－6（b）所示，总体来说有 58.06% 的农户认为转入交易中林木的估值是合理的，15.95% 的农户认为林木估值不合理，认为偏高和偏低的份额接近 50%；有 32.26% 的农户认为转出交易的林木估值是合理的，19.35% 农户认为估值偏低，没有农户认为转出林木估值偏高。与对林地心理价位表态的农户比例相比，更少比例的农户对林木心理价位进行表态。

进一步做如表 3－9 至表 3－16 所示的交叉分析，并结合访谈发现：缺乏第三方评估机构容易导致农户对林地的心理价格偏高，但即使最终以该估值数额成交，其并不一定大幅度偏离公允价值；林地卖出方与林地买入方私人关系越疏远，越容易导致买入方认为林地估值偏高，同样，即使最终以该估值数额成交，

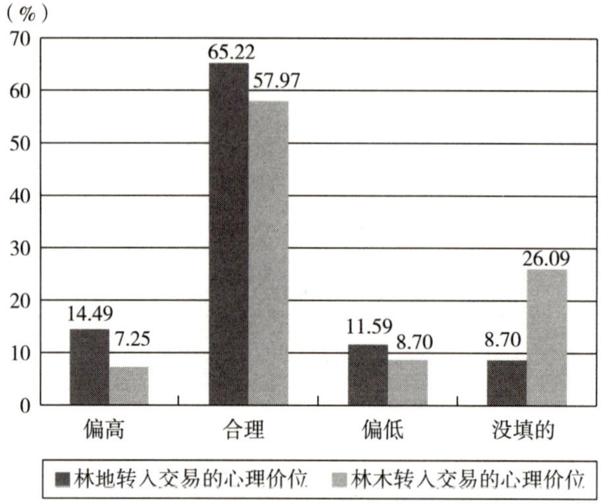

(a) 林权转入交易

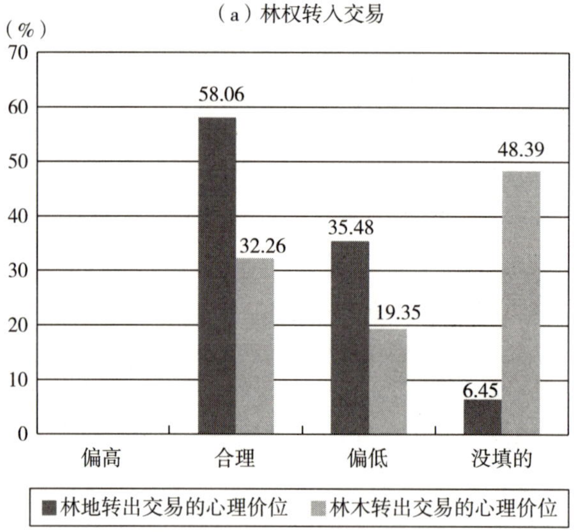

(b) 林权转出交易

图 3-6 林权交易的心理价位调查情况

注：心理价位金额为调研时让农户在其通过多种估值方式得到的结果中选择最低的估值额。

其并不一定大幅度偏离其公允价值。另外，与农户对林地的心理价位相比，认为林木价格不合理的农户比例更高、数量也更多。对此，一个可能的解释是：一部分拟进行林地流转的农户，其交易实质是对林木所有权或使用权的交易，所以对这类林地交易的估值是按照林木交易进行的，当农户把该估值结果与相似地块的实质性林地交易估值结果比较时，自然会认为他的林地价值被低估了。

表 3－9　林地供给方与林地转入交易心理价位的交叉分析　　单位：笔

心理价位	父母或兄弟姐妹	亲戚	同村朋友	外村朋友	村集体	说不清对方的身份
认为偏高的	1	2	6	0	1	0
认为合理的	5	4	34	1	0	1
认为偏低的	0	0	7	0	0	1
说不清	1	1	4	0	0	0

表 3－10　林地转入交易的定价方式与心理价位交叉分析　　单位：笔

心理价位	双方商定	评估中心评估	委托村委会	直接以同类资源的市场价格	记不清定价方式
认为偏高的	8	0	1	0	1
认为合理的	34	1	1	3	6
认为偏低的	4	0	0	2	2
说不清	2	0	1	0	3

表 3－11　林地转出交易的合同需求方与心理价位交叉分析　　单位：笔

心理价位	父母或兄弟姐妹	亲戚	同村朋友	营地大户	村集体	说不清对方的身份
认为偏高的	0	0	0	0	0	0
认为合理的	1	0	3	12	2	0
认为偏低的	0	1	2	7	1	0
说不清	0	0	1	0	0	1

表 3－12　林地转出交易的定价方式与心理价位交叉分析　　单位：笔

心理价位	双方商定	评估中心	委托村委会	直接以同类资源的市场价格	记不清定价方式
认为偏高的	0	0	0	0	0
认为合理的	12	2	1	3	0
认为偏低的	5	1	2	1	2
说不清	2	0	0	0	0

表 3－13　林木转入交易的林权供给方与心理价位交叉分析　　　单位：笔

心理价位	父母或兄弟姐妹	亲戚	同村朋友	外村朋友	村集体	说不清对方的身份
认为偏高的	0	2	3	0	0	0
认为合理的	2	4	32	0	1	1
认为偏低的	0	1	5	0	0	0
说不清	5	0	11	1	0	1

表 3－14　林木转入交易的定价方式与心理价位交叉分析　　　单位：笔

心理价位	双方商定	评估中心	委托村委会	直接以同类资源的市场价格	记不清定价方式
认为偏高的	4	0	1		0
认为合理的	34	0	0	2	3
认为偏低的	3	0	1		1
说不清	7	1	1	3	8

表 3－15　林木转出交易的林权需求方与心理价位交叉分析　　　单位：笔

心理价位	父母或兄弟姐妹	亲戚	同村朋友	营地大户	村集体	说不清对方的身份
认为偏高的	0	0	0	0	0	0
认为合理的	0	0	3	5	2	0
认为偏低的	0	1	0	4	1	0
说不清	1	0	3	10	0	1

表 3－16　林木转出交易的定价方式与心理价位交叉分析　　　单位：笔

心理价位	双方商定	评估中心	委托村委会	直接以同类资源的市场价格	记不清定价方式
认为偏高的	0	0	0	0	0
认为合理的	7	2	0	1	0
认为偏低的	4	0	1	1	0
说不清	8	1	2	2	2

3. 林权变更登记情况分析

根据《森林法》、《农村土地承包法》、《林木和林地权属登记管理办法》等法律文件规定：当出现以下五种情况时，需要由权利人在指定地点办理林权变更登记：①林权共有权利人部分发生变化的；②森林、林木和林地所有权或使用权部分发生变化的；③林权登记记载面积部分发生变化的；④林地使用期或者终止日期发生变化的；⑤林地坐落、林种、主要树种、株数等登记内容发生变化的。所以，样本地区农户进行林权交易后，按法律法规要求应当办理林权变更登记，以法律形式确定自己的林业产权边界，保障自己的合法权益、明确应当承担的相应义务。

如图 3－7 所示，样本农户进行的绝大多数林权交易没有办理林权变更手续：在转入交易中，未办理林权变更手续的交易数是办理林权变更交易数的 2 倍；在转出交易中，未办理林权变更手续的交易数是办理林权变更交易数的 8.7 倍，仅 3 笔交易办理了林权变更登记。农户决定是否办理林权变更登记主要考虑“采用

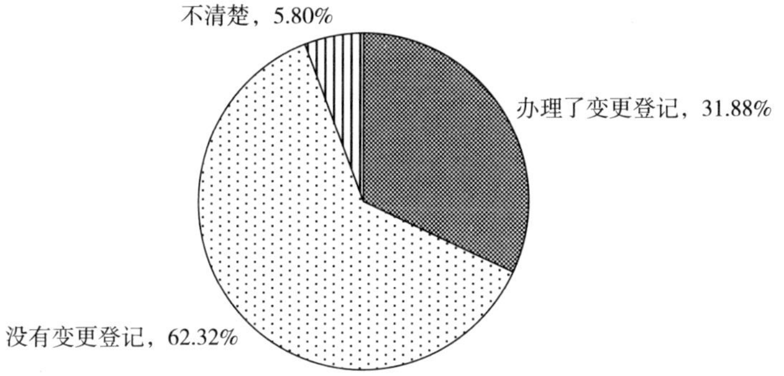

（a）林权转入交易

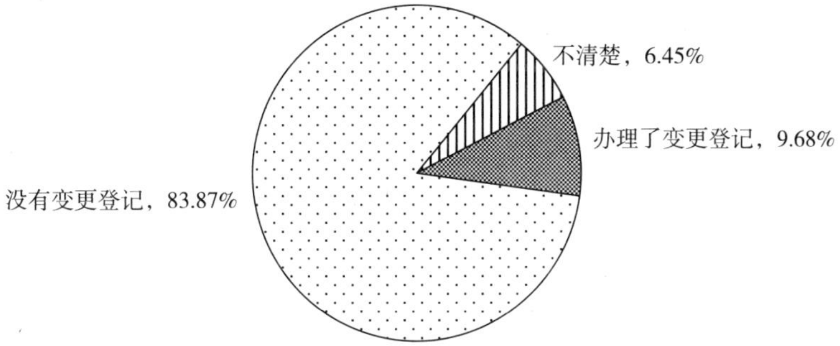

（b）林权转出交易

图 3－7　林权交易的登记变更情况

何种流转形式交易”和“与谁交易”两个问题。从表3－17至表3－20的交叉分析并结合访谈，研究发现：在转入交易中，办理林权变更手续的交易数超过未办理林权变更手续的，只有以招标形式进行的林权流转交易；林权转包、租赁等交易均出现未办理变更的交易数多过办理变更的交易数的现象。在转出交易中，除3笔转包交易和2笔不确定是否办理了变更登记的交易外，其余交易均未办理林权变更登记，占全部转出交易的83.87%。

表3－17　林权转入交易的流转方式与变更登记情况交叉分析　单位：笔

林权变更登记情况	转包	租赁	拍卖	招标	股份合作	托管	说不清
办理了变更登记	12	2	0	2	0	0	1
没有办理变更登记	22	16	0	1	0	2	7
不清楚	3	0	0	0	0	0	1

表3－18　林权转入交易的林权供给方与变更登记情况交叉分析　单位：笔

林权变更登记情况	父母或兄弟姐妹	亲戚	同村朋友	外村朋友	村集体	说不清对方的身份
办理了变更登记	3	4	14	0	1	0
没有办理变更登记	4	3	35	1	0	0
不清楚	0	0	2	0	0	2

表3－19　林权转出交易的流转方式与变更登记情况交叉分析　单位：笔

林权变更登记情况	转包	租赁	拍卖	招标	股份合作	托管	说不清
办理了变更登记	3	0	0	0	0	0	0
没有办理变更登记	19	5	0	0	0	0	2
不清楚	1	0	0	0	0	0	1

表3－20　林权转出交易的林权需求方与变更登记情况交叉分析　单位：笔

林权变更登记情况	父母或兄弟姐妹	亲戚	同村朋友	外村朋友	村集体	说不清对方的身份
办理了变更登记	0	0	1	1	1	0
没有办理变更登记	1	1	4	18	2	0
不清楚	0	0	1	0	0	1

样本地区的农户普遍认为林权租赁交易不需要办理林权变更登记，一部分转包交易在实质上或被农户认定是租赁交易，所以没有办理变更登记；而调研得到的 2 笔办理了林权变更登记的租赁交易，实质上是农户将林地以长期租赁的形式转入或转出，以合同的形式每年支付或收取固定的金额，这实质上构成了林地使用权的转移，为保障自己的合法权益，降低未来发生纠纷的风险，农户办理了林权变更登记。此外，被访农户普遍表示，如果能够通过签订协议或合同等方式明确林权的归属，且法律不规定必须办理林权变更手续才可使相应的林权交易生效，则其并不太愿意办理林权变更手续，尤其是当与相对人的关系亲近时。关于小规模林农参与场内交易积极性不高的问题，本书将在后续章节具体分析。

五、农户未进行林权交易的原因分析

1. 未进行林权交易的林农林权交易意愿分析

本部分对未进行过林权交易的农户进行调研，分析他们未进行交易的原因。研究按照截止调研时点有无进行林权交易的意愿，将没有进行过林权交易的农户分为两部分；同时将林权交易意愿分为：仅有林权转入意愿、仅有林权转出意愿、既有林权转入又有林权转出意愿和没有林权交易意愿四类，统计了其在有林权交易意愿时，未实施相应林权交易行为的原因和因没有交易意愿进而未实施对应林权交易行为的原因。首先安排相关统计结果的展示和分析；其次结合前文的有关研究内容和结论展开讨论。本部分旨在探究农户不进行林权交易的具体原因，以及阻碍农户将林权交易意愿转化为林权交易行为的因素。

在所有样本农户中，如表 3－21 所示有 9.28% 的农户表示仅愿意转入林权；有 9.28% 的农户表示仅愿意转出林权，与仅愿意转入林权的农户数相等；有 56.70% 的农户既愿意进行林权转入也愿意进行林权转出，超过样本农户的半数；另外有 24.74% 的农户表示不愿意进行任何林权交易。

表 3－21　林权交易意愿统计

林权交易意愿	数量（户）	占比（%）
没有林权交易意愿	24	24.74
仅有林权转入意愿	9	9.28
仅有林权转出意愿	9	9.28
既有林权转入意愿又有林权转出意愿	55	56.70

2. 有林权交易意愿但是未产生林权交易行为的原因分析

图 3－8 展示了按具体交易意愿分类的未参与林权交易行为的原因统计结果。大部分有意愿转入林业资源的农户认为在其拥有的交通条件和信息获取能力范围内，无法获悉更多的林权供给信息。样本地区农户获取林权交易信息的途径以同村人相互转告为主，少部分农户通过村里的公告获悉。劳动力因素也是农户在做林权转入决策时的重要考虑方面，当没有足够劳动力时，农户不会增加家庭林业资源存量。拟转入的林业资源价格过高或价格合适但缺乏资金，也是阻碍农户进行林权转入的重要原因。此外，部分农户认为转入林业资源对增加收入无法起到理想的作用，这种担心来自两个方面：一是转入的森林资源增加林业生产经营风险；二是在现在的生产经营模式下，林业生产经营效益低，转入林权的增收作用不明显。统计调查到的其他阻碍农户将林权转入意愿转化为林权转入行为的原因

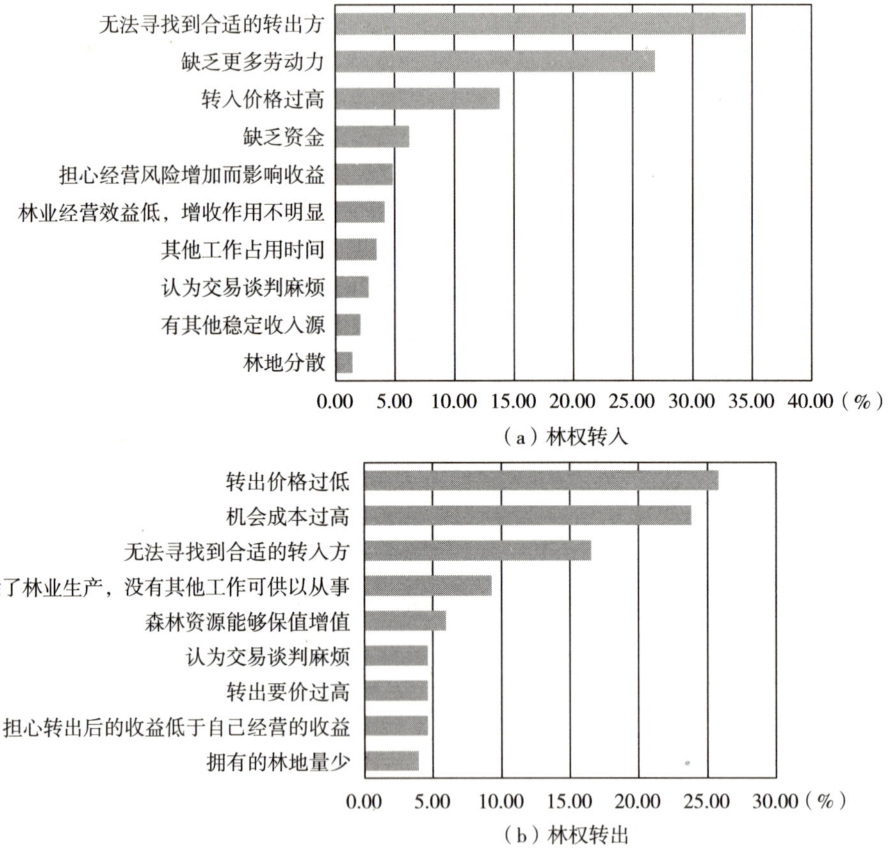

图 3－8　有林权交易意愿但未转入/转出林权的原因

还包括农户的其他工作占用了林业生产经营时间、认为交易谈判过于麻烦、有其他稳定收入来源以及林地分散等。

对有意愿进行林权转出的农户调查发现，他们填写的不进行林权转出的原因分布，不同于对没有意愿进行林权转出的农户调查得到的结果。与之相比，愿意转出而未转出林权的农户更少地将林业生产劳动作为获取收入的主要方式，或将林业资源看作可以保值增值的资源，他们更愿意寻找其他获取收入的途径。阻碍他们转出林业资源的原因有：①在交易价格谈判上不占优势，转出价格通常低于期望值；②虽然愿意转出林业资源从事其他工作，但是现有的林业生产经营工作尚可获利，担心转出林权的机会成本高，所以仍然不将其转出；③难以获得更多的林权交易需求信息也是阻碍农户将林权转出意愿转化成实际交易行为的重要原因；④农户不愿意在价格谈判上投入过多精力。对价格谈判问题的一个合理解释是：拟转出林权的农户面对的谈判对象更多的是林业经营大户或企业，双方在议价能力上存在较大差距。还有一部分农户找不到其他获得收入的方式，从而不得不继续从事林业生产劳动。统计调查到的其他阻碍农户将林权转出意愿转化为林权转出行为的原因还包括考虑到森林资源能够增值保值、认为交易谈判过于麻烦、转出要价过高、担心转出获得的收益低于自己经营所获收益以及没有多余林地以供转出等。

3. 没有林权交易意愿且未产生林权交易行为的原因分析

农户因没有林权交易意愿进而不实施林权交易行为的原因，与仅有林权转入或转出意愿的农户相比，分布更为集中，如图 3 - 9 所示。对于该类没有进行林权转入的农户，主要是因为缺乏劳动力，同时认为增加更多的林地对增加收入没有明显帮助。对于该类没有进行林权转出的农户，其中一部分认为自己完全有能力经营，而且当下的经营能够使他们获利，便自然不会放弃该收入来源；一部分认为森林资源是“绿色银行”，具有保值增值的作用，即使转出也不会全部转出；还有一部分农户找不到其他获得收入的方式，从而不得不继续从事林业生产劳动，然而与有林权转出意愿但未实施林权转出行为的农户不同，这类农户满足于当前的收入水平，没有更换工作的打算。此外，拥有的林业资源不足也是阻碍农户产生林权交易意愿的重要原因。

统计显示，与有林权交易意愿的农户相比，缺乏增收渠道在农户不愿进行林权交易的原因中更为凸显。拥有的林业资源不足、担心林权交易后收入不升反降，仍然是阻碍这部分农户进行林权交易的重要原因。同时，村集体对林权交易的集体决策行为也根本性地影响着村内或组内农户的林权交易意愿和行为：据了

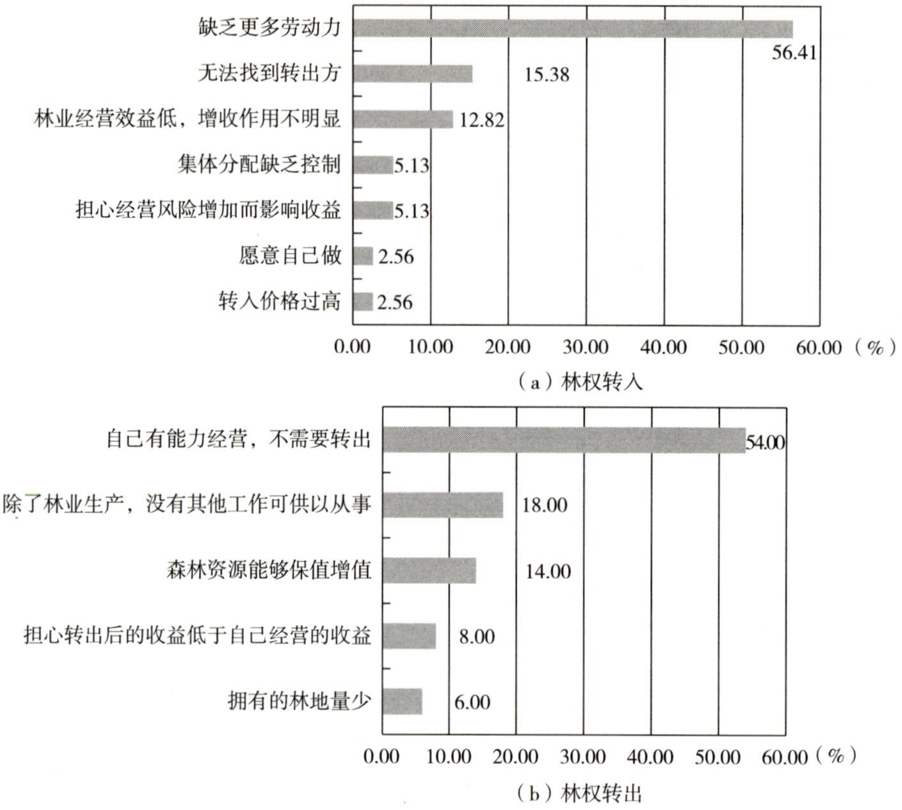

图 3－9　没有林权交易意愿农户未转入/转出林权的原因

解，在林权归村集体所有，且农户可以参与林权交易决策的制定中，则这些农户在做决策时更多的是考虑整个集体的利益，这与农户在对个人所有的林权做交易决策时考虑的因素截然不同；村集体中的一部分农户毕竟无法参与林权交易决策的制定，则对于这类农户，一部分可能根本不会思考有关林权交易的问题，另一部分可能产生林权交易的意愿，但由于自己无法参与相关决策制定，意愿与行为因此产生差异。

第三节　影响农户的林权交易行为的因素分析

一、研究假设与变量设计

在上一节，根据问卷对被调查样本的基本情况、林权交易概况、交易动机和交易合同进行了分析，使得样本地区林农参与林权交易行为的特征得到展现。本书假定农户的行为是有限理性的，虽然农户在经济决策中会考虑自身的利益最大化，但受到自身的主观认识能力、自身所处的环境和信息的不完全性、契约的不完全性等方面因素的影响，其决策行为的有限理性更为凸显。但是到底是哪些因素导致了林农不同的交易行为？这是本节需要考虑的问题。

林农的林权交易决策受到的影响因素很多。农户面临内外部环境两个方面的影响。在内部环境方面，农户可能受到农户家庭特征和资源禀赋的影响；在外部环境方面，农户可能受到所处地区的文化风俗、经济发展水平、经济社会政策以及政治环境的影响。来自内外部环境的各种因素最终将不同程度地影响农户的林权交易行为。

本书在参照现有相关研究的基础上，结合样本地区的林权交易实践情况，梳理并归纳出四类可能的农户林权交易行为影响因素：农户家庭特征、农户资源禀赋、政策影响和交易费用。

1. 农户家庭特征变量

农户家庭特征由户主特征和其他家庭特征构成，其中户主特征包含户主年龄、户主性别和户主文化程度等内容；其他家庭特征包含家庭成员担任村干部的情况、家庭收入情况等内容。

对样本地区来说，村集体发布林权交易信息是农户获得林权交易供需状态的重要途径之一，如果有家庭成员在村委会等机构任职，则其家庭在信息获取上拥有优势；而且通常认为，村干部对政策的理解更透彻，能帮助家庭更为理性地做出有关林权交易的决策。故本书以数字 1 和数字 2 分别表示“家庭没有成员担任村干部”和“家庭有成员担任村干部”。

农户家庭收入情况可能会影响其林权交易行为（张蕾等，2013），对此从两个方面考虑：一是收入水平；二是收入结构。前者是指农户家庭年收入的高低；后者是指农户家庭的各项年收入占年总收入的比例，其中收入类别以收入的来源定义。因林业收入、当地企业雇佣收入和外地企业雇佣收入是样本农户的三类主要收入来源，故本书根据收入来源的类型设置“林业收入比例”变量和“雇佣收入比例”变量。其中，“林业收入比例”是指家庭成员农户从事林业生产经营所获收入占总收入的比例；“雇佣收入比例”是指家庭成员通过企业受雇或自主经营等方式获得的非农林收入占总收入的比例（谢屹等，2009）。

需要说明的是：因为研究家庭收入情况对林权交易行为的影响，应当选择农户发生林权交易行为前的收入情况进行统计，所以在实地调研时，对于进行过林权交易的农户，调研者记录其在林权交易前的各项收入水平，并以此计算出相应的收入结构；对于没有进行过林权交易的农户，则记录其截止调研年份前一年的各项收入水平，并以此计算出相应的收入结构；同时，将统计的收入水平以调研年份前一年为基期进行了调整。为保证调研信度，调研者让被访农户尽可能提供其收入的支持性材料。

假设3－1：家庭成员担任村干部对林权交易有正向影响。

假设3－2：农户家庭收入的增加将使农户有更多的资金投入林权转入活动；而家庭收入的减少将降低农户转入林权的可能性，或使农户出于快速增加收入的目的而更多地考虑转出林权。

假设3－3：林业收入比例增加表明农户认为从事林业生产经营活动有利可图，进而促进其进行更多的林权转入交易；反之则对林权转入交易有抑制作用，对林权转出交易有促进作用。

2. 农户资源禀赋变量

农户家庭资源禀赋包括劳动力资源和森林资源，家庭劳动力数量和所拥有的森林资源数量及质量是影响农户进行林权交易决策的重要变量。

其中，家庭劳动力数量是截止调查时点，农户家庭长期从事或在必要时能够从事林业生产经营的劳动力人数。所拥有的森林资源是指农户在进行林权交易前承包的林地面积。农户家庭劳动力的增加对其林权转入交易有促进作用；反之则起抑制作用。农户的森林资源禀赋可能促进农户林权转入交易而抑制林权转出交易，也可能起相反的作用，因为农户可能结合家庭收入情况以及劳动力水平对是否需要转入林权或转出林权做出具体决策。

需要说明的是，尽管林权交易并不仅指林地使用权交易，但因林木与林地在生产经营和样本地区的林权交易中存在密切关系，特别是很多林木所有权或林木所有权在交易时以其依附的林地面积作为标的物的计量单位，故本书以林地的面积作为表示林业资源的变量。

假设3－4：家庭劳动力数量增加对转入林权有促进作用，对转出林权有抑制作用。

假设3－5：家庭拥有森林资源越多，可能促进农户林权转入交易而抑制林权转出交易。

3. 政策影响变量

首先需要说明的是，本节所指的政策包含所有适用于被调研地区的国家和各级地方颁布的相关法律、法规和规章等具有法律效力的文件或制度。在宏观层面，这些政策将影响其效力范围内的所有农户；但在微观层面，不同农户面对同一政策，在认知程度、价值判断等方面的反应是不同的，根据态度—行为理论，这些不同反应将形成对林权交易的不同态度，从而使其产生不同的林权交易行为（蔡志坚等，2012）。因此，在研究林权交易行为影响因素时，政策影响变量应当被纳入考察范围。

本书主要考虑三个具体的政策影响。一是规定的承包期限对农户的影响程度。中国现行法律规定林地的承包期为 70 年，没有对其他形式的林权期限做出具体规定。考虑到林地使用权是林权交易的主要标的物之一，而林地生产经营具有周期性长的特点，故法律对承包期长度的限制可能影响农户的林地使用权交易行为。因此，研究统计了承包期限对农户的影响程度：数字 1、2、3 分别表示没有影响、一般影响和有重大影响三个等级。二是农户对森林保险重要性的认知程度。理论上，森林保险有商业性森林保险和政策性森林保险两类，中国的森林保险受诸多因素限制而以政策性森林保险为主。新一轮集体林权制度改革将政策性森林保险作为配套措施，旨在资金补贴、规范制度和提升农户对保险的信任度方面起积极作用，以提高农户和其他森林资源生产经营者防御自然灾害的能力，保障林业产业的发展。有些林权交易市场更是在森林保险方面做出流转限定规定（谢彦明等，2009）。因此，调研统计了农户对待政策性森林保险的态度，以数字 1、2、3 分别表示不重视、一般重视和非常重视三个等级。三是村委会对管辖地区林权交易的支持程度。村委会对管辖地区林权交易的支持表现有：提供林权交易信息、宣传林权交易相关法律法规、协助完善林权交易平台建设、为农户介绍中介机构等能够促进林权交易发生与完成、为农户交易提供方便的工作。若农户能够及时得到足够的、高质量的林权交易相关支持，则其林权交易行为的发生将得到促进；反之，农户可能因为得不到有效支持而放弃林权交易行为。故研究基于农户视角，统计了村委会在其管辖地区对当地林权交易的支持程度，以数字 1、2、3 分别表示低、中、高三个等级。

假设 3 -6：政策制度环境对农户的交易行为有显著影响。

4. 交易费用变量

林权交易费用指的是在林权交易过程中，交易主体为寻找交易对象、谈判和签订交易协议以及监督协议执行等花费的各类费用。定量测度农户的交易费用在理论上和实际操作中有一定困难，为研究交易费用对农户林权交易行为的影响情况。通常认为，林地与县城的距离越远，农户因此支付的交易费用越高。

假设 3 -7：林地与县城的距离越远，对林权转入和转出的抑制作用。

根据理论假设中变量之间关系的预判以及变量取值作表3-22。需要说明的是因变量的设计。为了分别反映林权转入和转出行为的影响因素，本书将林权交易行为设计为未发生林权交易、林权转入交易和林权转出交易三类，对应取值1——没有进行过林权交易、2——进行过林权转入交易、3——进行过林权转出交易。样本存在既进行林权转入也进行林权转出的农户，由于样本量较少，不宜归为一个分类。在变量处理上将该农户的转入和转出交易分别计入2、3分类中。

表3-22　模型中涉及的变量及其对流转行为影响预判

变量类别	变量名称	变量表示	对转入行为的影响	对转出行为的影响
因变量	林权交易行为 y	1——没有进行过林权交易 2——进行过林权转入交易 3——进行过林权转出交易		
农户家庭特征	家庭中是否有村干部 x_1	1——家庭中没有村干部 2——家庭中有村干部	+	+
	家庭收入水平 x_2	1——1万元以下 2——1万~3万元 3——3万~5万元 4——5万~7万元 5——7万~10万元 6——10万元以上	+	-
	林业收入比例 x_3	家庭林收入比例/家庭总收入	+	-
农户资源禀赋	家庭劳动力人数 x_4	农户家庭实际劳动力人数	+	-
	承包的林地面积 x_5	农户家庭实际承包林地的面积	+	-
政策制度环境对农户的影响	承包期限制是否影响交易 x_6	1——不影响 2——一般影响 3——很影响	+/-	+/-
	村委会支持林权交易的程度 x_7	1——低 2——中 3——高	+	+
	林农参险的重视程度 x_8	1——不重视 2——一般重视 3——很重视	+/-	+/-
交易费用	林地与县城的距离 x_9	被调查农户的林地与县城的实际距离	-	-

二、模型构建

本书中因变量设计为离散定距型变量，可以看作两个以某同一个变量取值为参照的0－1型二分类变量，残差项服从二项分布（张文彤等，2009）。进一步分析因变量性质发现，林权交易行为变量的3个取值在性质上属于无序多分类变量（Multinomial Variables），因此本书选择无序多分类Logistic模型（Multinomial Logistic Model）研究农户交易行为与其影响因素之间的关系。

对因变量“林权交易行为”，以 y_1、y_2 和 y_3 分别表示“未发生林权交易行为”、“林权转入行为”和“林权转出行为”。在构建无序多分类Logistic模型时，要定义因变量的某个取值为参照水平，本书定义“没有发生林权交易”为参照水平。具体模型构建如下：

令 $y_1=1$、$y_2=2$、$y_3=3$，相应取值水平的概率为 π_1、π_2、π_3（$\pi_1+\pi_2+\pi_3=1$），对 p 个自变量分别建立模型有：

$$\mathrm{Logit}\frac{\pi_2}{\pi_1}=\alpha_1+\beta_1x_1+\cdots+\beta_px_p \quad (3-1)$$

$$\mathrm{Logit}\frac{\pi_3}{\pi_1}=\alpha_2+\beta_1x_1+\cdots+\beta_px_p \quad (3-2)$$

即

$$\frac{\pi_2}{\pi_1}=\exp(\alpha_1+\beta_1x_1+\cdots+\beta_px_p) \quad (3-3)$$

$$\frac{\pi_3}{\pi_1}=\exp(\alpha_2+\beta_1x_1+\cdots+\beta_px_p) \quad (3-4)$$

式中，α_1 和 α_2 为模型的常数项；β_1，β_2，…，β_p 为自变量的系数；x_1，x_2，…，x_p 为自变量。

三、描述性统计与相关分析

为了反映样本在各变量上取值的特点，对模型中涉及的自变量和因变量进行描述性统计。其结果如表3－23所示。

描述性统计只是给出了每个变量的取值和分布情况，但是各变量之间相关性如何，通常是通过变量间的两两相关关系来反映的。由于自变量和因变量中包括了分类变量，所以本书未采用常用的Pearson相关系数，而是Spearman相关系数，又称为秩相关系数。这是利用两变量的秩次大小作线性相关分析，对原始变量的分布不作要求，属于非参数统计方法（张文彤等，2009）。计算结果如表3－24所示。表中每个变量后面的两行数据分别是相关系数和显著性水平。与交易行为相关程度较高的是村委会支持林权交易的程度和林农参险的重视程度。

表 3－23　模型中涉及的变量的描述性统计

序号	变量名称	均值	标准差	最小值	最大值
1	家庭中是否有村干部 x_1	1.25	0.432	1	2
2	家庭收入水平 x_2	4.05	1.458	1	6
3	林业收入比例 x_3	29.8525	27.55039	0.00	100.00
4	家庭劳动力人数 x_4	3.67	1.024	1	7
5	承包的林地面积 x_5	15.4750	25.95476	0.00	230.00
6	承包期限制是否影响交易 x_6	1.51	0.832	1	3
7	村委会支持林权交易的程度 x_7	2.72	0.651	1	3
8	林农参险的重视程度 x_8	1.69	0.865	1	3
9	林地与县城的距离 x_9	13.0091	8.25594	1.00	40.00
10	林权交易行为 y	1.69	0.726	1	3

表 3－24　模型中涉及的变量的 Spearman 相关分析

	x_1	x_2	x_3	x_4	x_5	x_6	x_7	x_8	x_9	y
x_1	1.000	0.164	-0.192*	0.042	0.045	-0.191*	-0.067	-0.084	-0.062	-0.011
		0.086	0.045	0.659	0.643	0.046	0.488	0.384	0.521	0.910
x_2		1.000	-0.061	0.141	0.192*	-0.049	0.222*	0.148	0.158	0.091
			0.525	0.142	0.045	0.608	0.020	0.123	0.099	0.343
x_3			1.000	-0.102	-0.012	-0.008	0.056	0.010	-0.006	0.017
				0.291	0.900	0.931	0.558	0.920	0.950	0.858
x_4				1.000	0.202*	0.040	0.118	-0.103	0.067	-0.014
					0.035	0.676	0.218	0.282	0.485	0.885
x_5					1.000	0.078	0.071	-0.180	0.090	-0.178
						0.418	0.461	0.060	0.347	0.063
x_6						1.000	0.006	0.034	-0.239*	0.092
							0.950	0.728	0.012	0.337
x_7							1.000	0.331**	0.288**	0.202*
								0.000	0.002	0.035

续表

	x_1	x_2	x_3	x_4	x_5	x_6	x_7	x_8	x_9	y
x_8								1.000	0.003	0.250**
									0.975	0.009
x_9									1.000	0.052
										0.588
y										1.000

注：* 表示在 10% 的水平上显著；** 表示在 1% 的水平上显著；*** 表示在 0.1% 的水平上显著。

四、参数估计与结果分析

使用 SPSS 23 统计分析软件对数据进行无序多变量 Logistic 分析（Multinomial Logistic Analysis）。表 3－25 是对模型中是否所有自变量偏回归系数全为 0 进行似然比检验（Likelihood Ratio Test），模型中未引入自变量时 －2 倍对数似然值 －2ln（L）为 222.766，引入自变量后减小至 166.886，两者之差等于 55.880，自由度为 18，显著性水平小于 0.001。结果表明：至少有一个自变量的偏回归系数不为 0，也就是说，拟合包含选定的 9 个解释变量的模型其拟合优度好于仅包含常数项的无效模型。

表 3－25 模型拟合信息

模型	模型拟合标准	似然比检验		
	－2 倍对数似然值	卡方	df	显著水平
仅截距	222.766			
最终	166.886	55.880	18	0.000

表 3－26 给出了两个模型具体拟合的参数，置信水平设定为 90%。对“家庭收入水平”变量来说，其在林权转入交易行为影响因素计量模型中是显著的，显著性水平小于 0.1，回归系数为 0.3150。表明农户家庭收入水平对林权转入交易行为有显著的正向作用：若家庭收入水平每增高一个等级，农户进行林权转入交易的可能性较不发生林权交易行为相比高 37.02%（Exp(0.3150)－1）。该变量在林权转出交易行为影响因素模型中的计量结果在 90% 置信水平下不显著，但从回归系数的正负性质看，家庭收入水平对林权转出交易具有反向影响作用。

也就是说，随家庭收入水平的增加，农户转入森林资源的可能性增加，而转出森林资源的可能性降低。假设 3 - 2 成立。除出于投资林业以增加家庭收入的目的外，这种倾向的出现可能与近年逐渐利好的三农政策有关，农户越发重视森林资源的中长期价值。

表 3 - 26　单个参数估计和显著性

因变量 trade	变量	B	标准误	Wald	df	显著水平	Exp(B)	Exp（B）的置信区间 90%	
								下限	上限
林权转入的影响因素	截距	-6.3511	2.2475	7.9852	1	0.0047			
	x_1	-0.1935	0.6577	0.0866	1	0.7686	0.8241	0.2793	2.4310
	x_2	0.3150	0.1888	2.7835	1	0.0952*	1.3702	1.0045	1.8691
	x_3	0.0415	0.0114	13.3478	1	0.0003***	1.0424	1.0231	1.0620
	x_4	-0.4258	0.2927	2.1158	1	0.1458	0.6533	0.4036	1.0573
	x_5	-0.0223	0.0164	1.8310	1	0.1760	0.9780	0.9519	1.0048
	x_6	0.4965	0.3555	1.9504	1	0.1625	1.6429	0.9155	2.9484
	x_7	0.8776	0.5742	2.3364	1	0.1264	2.4052	0.9354	6.1847
	x_8	0.9315	0.3359	7.6880	1	0.0056***	2.5382	1.4607	4.4107
	x_9	0.0547	0.0324	2.8535	1	0.0912*	1.0562	1.0014	1.1140
林权转出的影响因素	截距	-2.2934	1.9448	1.3906	1	0.2383			
	x_1	-0.4474	0.6902	0.4201	1	0.5169	0.6393	0.2054	1.9896
	x_2	-0.0595	0.2394	0.0618	1	0.8037	0.9423	0.6356	1.3969
	x_3	-0.0348	0.0217	2.5833	1	0.1080	0.9658	0.9319	1.0008
	x_4	0.1033	0.3026	0.1165	1	0.7328	1.1088	0.6741	1.8239
	x_5	-0.0031	0.0231	0.0184	1	0.8922	0.9969	0.9598	1.0354
	x_6	0.3313	0.3823	0.7513	1	0.3861	1.3928	0.7427	2.6120
	x_7	0.2516	0.5478	0.2109	1	0.6460	1.2860	0.5224	3.1663
	x_8	0.3879	0.3843	1.0190	1	0.3128	1.4738	0.7834	2.7730
	x_9	0.0155	0.0429	0.1312	1	0.7172	1.0157	0.9465	1.0899

注：* 表示在 10% 的水平上显著；** 表示在 1% 的水平上显著；*** 表示在 0.1% 的水平上显著。

对“林业收入比例”变量来说，其在林权转入交易行为影响因素计量模型中是显著的，显著性水平小于 0.001，回归系数为 0.0415。表明林业收入比例对林权转入交易行为有显著的正向作用：林业收入比例每增加1%，农户进行林权转入交易的可能性较不发生林权交易行为相比高4.24%（Exp（0.0415）-1）。该变量在林权转出交易行为影响因素模型中的计量结果在90%置信水平下不显著，但从回归系数的正负性质看，林业收入比例对林权转出交易具有反向影响作用。假设3-3部分成立。林业收入比例的增加意味着农户家庭对林业生产经营收入来源的依赖程度的增加，从而更可能转入森林资源而不是转出森林资源。

对“农户对森林保险重要性的认识程度”变量来说，其在林权转入交易行为影响因素计量模型中是显著的，显著性水平小于0.01，回归系数为0.9315。表明其对林权转入行为有显著的正向作用：农户对森林保险重要性的认知程度每增加1个等级，其进行林权转入交易的可能性较不发生林权交易行为相比高1.54倍（Exp（0.9315）-1）。该变量在林权转出交易行为影响因素模型中的计量结果在90%置信水平下不显著，但从回归系数的正负性质看，农户对森林保险重要性的认识程度对林权转出交易具有正向影响作用。假设3-6部分成立。农户有较高的森林保险重视程度可能说明：一方面，农户的防范林业生产经营风险意识较高，懂得利用金融工具转嫁风险的必要性；另一方面，农户认为由其自身生产经营的森林资源具有较高的风险，转嫁或规避风险的需求较为紧迫，而森林保险不足以应对此风险和由森林资源生产经营引发的其他相关风险。所以当农户越发重视森林保险时，其进行林权交易的可能性就越高。

对“林地与县城的距离”变量来说，其在林权转入交易行为影响因素计量模型中是显著的，显著性水平小于0.1，回归系数为0.0547。表明林地与县城的距离对林权转入交易行为有显著的正向关系：林地与县城的距离每增加1%，农户进行林权转入交易的可能性较不发生林权交易行为相比高5.62%（Exp（0.0547）-1）。该变量在林权转出交易行为影响因素模型中的计量结果在90%置信水平下不显著，但从回归系数的正负性质看，家庭收入水平对林权转出交易具有正向影响作用，即林地距县城越远，农户越有可能进行林权交易，假设3-7不成立。这与研究预期的结果相反，可能的原因在于：首先，作为交易成本的表征变量，林地与县城的距离在现有的经济和交通条件下不构成样本农户进行林权交易的阻碍，所以该变量的回归系数在两个模型中均不为负值；其次，在心理影响上，与县城距离较近的林地的农户相比，林地距离县城较远使得农户更加重视林权交易机构或村委会宣传的林权交易信息，或对了解林权交易更积极地付诸行动，从而更可能进行林权交易，因此该变量在两个模型中的回归系数均为正值。这一结果也从侧面说明了农户的林权交易决策是理性的。

除以上变量外的其他变量，在林权转入交易行为影响因素模型和林权交易转出行为影响因素模型中均不显著。在农户家庭特征方面，没有家庭成员担任村干部对农户林权交易行为的发生有负向影响，但因林权交易信息由村委会统一宣传，且林权交易决策主要由家庭集体进行，村干部通过信息获取优势促进其所属家庭进行林权交易的可能性较低，故该因素的计量结果不显著。

在农户家庭资源禀赋方面，劳动力人数对林权转入交易有负向影响作用，对林权转出交易有正向影响作用，这与研究预期相反。结合林地面积对林权交易行为影响的计量结果，可能的原因是：因为森林资源固有的生产经营周期长的特点，当家庭收入水平不高时，出于快速增加家庭收入的目的，样本农户不愿意将更多的劳动力投入林业生产经营，且打理其已拥有森林资源的意愿也可能降低；这时，农户可能更愿意从事企业雇用工作。

在政策影响方面，“规定的承包期限对农户的影响程度”变量和“村委会对管辖地区林权交易的支持”变量的计量结果均不显著。可能的原因是：现行法律仅对林地承包期做出 70 年有效期的规定，这个年限对于样本农户的林地生产经营足够长，即使到期亦可以较低的成本续期，故该政策对农户的林权交易决策影响甚微。而对于村委会对管辖地区林权交易的支持，样本农户进行林权交易更多的是从自身利益需求角度出发，在新一轮林权交易改革的背景下，不太可能因为当地村委会对林权交易的支持程度而改变是否交易的决定；但不能否认，村委会对其管辖地林权交易的支持程度越高，农户对林权交易的认识水平越高，获得的有关林权交易信息越充分，进行林权交易也越方便。需要说明的是，以上两个变量的计量结果不显著，不排除受变量间存在的相关性关系的影响。

第四节　林农林权流转决策行为的研究结论与建议

一、微观主体林权流转决策行为的研究结论

通过对浙江安吉县递铺、孝丰两镇样本农户的实证研究，我们得出以下主要结论：

第一，在是否进行林权交易的判断和流转方式、数量的选择上，农户的决策是其从自身利益出发，考虑多种约束条件后的相对理性的行为。总体来说，农户会通过收入获取方式的选择和生产性资源的配置尽可能提高家庭收入水平。

第二，从样本地区整体交易情况看，与其他学者曾做过的实地调研情况相比，当地林权交易的活跃程度较高，当地村政府、村委会对林权交易的支持力度较大。从交易的时期分布上来说，样本地区的林权交易规模变化与国家的集体林权制度改革的进展有较为明显的关联。

第三，农户进行林权交易的动因有多种，对打算进行林权转入交易的样本地区农户来说，动因主要有增加收入、合理配置劳动力、实现中长期投资价值；对打算进行林权转出交易的样本地区农户来说，动因主要有缓解劳动力不足的压力、出于机会成本的考虑、提高林地经营效率、管理能力有限而理性地转出林地。经归纳可以发现，样本地区农户进行林权交易的动因主要有两方面：一是对收益的追求；二是对优化劳动力配置的考虑。除此之外，农户还可能出于感情因素或某些不可控的其他因素交易林权。

第四，本书通过对样本地区农户的林权交易行为特征研究发现：农户主要从同村朋友手中转入林业资源，少数农户从父母、兄弟姐妹和亲戚处转入林业资源；而受制于交通不便、信息获取困难等原因，少量的农户从村集体或外村转入。在进行转出交易方面，农户主要将林业资源流转给林业经营大户以及同村朋友。虽然农户在与父母和兄弟姐妹进行林权交易时，较之与家族外的人交易更可能倾向采用口头合同形式，但多数样本农户在进行林权交易时会采用书面合同形式进行，说明市场经济的契约观已在农村地区逐渐普及并体现在农户的具体经济行为上。在定价方式上，协商定价是样本农户主要选择的交易价格确定方式，其次还会寻求村委会的帮助，较少利用第三方评估机构协助定价。对第三方评估机构的信任问题是阻碍专业中介在样本地区发展的主要因素，而专业中介机构缺失导致农户不满意林权成交价格的可能性增加。议价能力不足也是样本农户在林权交易过程中不得不面对的问题。在林权交易流程的规范性方面，农户办理林权变更登记手续的比例相对较少，特别是当农户与和自己关系亲近的人交易时，不办理变更林权登记的倾向更为明显，这可能与其交易成本过高有关。

第五，对没有进行过林权交易的农户研究表明，在林权交易实践中，部分农户的林权交易意愿与行为存在差异，即某些原因导致农户希望进行林权交易而未实施交易。究其原因，农户因交通条件和信息获取能力的限制无法获悉更多的林权供给信息、缺乏劳动力以及转入要价过高成为阻碍农户依林权转入意愿实施林权转入行为的主要原因，此外，缺乏资金以及对现有林业生产经营的担忧也阻碍农户实施林权转入行为的重要原因。农户在林权交易谈判中对方能够支付的对价过低、转出林权机会成本过高以及无法获取更多林权需求信息是阻碍农户依林权转出意愿实施林权转出行为的主要原因。此外，无法找到能够替代林业生产经营的其他工作、认为森林资源能够增值保值等原因也是阻碍农户实施林权转出行为的重要原因。而研究得到的对农户没有林权交易意愿而不进行林权交易的原因的描述性统计分析结果与其他学者对此进行的计量分析结果类似。研究显示，与有林权交易意愿的农户相比，缺乏增收渠道在农户不愿进行林权交易的原因中更为凸显。拥有的林业资源不足、对林业生产经营收益能力的担忧，仍然是阻碍这部分农户进行林权的重要原因；此外，村集体对林权交易的集体决策行为影响村内或组内农户的林权交易意愿和行为。

第六，在样本农户林权交易行为的影响因素方面，通过采用无序多分类 Logistic 模型的计量分析发现：家庭收入水平、林业收入比例、对森林保险重要性的认识程度和林地与县城的距离对农户的林权转入行为有显著的正向影响作用，而对样本农户的林权转出行为没有显著的影响。可能的解释是：林权的转入意味着农户拥有或控制的森林资源的增加，在做林权转入决策时，无论其动因如何，都需要为转入后规模增加的生产经营做细致的打算；而对于转出森林资源的农户来说，转出后的生产经营规模减小甚至不再从事林业生产，与转入林权的农户相比，该决策过程面临较小的生产经营压力。研究选定的其他影响因素，如家庭成员担任村干部的情况、家庭劳动力人数、规定的承包期限对农户的影响程度、村委会对管辖地区林权交易的支持等，其计量结果并不显著，但不排除对样本农户林权交易行为可能存在一定影响。

二、促进微观主体林权流转行为的政策建议

根据本章定量研究得到的结果，我们有针对性地提出促进微观主体林权流转行为的相应政策建议，包括调整升级产业结构、发展多种林业合作组织、发展林权交易中介组织和优化林业财政金融政策环境四条建议。

1. 调整升级产业结构

调整升级产业结构的作用主要有：一是提高林业第一产业生产效率为农户提供更多、更优质的就业机会，为农户提高家庭收入和优化劳动力配置提供更多渠道；二是打造并优化地区林业产业链，提高地区林业产业竞争力。

考虑到林业生产经营周期长、收益低的特点，农户倾向于选择企业雇佣方式解决家庭收入较低的问题；随着家庭收入水平的提高，农户会增加林业投资，且森林资源的中长期价值越发得到重视。所以，进一步发展第二、第三产业不仅是谋求企业数量的增长，还需要结合地区的自然资源、区域位置等实际情况整体规

划和布局。相关部门可以通过出台合理的刺激性政策或利用市场手段，推进其产业升级进程，提升产品附加值；根据地区森林资源特点，鼓励林业企业和涉林服务机构提高科技创新力和推广应用能力，支持林业生产的信息技术服务创新和应用，以农户的森林资源生产经营为起点，整合相关产业链、增强链上企业协同能力，发挥产业集群优势，提升产业竞争力。

2. 发展多种林业合作组织

林业合作组织主要是指林业生产合作社、林业行业协会、林业理事会等合作组织。建立林业合作组织的作用主要有：一是在一定程度上解决农户林地细碎分散导致的不规模经营问题，并在农户分散经营时承担较高风险；二是降低农户交易费用，促进林权交易意愿转化为交易行为。

浙江地区农户的林地分布呈现细碎化特点，导致其在林地经营上无法形成规模化效应，经营成本难以有效降低；加之林业经营周期长的特点，农户在林业经营中承担着较高的经营风险；同时，林业产业发展水平较低、行业内外协作程度低等原因导致农户的林业经营收益水平较低，且不够稳定；此外，更广泛地获取有关林权交易供需的信息也存在一定难度。这些原因不但阻碍农户投入更多的资源从事林业经营，而且成为阻碍农户进行林权交易的重要原因。故发展多种林业合作组织显得尤为必要。

早在20世纪50年代的社会主义革命时期，农业互助组、初级社和高级社就随农业合作化运动的发展分阶段成立。与之不同的是，现阶段提倡建立的林业合作组织不是政治改革的配套措施，而是在市场经济环境中，能够使得管理成本低于市场交易成本的适当组织形式。该组织可以将森林资源联合起来，提高生产经营效率，实现规模经济。林业行业协会、林业理事会等合作组织则首先可以促进农户和林业生产经营组织间、当地林业生产经营组织和外地林业生产经营组织间、林业生产经营行业和其他行业间的交流与合作；其次有利于政策制定机构加深对地区森林资源、林业生产经营的了解，从而使林业政策得到完善和优化；最后，建立多层次的合作组织，有助于降低林权交易费用，减小农户因交易费用过高而放弃林权交易的可能性。

3. 发展林权交易中介组织

林权交易中介组织包括林权交易中心、林权交易经纪人、林权价格评估中心等第三方专业服务机构。发展林权交易中介组织的作用主要有：一是降低林权交易费用、降低林权交易市场信息不对称的程度；二是有利于规范林权交易行为，促进诚信体系的建立。

除获取与林权交易供需有关的信息存在一定困难外，在林权交易时特别是与林业大户或有关企业进行交易时，因信息不对称导致的农户在交易谈判中处于劣势地位也是阻碍农户进行林权交易的重要原因；在林权交易中，农户可能因为合同相对人是与自己关系较为亲密的亲人或朋友，而选择以口头合同方式进行交易，或因此选择不办理林权变更登记手续，这种行为实际上增加了林权交易纠纷发生的风险，合同双方的合法权益均可能无法得到法律保障；林权定价是重要的林权交易环节，现阶段，少有农户利用林权价格评估中心或委托林权交易经纪人为标的物定价，加之农户的估值水平有限、谈判技巧不高，甚至在谈判中处于劣势，不少农户并不满意交易达成的林权价格。若完善林权交易中介组织，提高农户对林权交易中介组织的信任度从而提高对林权交易组织的利用率，农户不满意交易价格的现象将会得到有效缓解。

对于林权交易中心，加强信息化建设是提高其运行效率的有效途径。森林资源供需信息的提供、潜在交易方信用等级的评定和公示、成交信息的披露等工作，一方面有待完善和提升，另一方面，社会经济的发展对其及时性、准确性、共享性和透明度的要求逐步提升。林权交易中心的交易流程也需要进一步优化。对于林权交易经纪人和林权价格评估中心等中介机构，政府或林业合作组织应当加大宣传力度，扶植有资质的中介机构发展，并鼓励良性的市场竞争。

4. 优化林业财政金融政策环境

优化林业财政金融政策环境的作用主要有：一是有效解决林业经营者，特别是农户的林业生产经营资金投入问题；二是完善林业生产经营环境，降低林业经营成本，增强和激发林业经营者的信心和活力。

农户缺乏林权交易所需要的资金是阻碍农户将林权交易意愿转化成林权交易行为的重要因素，不利于农户扩大林业经营规模，所以有必要完善相关金融政策环境，以缓解林业经营者，特别是农户在林权交易和森林资源生产经营中的融资问题。在林权配套改革中，对后续林权抵押做了大量的工作，包括利用经营权证进行贷款，基本解决了林业经营大户融资难的问题，但是同时也增加了部分林业部门收储的难度。

加大林业技术推广的力度，发挥基层林业技术人员的作用。通过向林农积极推广新的品种、施肥技术、栽培技术、病虫害防治、农资等（袁春等，2016），以降低林业生产经营成本，提高林业获利水平。

第四章　中国林权交易场外市场：小规模林农林权交易方式选择

林权交易市场可以分为场内交易与场外交易，本章重点探讨小规模林农在流转林权时是选择场内交易还是场外交易，为什么大多数小规模林农对场内交易积极性不高？选择场内交易或是场外交易受到哪些因素的影响？

第一节　小规模林农选择场外交易的原因分析

一、研究背景与问题提出

林权交易市场作为优化林业生产要素配置、规范林权交易、降低林权交易成本和提高林权交易效率的重要手段，伴随集体林权制度的改革应运而生。到2012年底全国已建成县级及以上的林权交易服务机构1186个，这些机构的名称虽然不尽相同，但是所承担的基本功能类似，包括林业行政审批、林权变更登记、林权抵押贷款及林权交易信息发布等。这类由政府主导下的事业单位性质的林权交易机构通常归为场内交易，而由林权流转自发形成的未经机构正式变更登记的私下流转称为场外交易（谢煜等，2013）。场内交易平台作为国家林业管理部门和当地政府的派出机构，在规范林权交易，保障林业交易公平、公正方面起着重要的作用，但我们在实践中发现，一家一户的小规模林农参与场内交易很少，这一点一方面可以从南方林权交易所的交易数据中发现，私有性质的森林资源产权交易宗数只占总交易数的13.74%，且单笔交易金额较大（乔永平，2011），显然不是小规模的个体林农；另一方面从当地县乡级林权交易中心的实地调研数据中也可以发现这一事实（谢煜等，2013）。

林权交易市场设立的初衷之一是将一家一户的小规模林农手中的林业生产要素重新优化配置，在价格机制的引导下流向价值最高的用途，让林地向高效率的经营者集中，实现规模经营，达到林地资源配置的帕累托改进（谢煜等，2014），使小规模林农、村集体、林权受让方、政府及公众多方共同受益的目标。但这一预期目标未能实现。有多位学者就这一问题进行了研究和讨论，如乔永平（2011）提出场内交易未能达到制度设计者的推动森林资源产权交易、规范交易行为的两个预期目标。但到底是什么原因导致小规模林农没有进入林权场内交易市场呢？从国内现有的研究来看，对这一问题的实证研究还不多见。其中魏远竹等（2014）利用福建4个县市的调研对农户选择林权交易中心的影响因素进行了实证分析，但未将小规模林农与其他经营主体进行区分，样本选择中未将参与流转林农与未参与流转林农区分开来。同时，卢秋佳等（2018）基于计划行为理论，利用闽浙赣3省样本农户的实地调查数据，研究了行为态度、主观规范和知觉行为控制对农户选择林权交易中心意愿的影响机理。结果发现样本农户选择通过林权交易中心场内交易的意愿较高，林权交易中心交易更快更高效、保护林权交易各方合法权益和提供更专业的交易服务的认知对农户场内交易意愿的影响均显著为正；林权流转规范程度的认知对农户场内交易意愿的影响显著为负；家人支持通过林权交易中心交易、村集体支持通过林权交易中心交易的认知对农户场内交易愿意的影响显著为正；对林权交易中心的了解程度和林权交易信息获取的难易程度均会显著正向影响农户选择场内交易的意愿。因此，本章将针对小规模农户进行场外交易的现状及影响因素进行分析，在实地调研数据分析的基础上进行实证研究，利用浙江4个案例点——安吉县、递铺镇、遂昌县、龙泉县共400户小规模林农的调研数据，探究小规模林农的林权交易方式及其影响因素。

二、小规模林农的界定

集体林林权改革使林地产权分化和林地规模变小，可能从以下三个方面造成林地经营水平和效率的下降：①农户持有的林地细碎化增加林地经营成本，抑制农户对林地经营的有效投入和集约化经营，限制林地经营水平的提高和产出的增加；②户均林地规模偏小，难以形成林地经营资源集聚的能力，无法产生规模经济效应以及突破农户小面积低水平经营的林业小生产格局；③林地规模小而分散，林地收益有限，农户难以按永续利用的原则规划和布局林业生产以及合理配置林业生产资源，可能产生林地粗放经营或掠夺式经营等短期行为，使山林资源过量消耗，林地质量下降，给木材生产带来困难（石丽芳等，2016）。营林业是一个适合于适度规模经营的行业。经营规模的大小与经济发展水平、林业机械化程度、营林目标等因素密切相关。因此不同国家、不同地区、不同林种对适度经营规模有着不同的标准。

关于营林业的适度规模问题已经有一定的研究。李慧（2013）对甘肃天水市、河北秦皇岛市的林地适度经营规模进行测算，得出户均适度经营规模为1.92公顷和2.01公顷，约合30亩。许佳贤（2010）对福建杉木用材林适度经营规模测算为70～80亩。石丽芳等（2016）在对福建农户林地经营数据分析的基础上，运用DEA模型对样本农户杉木林经营投入产出相关数据进行运算处理，认为林地经营面积在3.33～6.67公顷（50～100亩）的中等户能够充分发挥林地经营各要素的潜力，实现较高的林地产出。因此，本书结合调研点的实际情况，将小规模林农定义为户均承包林地面积在100亩以下，而100亩以上作为其他林业经营主体，不是本章研究考察的范围。

三、案例点选择和数据来源

1. 调研案例点的选择①

本书的案例调研点选择中国经济发达地区浙江，具有重要的代表意义。浙江由于“七山一水两分田”的地理特点和亚热带的气候，为林业发展提供了优越的先天自然条件。且由于该地区经济发达，林农从事兼业的人员较多，非林收入占家庭收入比重高。从集体林权制度主体改革的进展来看，早在20世纪90年代林业“三定”期间，林地权属就比较清晰，本轮改革中也只是进一步完成确权发证工作。从这一点上说，浙江的林权改革走在全国的前列，在此类地区开展林权交易市场的研究对全国其他地区具有重要的示范效应。

在浙江调研中，课题组于2012～2013年先后多次考察了浙江杭州、临安、温州、龙泉、遂昌、安吉等市县，根据当地的林业经营的实际情况，选择安吉县、递铺镇、遂昌县、龙泉县作为调研案例点（关于案例点的场内交易机构建设将在本书的第五章中介绍）。课题组采取座谈会和访谈方式，分别了解了省、县、乡级林业管理部门、地方政府、村集体、林农、林场、林业经营大户（木商、经济作物种植大户、股份合作社）等各类涉林利益主体。

2. 数据来源与样本分布

本次调查采用了座谈会、问卷调查、半结构式访谈等方法来进行。不同方法分别针对不同的利益主体和研究目标，几种方法互为补充和验证。首先是听取省、县级林业管理部门负责人关于当地林权制度改革开展和林权交易中心建设的

---

① 与第三章的调研数据和案例选择有部分重叠。

相关总体介绍；其次与地方林业局、林农、经营大户、村委会委员、林权交易中心负责人、乡政府等进行座谈，了解当地林业经营的现状、问题及不同主体对林权交易中心的看法；最后通过调查问卷法和访谈法，获得小规模林农的基本属性的数据，以及他们对林权流转、林权交易中心的看法等详细的一手资料，为后续的定量分析做准备。在调研中，课题组共访问了4个案例点所在地的各级林业管理部门、乡政府、行政村、林业经营大户，累计向小规模林农发放调查问卷400份，实际回收问卷400份，剔除其中无效问卷，最终得到有效问卷共计374份，总有效率为93.5%（见表4-1）。

表4-1　样本分布情况

调研地点	发放并回收问卷数（份）	获取有效问卷数（份）	有效问卷比例（%）
安吉县	100	95	95.0
递铺镇	100	96	96.0
龙泉县	100	91	91.0
遂昌县	100	92	92.0
合计	400	374	93.5

在所调研案例点林农中，有林权流转的比例为47.06%，未发生林权流转占比为52.94%。该比例与国内同期同类研究相比略高，这与当地林权交易的历史背景和经济发展条件有很大关系。这一背景也为课题组开展林权交易市场的研究提供了必要的条件。课题组通过与当地林业管理部门、林权交易中心负责人、乡村级政府等工作人员的座谈和访谈，证实该比例与当地林权交易实际基本相符。

在有林权流转农户中，参与林权交易中心的农户占比仅为23.86%[①]，而发生林权流转但未参与场内交易农户占比达76.14%（见表4-2）。从这一数据可以看出，小规模农户参与林权交易中心场内交易比例较低，政府主导下成立的县乡村三级林权交易机构并没有真正吸引小规模林农参与其中。造成这一现象的原因是什么？从机构设置和运作中有哪些需要改进的地方？这些问题有待进一步的深入探讨。

① 除直接参与场内交易外，还包括少量林权交易中心成立之前进行林权流转，后到林权交易中心补办变更登记手续的小规模林农。

表 4-2　参与林权流转和场内交易统计表

项目	样本数（份）	占有效样本的百分比（%）	备注
有林权流转	176	47.06	
没有林权流转	198	52.94	
发生流转且参与场内交易	42	23.86	占流转百分比
发生流转未参与场内交易	134	76.14	占流转百分比

四、小规模林农选择场外交易的原因分析

为了分析小规模林农选择或未选择场内交易的原因，在问卷设计中，我们将有林权流转的小规模林农分成两大类，即参与场内交易和未参与场内交易。分别研究其为何参与和未参与场内交易原因（多选题）。在选项设置上，主要围绕交易过程中可能发生的交易成本来设计。由于交易成本概念范围较广，一两个变量很难概括，且参与和未参与场内交易的农户原因各不相同，因此，本书未将交易成本纳入计量模型中。而是在问卷调查中通过多选题来分别考察两类农户行为的原因情况。从参与场内交易且发生林权流转的小规模林农角度设计了搜寻成本，手续办理，费用与纠纷等方面的问题。而针对未参与场内交易且发生林权流转的小规模林农设计了认知度，手续办理，费用与机会成本等问题。各类原因排序如表 4-3 所示。

表 4-3　小规模林农选择或未选择场内交易的原因　　单位：%

原因分析	场内提供了森林资源流转的信息，容易找到交易方	场内操作规范，方便快捷	森林资源的估价较为公平合理	提供法律法规政策咨询，可以减少林权流转可能的纠纷
参与场内交易的小规模农户占比	58.33	41.67	25.00	16.67
原因分析	不知道有林权交易中心	去林权交易中心太麻烦，不如交易双方直接谈判方便	通过中心交易要额外缴纳一笔费用，不划算	通过中心完成交易需要更长的时间
未参与场内交易的小规模农户占比	51.85	17.28	1.23	1.23

在参与场内交易的小规模林农中，选择场内交易的首要原因是场内交易提供了森林资源流转信息，更容易找到交易方。据参与场内交易的林农反映，经过林权交易中心发布资源信息，多位交易方自由竞价导致成交价格较原转让价格上浮50%不等。这也成为选择场内交易的首选理由。此外，还有相当一部分林农认为“场内交易操作规范、方便快捷”、“森林资源的估价较公平合理”及提供法律法规政策咨询，可以减少林权流转可能的纠纷。

在未参与场内交易的小规模林农中，有51.85%的林农“不知道有林权交易中心的存在”，这是导致其未能参与场内交易的最主要原因。其次是“去林权交易中心太麻烦，不如交易双方直接谈判方便”也是一个重要原因。进一步调查，持这一意见的林农多在村内或亲戚之间进行林权流转。

从交易成本角度分析，场内交易中林农的搜索成本、信息发布成本、纠纷处理成本下降，使林权交易方更容易获得交易收益；同时通过对参与场内交易的林农对林权交易中心的收费情况的评价来看，认为林权交易中心的收费是合理和偏低的占88.15%；偏高的占11.85%。可以得出的结论是小规模林农认为参与场内交易所花费的成本并不高。这一点也从林权交易中心管理部门那里得到了证实。为鼓励林农进行林地流转，当地林业局出台了相应的鼓励措施，对参与进行林权变更的林农来说，只收取林权证变更的工本费。且对达成交易并满足一定条件的林权流出户、所在村集体、乡镇分别给予10～70元/亩的补助①。这些补助可以弥补小规模林农的交易成本。

第二节　影响小规模林农选择场外交易的因素分析

一、小规模林农选择林权交易方式的机理与假说

假定小规模林农的决策是理性的，即在林权交易过程中希望通过交易获得个人利益的最大化。林农在交易获得收益不变的情况下，选择不同的交易方式（场内交易还是场外交易）所需要付出的交易成本是不同的。交易成本分为搜寻成本、谈判成本、监督与执行成本（威廉姆森，2004）。因此，参与场内交易的成本高低是影响小规模林农是否选择场内交易的因素之一。假定场内交易成本为

① 参考《安吉县递铺镇2009年土地、林地流转实施方案》。

C_1，而场外交易成本为 C_2，如果 $C_1 > C_2$，林农更倾向于场外交易。罗必良等（2012）将土地流转中的交易成本（费用）从流转流程、合约安排、外部环境和组织参与四个方面进行了认知分析，引入“村委会侵犯和保护土地权利的可能性”这一分类变量来描述交易成本。而在林权交易市场中，魏远竹等（2014）将交易成本用“交易费用是否更高”这一 0－1 变量来表示。结合交易成本的定义，本书将林权交易活动中的交易成本表述为交易对象的搜寻成本、交易过程谈判成本、交易手续办理、交易过程收费、交易合同纠纷等方面，但是这些成本在实际计量分析中难以获得，因此在变量设计中考虑采用居住地与县城距离来反映。

林权交易机构作为一个新生事物，林农对其了解越多，越有可能发现场内交易的优势所在，选择林权交易机构进行场内交易的可能性越大。同时林农对场内交易的认可度越高，也会导致其选择场内交易的可能性增加。

林农选择不同的交易方式还受其他因素的影响，根据对前人文献中各类影响因素出现的频率以及实地调研情况的归纳，本书将这些属性归结为四个方面，即小规模林农的自然（Natural）属性、资源（Resource）属性、经济（Economic）属性、社会（Social）属性。具体的变量设置和含义如表 4－4 所示。其中自然属性包括户主年龄、受教育年限和家庭劳动力人口数（孔凡斌等，2011）。这些因素虽与林权交易无直接联系，但可作为控制变量。资源属性又称资源禀赋因素主要考虑直接与林业生产和林权交易有关的因素，可能会对林农选择林权交易方式产生直接的影响，包括承包林地面积、流转林地面积。经济属性包括家庭年收入水平和收入结构林业收入占比。收入对林权流转的显著影响已在多篇文献中得到检验（孔凡斌和廖文梅，2011），但是对于小规模林农的林权交易方式是否有显著影响，还有待验证。社会属性包括是否村干部，选择这一变量的前提在于村干部对政策了解比较多，会影响其林权交易方式的选择。而村干部对林权流转行为的影响也在文献中得到验证（徐秀英等，2010）。

综合前面理论分析的结论，本节提出如下 3 个假设：

假设 4－1：场内交易与场外交易产生的不同的交易成本是小规模林农选择林权交易方式的影响因素。

假设 4－2：小规模林农对林权交易机构的认知度越高，选择场内交易的可能性越大。

假设 4－3：小规模林农对林权交易方式的选择还受其自然、社会、经济、资源属性的影响。

二、变量设定与模型选择

为了研究小规模林农选择不同林权交易方式的影响因素，本书将被解释变量 y 定义为小规模林农是否参与场内交易。y 是一个二分类变量，当 $y=1$ 时，参与场内交易；当 $y=0$ 时，未参与场内交易。二分类变量的计量模型中最常用的是二元 Logit（或称 Logistic）模型，将不同事件发生概率转换为事件发生比率（Odds）的对数作为被解释变量（Gujarati & Damodar，2004）。其模型形式如下：

$$\text{Logit}(P_i \mid y=1) = \ln\left(\frac{P_i}{1-P_i}\right) = \beta_0 + \sum_{k=1}^{K}\beta_k X_{ik} + u_i \qquad (4-1)$$

式中，由于因变量为二分类变量，所以 $i=1$，2。k 为解释变量个数，取值为 $[1, K]$ 之间的整数。P_i 为事件发生的概率。X 为自变量，β_0 为常数项，β_k 为回归系数。将表 4-4 中的各变量代入式（4-1），得到计量模型。

表 4-4　自变量设置

变量含义		变量取值范围或单位	先验判断
自然属性 N	户主年龄	>18 岁	-
	受教育年限	0~16 年	+
	家庭劳动力人数	1~6 人	+
资源属性 R	承包林地面积	≤100 亩	+
	流转林地面积	亩	+
经济属性 E	家庭年收入水平	<1 万元=1 1 万~3 万元=2 3 万~5 万元=3 5 万~7 万元=4 7 万~10 万元=5 >10 万元=6	+/-
	林业收入占比	0~100%	+
社会属性 S	是否村干部	是=1，否=0	+
交易成本 C	居住地与县城距离	计量单位：公里	-
认知度 U	是否听说过林权交易中心	是=1，否=0	+
	林权交易中心的设置是否有必要	是=1，否=0	+

本书选取的自变量共 11 个，各类自变量含义和取值范围如表 4-4 所示。根

据假设4－1、假设4－2和假设4－3中相关的变量设计，将可能影响小规模林农林权交易方式选择的影响因素列入表中。其中定量变量有户主年龄、受教育年限、家庭劳动力人数、承包林地面积、流转林地面积、居住地与县城距离、林业收入所占比重、家庭年收入水平共八个，定性变量或分类变量（谢宇，2010）有是否村干部、是否听说过林权交易中心以及林权交易中心设置是否有必要共三个。林权交易中心作为一个新生事物，在实际运作中有相当一部分林农对此并不了解，而急于去研究林农对林权交易机构的满意度等因素，显然不符合事物发展的规律。因此，本书在变量设置中只考虑了认知度指标。

三、自变量的描述性统计

为了说明各自变量在调查数据中的表现以及各自变量与因变量之间的关系，表4－5和表4－6中除列出各变量的统计特征外，还分别对参与林权交易市场交易和未参与林权交易市场交易小规模林农进行了对比。

表4－5　定量变量统计特征分析及参与和未参与场内交易的对比

变量名称	分类	最小值	最大值	均值	标准差
户主年龄	参与	35	65	49.3	7.8
	未参与	31	84	51.9	10.9
	总计	31	84	51.0	10.2
受教育年限	参与	0	12	8.4	3.1
	未参与	0	14	8.1	3.8
	总计	0	14	8.4	3.2
家庭劳动力人数	参与	2	5	3.7	0.9
	未参与	1	6	3.4	1
	总计	1	6	3.5	1
承包林地面积	参与	2.4	60	12.8	15.1
	未参与	2	100	12.9	17.8
	总计	2	100	12.9	17.1
流转林地面积	参与	2	800.0	125.9	232.2
	未参与	1	880.0	52.5	147.9
	总计	1	880.0	70.0	173.1

续表

变量名称	分类	最小值	最大值	均值	标准差
居住地与县城距离	参与	7.5	100.0	20.7	20.7
	未参与	1	50.0	16.9	12.2
	总计	1	100.0	17.8	14.7
林业收入占比	参与	15	90.3	43.0	31.6
	未参与	5	100	35.2	30.0
	总计	5	100	37.1	30.4
家庭年收入水平	参与	1	6	4.5	1.6
	未参与	1	6	3.7	1.5
	总计	1	6	3.9	1.5

表4-6　二分类变量的描述性统计及参与和未参与场内交易的对比

变量名称	分类		数量（笔）	占比（%）
是否村干部	参与场内交易	是=1	2	4.8
		否=0	40	95.2
		总计	42	100.0
	未参与场内交易	是=1	22	16.4
		否=0	112	83.6
		总计	134	100.0
是否听说过林权交易中心	参与场内交易	是=1	26	61.9
		否=0	16	38.1
		总计	42	100.0
	未参与场内交易	是=1	30	22.4
		否=0	104	77.6
		总计	134	100.0
林权交易中心的设置是否有必要	参与场内交易 y=1	是=1	34	81.0
		否=0	8	19.0
		总计	42	100.0
	未参与场内交易 y=0	是=1	82	61.2
		否=0	52	38.8
		总计	134	100.0

从表4－5可以看出，林农的年龄偏大，参与调研的林农总体年龄通常在40岁以上，受教育程度偏低。参与过和未参与过场内交易的两类农户在流转林地面积、家庭收入水平和家庭林业收入占比上差异较为明显。而在年龄、受教育程度、家庭人口数、居住地与县城距离、林地承包面积等变量上差异较小。

从表4－6可以看出，参与过和未参与过场内交易的两类农户对林权交易中心的认知情况有明显的差异，而在是否村干部这一变量上并不明显。参与过林权交易中心交易的农户对中心的认知度更高，可能的原因是参与过中心交易的农户更加了解中心，同时也认为林权交易中心的设置是有必要的。

从表4－5和表4－6的描述性统计分析中可以初步判定，参与林权交易中心场内交易和未参与林权交易中心场内交易的样本农户在部分变量上的分布差异较大，而有些变量则差异较小。为了更好地说明各解释变量对被解释变量在统计学意义上是否存在显著性影响，有必要进一步利用计量经济学模型进行回归分析。

四、计量模型检验与结果分析

为了决定各解释变量的取舍，本书先对各自变量进行相关分析。利用SPSS 20.0软件计算Spearman相关系数并进行单尾检验，得出是否听说过林权交易中心、林地流转面积、家庭年收入水平、林权交易中心的设置是否有必要和林业收入占比等变量均在0.1的显著性水平上与因变量显著相关。为了克服多重共线性问题可能对模型最终结果的影响，本书采用逐步回归的方法，根据相关系数的大小逐步引入自变量，经反复计算，得出最终模型。其回归结果如表4－7所示。

表4－7　计量模型回归结果

	回归系数	标准差	Wald值	自由度	显著性	发生比
是否听说过林权交易中心	1.769	0.694	6.501	1	0.011	5.865***
LOG（流转林地面积）	0.433	0.237	3.342	1	0.068	1.541**
林权交易中心的设置是否有必要	−0.061	0.765	0.006	1	0.937	0.941
林业收入占比	−0.002	0.011	0.030	1	0.862	0.998
家庭年收入水平	0.116	0.212	0.302	1	0.582	1.123
常数项	−3.601	1.088	10.956	1	0.001	0.027
模型总体回归效果检验						
−2对数似然值	Cox & Snell R^2		Nagelkerke R^2		显著性	
78.967	0.183		0.274		<0.001	

注：***表示显著性水平在0.01以下时，**表示显著性水平在0.05以下时，自变量对因变量的影响是显著的。

从模型总体回归效果检验来看，回归模型是有效的，即解释变量可以解释因变量的变动。整体显著性小于0.001。

从单个变量的系数显著性角度分析，首先在农户自然属性中，年龄、受教育年限、家庭劳动力人数三因素对是否选择林权交易中心进行场内交易无显著影响，未纳入最终模型。而在资源属性中，在控制其他变量的情况下，对因变量影响显著的是流转林地面积。流转林地面积越大，越有可能选择林权交易中心进行场内交易。承包林地面积和居住地与县城距离对因变量无显著影响，从实际调研情况来看，为更好地提供服务，安吉等地已建成县、乡、村三级林权交易市场。假设4－1不成立。在经济属性中，家庭年收入水平和林业收入占比对因变量无统计学意义上的显著影响。尽管家庭年收入水平和林业收入占比在与因变量的两两相关分析中是显著的，但最终多元回归模型中，在其他变量保持不变的情况下，对因变量之间无统计学意义的显著影响。在社会属性中，是否村干部对选择场内交易的影响不显著，经筛选，未纳入最终模型。原因可能是由于本次调查未采取分类抽样，一个村内的村干部数量有限，所以数据量也有限，并不能以此来说明是否村干部对参与林权交易中心是否有影响。如果增加样本，或者采取分类抽样，也可能产生显著的影响，因此村干部对是否选择场内交易影响不确定。因此，假设4－3中部分假设是成立的。

农户是否听说过林权交易中心对农户选择林权交易中心场内交易有显著正向影响，即如果农户听说过林权交易中心越有可能选择林权交易中心交易。有意思的是，认为林权交易中心的设置有无必要对是否选择场内交易无显著影响，造成这一现象的原因可以从前面的描述性统计中发现，即有些农户虽然可能没有选择场内交易，但对政府机构设立林权交易中心这一服务机构仍认为是有必要的。因此，假设4－2基本成立。

第三节　主要结论与政策启示

一、小规模选择林权交易方式的主要结论

浙江地处经济较发达的地区，作为最早开始设立的林权交易机构的省份之一，其林权交易市场的建立与发展历程对其他集体林区林权交易市场的建立具有一定的借鉴意义。本章通过对当地小规模林农的抽样问卷调查，讨论小规模林农

私下进行林权交易的主要动机和原因。得出了以下结论：

1. 大部分小规模林农没有选择林权交易中心进行场内交易

从浙江4个案例点的调研数据来看，不到一半的小规模林农有林权流转行为。而其中发生流转且参与场内交易的比例只占流转总数的23.86%，大部分林农没有选择林权交易中心进行场内交易。

2. 小规模林农不了解林权交易中心是导致没有选择场内交易的主要原因

这一结论可以从小规模未选择场内交易的原因中得出，占场外交易林农的51.85%。此外，从计量模型分析的结果也可以得出类似的结论。林农越了解林权交易中心，其参与场内交易的可能性越大。

3. 小规模林农流转面积越大越有可能选择场内交易

流转林地面积越多的农户更有可能参与林权交易中心的场内交易。计量模型结果显示，在保持其他变量不变的情况下，林地流转面积每增加1个自然对数单位，选择场内交易的可能性增加1.541倍。根据调研数据的相关分析也可以发现，小规模林农流转林地面积与林业收入占比呈现显著的正相关。因此可以认为农户流转林地面积数量越大，其对待流转行为越谨慎，为了避免林权纠纷会选择更加规范的林权交易，签署规范的林权流转合约，办理林权证变更手续。

4. 小规模林农的自然属性、经济属性和社会属性与是否参与场内交易的关系不显著

这一结论与事先所预期的影响不符。其主要原因在于自然属性、经济属性和社会属性在本书中作为控制变量，可能和因变量有着一定的相关关系，但是在最终二元Logistic模型中多变量作用下无统计学意义上的显著影响。虽然在前人相关文献中，这些属性变量对林权流转意愿与行为有显著影响（孔凡斌等，2011），但是经我们验证后发现，它们对小规模林农是否选择参与林权场内交易并无明显影响。

二、小规模林农林权交易方式选择的政策启示

1. 切实加强对林权交易中心的宣传力度

虽然浙江各地已建立县、乡、村三级林权交易机构，但知晓这些机构的小规模林农并不多。林权交易中心所提供的服务内容以及优势还不为多数小规模林农所了解。从这一点上来说，林业主管部门下属的林权交易中心要加强对外宣传力度，让更多的小规模林农能了解到林权交易中心的服务项目和规范的林权交易流程。从根本上改变小规模林农场外不规范交易带来的林权纠纷隐患。

2. 引导场外交易的场内化

随着林权的明晰和城市化进程的加快，通过林权流转实现现代林业的适度规模经营是不可避免的。从政策和政府角度，一方面应该尽量减少场外交易，吸引更多的小规模林农到林权交易中心进行场内交易；另一方面对已经发生的场外林权交易，应根据之前约定的口头或书面协议，办理林权变更登记，完善林权证等相关手续。从理论角度来说，林权证代表的是物权，而流转合同是债权（张红霄，2008）。物权与债权在经济学上具有不同的产权排他性与保障措施，其内涵存在本质上的区别。且从林权抵押贷款角度，林权证作为抵押物可以获得原始的资金投入，这一点是流转协议所不具备的优势。

3. 经营权与承包权分离为场内交易带来了新的发展契机

在调研中我们发现，当地林业主管部门为了促进林权流转，将林地经营权与承包权分离，为林权流转提供了新的契机。例如，安吉、龙泉等地通过在林权出让方的林权证上备注的方式，为林权受让方发放林地经营权流转证①，这在一定程度上解决了林地经营权流转与彻底退出承包权的问题。小规模林农如出让林权，则既可以通过林权出让获利，又不会因流转而丧失了承包权，同时保障了受让方的林权抵押、林木采伐和其他行政审批等权益。经营林、承包权分离的产权安排模式必定会进一步促进林权交易市场的发展，为场内交易带来新的发展契机。

① 李娜. 创新模式，龙泉试解林地流转融资难题［N］. 中国绿色时报，2014-08-19.

第五章　中国林权交易市场场内交易机构发展现状研究

根据本书第一章对林权交易市场的分类，场内交易市场是在政府主导下，为规范和促进林权流转而建立的林权交易中介机构或交易平台。这里的场内交易市场既有全国性和跨区域的大型林权交易机构，也有依托于县、乡林业管理部门所建立的地方性林权交易平台。本章包括两个方面：一是跨区域大型林业产权交易机构的发展现状及相互比较；二是县、乡级林权交易中心（Forest Tenure Trade Center，FTTC）的案例研究。其中，跨区域大型林业产权交易机构主要选取了全国性、地区性和省域的典型林权交易市场进行现状分析和比较。县、乡级林权交易中心的案例是2009～2010年课题组在完成欧盟负责财政项目（FAO与国家林业局共同实施）“关于中国集体林林产权改革的政策支持、法律及制度框架的学术交流项目”的过程中，两次采访浙江安吉县和递铺镇两个案例点的案例报告。通过对各类林权交易机构的分析、比较和深度解读，对中国林权交易市场场内交易的发展现状进行研究。

2015年国家林业局编制印发了《全国林权管理服务体系建设规划（2015－2020年）》，对林权管理服务机构的功能定位、机构建设、窗口建设、队伍建设、制度建设、业务规范建设、配套设施建设提出了要求。各地林业社会化服务体系不断完善，建立县级及以上林权管理服务机构达1600多个（全国绿化委员会办公室，2015）。

总之，无论是林权交易中心还是林业产权交易所，场内市场的基本功能是为林权交易提供场所，发布林权或林产品买卖信息，直接或间接提供森林资源资产评估，林权交易的过户和登记管理办理、林权抵押贷款（部分含收储）等具体服务。对大型林业产权交易机构来说，其业务领域还进一步拓展到林业碳汇交易以及其他相关产品的交易活动。

第一节 大型林权交易场内市场的发展现状与比较

一、跨区域大型林业产权交易机构

随着集体林权制度改革的深入，特别是随着2008年中共中央、国务院颁发的《关于全面推进集体林权制度改革的意见》的贯彻落实，以促进林权流转为目的的大型跨区域林权交易机构逐渐出现，包括全国性的、区域性和省域范围的不同场内市场。其中最早出现的是2004年全国第一家林权交易中心——永安市林业要素市场。随后，全国各省区市相继成立了自己的林权管理服务机构（吴守蓉等，2016）。其中全国性和区域性的大型交易市场有永安林业要素市场（福建），南方林业产权交易市场（江西），中国林业产权交易所（北京），华东林业产权交易所（浙江），重庆涪陵林业产权交易所（重庆），江南林业产权交易所（安徽）等。根据这些市场经营的影响力和代表性，本书选择了4家典型的林权交易机构进行介绍。其中中国林业产权交易所是全国性的林权交易平台，而南方林业产权交易所、华东林业产权交易所、中部林业产权交易服务中心是区域性林权交易机构。

1. 中国林业产权交易所

中国林业产权交易所（以下简称中国林权所）于2009年在北京正式揭牌运营，是经国务院批准，由国家林业局联合北京市人民政府共建的全国性林权及森林资源交易的市场平台，是国内唯一从事全国林业要素与资源的综合性交易和服务机构。中国林权所积极贯彻落实中共中央、国务院颁发的《关于全面推进集体林权制度改革的意见》，建立健全林业产权流转机制，聚集林业各类要素资源，创新林业资源可交易品种，改善林业产权融资能力。在国家林业局的指导下，中国林权所逐步成为全国林权流转中心和权威数据发布中心、中国大宗林产品交易中心、林权及林业碳汇金融产品创新基地。

中国林权所的业务具体包括：林权流转、大宗林产品交易、林业碳汇交易、金融与国际业务服务等。在林权流转方面，建立了国家级林业产权交易平台，搭建了全国林权信息权威发布平台，组建林业资产评估权威中心。在林产品交易方面，借助中国林权所巨大的信息平台和高效的服务网络，以大宗木材、茶叶及茶园预期收益权、新闻纸张政府采购和花卉交易为起点，创新现代市场模式。减排和碳汇是应对全球气候变暖的客观要求，中国林权所配合国家林业局，参与林业碳汇交易规则和标准的制定。作为经国家工商局批准的国内首家许可经营林业碳汇交易的交易所，中国林权所为节能减排问题提供市场化解决方案。在金融与国际业务方面，主要从事银行授信、林权抵押第三方托管业务，设计并推出“涉林”相关金融产品，林业企业产权交易与森林资源企业上市孵化，海外森林资源收购与服务，国际大宗林产品贸易服务及国际生态资源项目并购等业务。同时，中国林权所在公益林市场化运作、设立中国林业发展基金及林业资源项目的融投资业务等方面也进行了卓有成效的探索。中国林权所坚持“公开、公正、公平”的准则，确保林地、林木、林产价值得到合理体现，吸引国内外各类资本流向林业产业，助力林业产权制度改革，推动林业经济发展。中国林权所于 2010 年 3 月在成都注册设立控股子公司中林所西南林权交易中心，负责公司西南地区的业务开展。2016 年 8 月中国林权所贵州中心、农林交易中心揭牌仪式在贵州举行。

2. *南方林业产权交易所*①

南方林业产权交易所位于江西省南昌市。江西是全国集体林权制度改革的重要试点省份，2009 年 11 月在整合全省 72 家县级林业产权交易所基础上组建了南方林业产权交易所。南方林业产权交易所现为江西省林业厅下属正处级事业单位，是经江西省机构编制委员会办公室批准设立的全额拨款事业单位。

南方林业产权交易所致力于全面推进林权流转管理服务体系建设，建立全省五级联网的统一、规范、活跃的林权流转交易综合服务平台；推进林权交易整合进入公共资源交易平台，开展国有和集体统一经营林权交易监管；督促指导乡、村林权流转服务窗口建设，服务下移乡、村基层，实现林农办事“只跑一次”和“一次不跑”；推行林业“三权分置”，切实落实林地经营权权能。

南方林业产权交易所致力于加强与金融机构的合作，开展抵押贷款服务，建立林业金融综合服务平台，解决林农、合作社和企业融资难问题。

南方林业产权交易所致力于建立松香、茶油等林业要素交易平台，有序推进木材、天然香料、森林食材、森林药材、林木收藏品等产品线上交易、线下交割、指定仓储、林农融合，建立林产品供应链服务体系，有效促进林业要素资源流动，实现资源变资产。其主要职能包括：①拟订全省林业产权交易市场建设总体规划和中长期发展规划，并付诸实施；②负责全省林业产权交易市场的整合、建设、运营和指导管理，规范和指导林权、林业企业股权、林业科技成果（项

---

① 介绍来源于江西省林业局官网（http：//jxly. gov. cn/id_ b0bee74a5d9544728154771340e8398c/news. shtml）。

目）、大宗林产品转让的服务；③开展林权抵押贷款、森林保险、森林资源资产评估、林业法律法规和政策咨询等服务。

3. 华东林业产权交易所①

华东林业产权交易所（以下简称华东林交所）于2010年12月成立，浙江省内唯一的全省性林权交易平台，是经国家林业局批准同意的全国首个林业碳汇交易试点平台，也是首批通过国务院交易场所部际联席会议核准备案的交易所。主要从事林权交易、大宗农林产品现货电子交易、收藏品交易、林业碳汇交易、林业金融服务等。

农林业发展迫切需要金融支持，华东林交所围绕“资源变资产变资本”，持续完善绿色金融服务产业链，打造一站式农林金融服务平台，实现森林资源资产评估、信用评级、融资担保、林权小额贷款、林木资产收储管理、拍卖交易、政策信息发布等一站式服务。通过不断创新融资服务产品，不断增强融资服务功能，已累计为4000多家农林产品加工企业、专业合作社提供融资服务达150亿元，为金融资本和社会资本大规模进入林业打造一条绿色通道。

近年来，在浙江省政府和国家林业局的大力支持下，华东林交所坚持“公开、公平、公正”的原则积极建设规范、高效的大宗农林产品现货电子交易平台，已累计挂牌上市胶合板、黑木耳、红酸枝Ⅰ、红酸枝Ⅱ、铁皮石斛鲜品、香榧、珍珠、大红袍、同山烧、安吉白茶、普洱茶、山核桃、大佛龙井、台湾高山乌龙14个上市品种，现货交收日益活跃，在线融资稳步推进，交易市场总体运行平稳，得到广大产业客户和社会各界的好评。大宗农林产品现货电子交易通过仓储物流、电子商务、融资服务等多项功能，形成了“商流、物流、信息流、资金流”四流合一完整的商业生态系统，帮助广大农林企业实现真正意义上的产业升级。同时，还有效缓解农林企业的融资难问题，把民间资本、金融资本和农林产业高度有效融合，真正实现农林业和金融业的双赢共赢。

大宗农林产品现货电子交易的发展，为华东林交所进行实物资产证券化的探索打下了坚实的基础。2015年9月，基于多年的林业行业经验、权威的专家团队和大宗现货电子交易实践，华东林交所在多方调研、评估的基础上搭建成立收藏品交易中心，并先后成立红木专家委员会、陶瓷专家委员会、茶叶专家委员会。截至2017年1月12日，成功发行紫檀手串18、紫檀手串15、紫檀手串8、紫檀手串20、黄花梨手串6、紫檀手串10、黄花梨手串20、海南黄花梨手串8、龙泉

① 介绍来源于交易所官网（http：//www. hdlqjy. com/）。

青瓷《有容乃大》、菩芝艺2015、良玉福渚玉珠一号、茶马溪布朗2015、天香阁圣香木壹号、圣香木檀香壹号、龙泉青瓷《青影典藏》、津源珍珠茯（陈茶）、钱家天赐玉珠、华艺品紫檀壹号、老班章2008、醉根檀香壹号、子夜明和田白玉珠21个藏品。平台创新打造的收藏品实物资产证券化交易模式有助于充分发挥收藏品的投资和收藏价值，为产业客户、收藏者和投资者搭建了一条信息互通渠道。同时，还为收藏客户、投资者及收藏爱好者提供现货买卖、资产增值等多方面服务。

华东林交所紧密围绕习总书记提出的“绿水青山就是金山银山”的可持续发展战略，坚持“力促农林产业金融化，服务农林实体经济”的宗旨，以“互联网+农林产业+金融”的模式，构建闭环的农林金融产业生态圈，全力打造全球领先的农林现货交易平台。

4. 中部林业产权交易服务中心

中部林业产权交易服务中心自2011年10月获批成立，历经三年多的建设与试运行，于2014年11月正式揭牌。中部林业产权交易服务中心是我国中部区域性林权交易中心，也是我国中部第一家区域性林权交易中心，将推动湖南乃至中部地区的林业资源变为资产、资本，助力林业健康、快速发展。

作为湖南省林权制度配套改革的“龙头工程”，中部林业产权交易服务中心旨在建立“公开、公平、公正”的林权服务市场体系。中心包括林权交易服务、林业产业金融服务、林业产品电子商务服务、林业中介服务四个平台，并且与全省120多个县级林权交易服务机构实行联网和统一管理，能实现林业资产评估、信用担保、银行信贷、贷后监管“一条龙”服务。

中部林业产权交易服务中心通过积极开展林业资产评估与咨询业务，稳妥推进林权交易和市场与金融机构对接，已与中国农业银行、中信银行和农商行等多家银行开展林权抵押贷款服务，获授信50亿元，获得了省林业厅、财政厅授权的林业担保分公司股份持有权，与百余家省级龙头企业开展联保联贷业务，逐步建立起了林业互联网金融服务系统。

二、不同跨区域林业产权交易机构的比较

为了说明不同跨区域林业产权交易机构的业务特点和成交情况，在介绍典型大型林权交易机构之后，本部分对不同林业产权交易平台进行比较，分析众多林业产权交易市场的异同，探索林业产权交易所的模式和功能定位，以期为进一步优化配置森林资源、规范林业产权交易市场提供理论依据。

目前已建立运行的林权交易机构数量很多，包括跨区域的大型林权交易机构。这些机构的业务范围、单位性质、组织架构、主要职能和经营业绩的差异较大。从网上信息获取易得性角度，本书选择了其中有代表性的11家跨区域林权交易机构进行业务范围的比较，而单位性质、组织架构、主要职能和经营业绩方面由于部分林权交易机构信息不全，且代表性不强，本书仅选择了南方林业产权交易所、华东林权交易所、江南林权交易所和中部林业产权服务中心4家交易机构进行比较。

1. 林权交易机构业务范围比较

不同林权交易机构的业务范围各不相同，本书选取了信息较易获得的11家林权交易所分析服务类型（见表5－1）。表中的"√"表示该林权交易机构从事的业务范围，空白处表示没有此种业务。

表5－1 林业产权交易机构的业务范围

服务类型 林权交易所	林权流转	融资服务	大宗林产品	碳汇交易	收藏品（古建筑）交易	电子商务平台	其他类
南方林业产权交易所	√	√					
华东林业产权交易所	√	√	√	√	√	√	
中国林业产权交易所	√	√	√	√			
江南林业产权交易所	√	√		√	√	√	√
中部林业产权交易服务中心	√	√	√	√	√	√	√
中国西部林权交易网	√	√					
东北林业产权交易中心	√	√					
广西林权交易中心	√	√	√	√			√
重庆涪陵林权交易所	√	√					
云南林权交易中心	√						
四川林权交易网	√						√

从表5－1可以看出，林权交易是各家交易中心都具备的功能，也是最基础、最本质的功能。其中有9家林权交易所具有融资服务功能、有5家林权交易所可以进行碳汇交易。此外，相当多的林业产权交易机构也具有大宗林产品、古建筑交易等功能，还有部分交易所发展了电子商务网上交易的职能。因此可以总结，

林权交易机构主要有林权流转、融资服务、林产品交易和碳汇交易等基本服务。此外，不少林权所还建立了自己的电商平台，线上线下同时交易，提高了效率。少数林权所还具有收藏品交易、古建筑交易等服务。此类交易机构一般是根据当地主要特产来增加服务功能（包括林下经济、森林康养、科技成果、林业司法鉴定、森林资源调查等）。

具体来说，南方林业产权交易所主要经营范围有林权、林业企业股权、林业科技成果（项目）、大宗林产品转让的服务，开展林权抵押贷款、森林保险、森林资源资产评估、林业法律法规和政策咨询等服务。华东林业产权交易所主要从事林权交易、大宗农林产品现货电子交易、收藏品交易、林业碳汇交易、林业金融服务等，开展林权抵押贷款、林业产业信用评级、林业小额贷款、林业担保和森林资源资产评估等业务。江南林业产权交易所主要方向是林权、农村土地承包经营权流转交易、大宗农林商品现货交易，开展林权流转信息公布、林权流转电子竞拍、森林资源资产评估、森林资产抵押融资、森林资源资产收储、网上初级农产品销售、林业法律政策咨询等业务。中部林业产权服务中心致力于林地、林木、林业项目（工程）、林业技术、大宗林产品和森林碳汇交易项目的咨询、推介、代理服务；碳汇开发和管理；提供林权抵押贷款、担保贷款、森林保险、森林资产评估相关政策法规咨询服务。

2. 林权交易机构单位性质的比较

南方林业产权交易所位于江西南昌，是经江西省机构编制委员会办公室批准设立的全额拨款事业单位。2012 年南方林业产权交易所引进注资 5000 万元，组建了南北联合林业产权交易股份有限公司，是一家政府主导下建立的林权交易机构。

华东林业产权交易所位于浙江杭州，2010 年成立的唯一的全省性林权交易平台。交易所发展投资者、林业相关企业等社会各类服务会员达到 2000 多家，由担保机构信林担保有限公司出资控股成立，属于股份制公司企业性质。

江南林业产权交易所是经安徽省政府同意，并由黄山市人民政府和安徽省林业厅批准组建的国有控股公司，由黄山市招标采购监督管理局和市林业局共同注资成立，是一家政府主导下建立的林权交易机构。

中部林业产权服务中心由湖南省林业调查规划设计院全额出资 1000 万元注册成立，属于有限责任公司性质。

3. 林权交易所组织架构的比较

南方林业产权交易所与北京环海投资中心合资成立南北联合林业产权交易股

份公司，内部设立业务科、交易科、办公室三个科室。外部实行会员制，林业产权交易分支机构作为交易会员组织交易，经纪机构参与经纪代理业务，中介机构参与评估、担保等中介业务；挂牌方和竞价方可委托在南方林业产权交易所注册的经纪会员代理进行交易，也可直接向交易会员单位或南方林业产权交易所提出申请进行交易。

华东林业产权交易所拥有四大平台，分别是浙江浙元律师事务所、浙江信林担保有限公司、杭州信林评估咨询有限公司、浙江信林资产评估事务所。会员单位经交易所审核批准，在交易所授权范围内从事交易所授权业务的企业法人或者其他经济组织，在全国各地投资组建营业部（佚名，2013）。

中部林业产权服务中心上设总经理，下设行政副总和业务副总，具体运营部门分为开发部、投融资部、管理部、营销部、行政事务部。

江南林业产权交易又称为黄山市农村产权交易中心，是黄山市、县、乡三级互联互通农村产权交易中心和信息服务网络，从组织架构上完全依托于原有市、县、乡行政管理体系组织林权交易的管理活动。

4. 林权交易所主要职能的比较

南方林业产权交易所的主要职能是拟订全省林业产权交易市场建设中长期发展规划和总体规划，并付诸实施；负责全省林业产权交易市场的整合、运营和指导管理，规范和指导林权、林业企业股权、林业科技成果等服务。

华东林业产权交易所的主要职能是完善林业资产评估、林业龙头企业评级、林业小额贷款和融资担保、林木资产收储管理、拍卖交易、政策信息发布等一站式服务。

江南林业产权交易所成立后，主要是利用市场机制解决抵押担保难的问题，扩大林农贷款覆盖面，规范林权交易，盘活森林资源。

中部林业产权服务中心负责推动湖南省林权交易服务市场体系的建设进程，整合、规范湖南全省的林权交易市场，在全省及周边区域指导开展林权交易、森林资源资产评估、林权抵押贷款、森林保险等相关业务。

5. 林权交易所的主要成果业绩比较

截至 2017 年底，南方林业产权交易所交易林权项目 4755 宗，成交金额 55.59 亿元（杨丽颖等，2017），自 2012 年发放首批林权抵押贷款，全省林权抵押贷款余额 28.91 亿元。南方林业产权交易所的交易项目数最多，所以本书在第六章中将对南方林权所的交易数据进行更细致的分析。

截至 2017 年上半年，华东林业产权交易所累计成交林权挂牌项目 559 个，涉及林地面积 15 万多亩，成交金额 6.8 亿元，资产平均溢价达 29.6%。在抵押贷款方面，华东林业产权交易所已经累计为 4000 多家农林产品加工企业、专业合作社提供融资服务 150 亿元。另外，华东林业产权交易所还有大宗林产品及碳汇交易方面的经营。对于大宗现货的交易成立了电子交易中心，主要进行胶合板、黑木耳、红酸枝等 13 种产品的交易，并不断迎来新品种的上市签约。2011 年 11 月 1 日，阿里巴巴等 10 多家知名企业签约认购了首批 14.8 万吨造林项目碳汇指标交易（王绍据等，2016）。

2016 年 3 月，江南林业产权交易所为皖浙赣地区碳汇碳排放权交易试点机构已经形成建议案文本，在全国两会上提交审议。2017 年共完成农村林业产权交易 96 宗，成交面积 39412.18 亩，交易额首次突破 1 亿元，同比增长 495.42%。其中通过林交所交易系统组织完成的项目平均溢价率达 8.3%，最高达 56.36%①。

中部林业产权交易中心自 2011 年 10 月试运行到 2014 年，已累计发布信息、在线产权流转、资产评估土地面积达 102.67 多万公顷，成交金额近 52 亿元，成交地区包括四川、云南、广西、江西、河南等地（杨洋，2014）。

三、大型林权交易场内市场比较得出的结论

除大型林权交易场内交易市场外，全国各地还有较多的区域性的林业要素服务中心、林业要素市场等，林权交易场内市场得到了长足的发展。这些市场模式和功能定位不尽相同，相对于林业产权交易所来说有着更多或者更少的功能，总体来看全国范围内对于林权交易中心没有一个统一的名称，机构设置或者组织架构也不尽相同。各类林权交易中心功能定位不一致，对林权交易中心的服务对象和服务内容认识也不尽相同。但是在名称各异、功能定位不一致的表象下，林权交易中心大多本质还是以林权交易为主旨，同时发展林业相关类服务。从表 5－1 可以看出，11 家林业产权交易所都有林权交易服务，间接说明了随着林权评估、金融风险防范等相关法律法规制度的完善，林权交易市场在抵押贷款、融资服务等方面的金融服务功能将进一步加强，这也促使林权交易市场由传统的商品市场向比较新兴的资本市场靠拢。

目前，碳汇交易也在林业产权交易所中进行交易，有 5 家林权交易所可以进行碳汇交易，这是为了使市场更加具有多元性，从而将交易范围从对林地和林木

① 数据来源于江南林业产权交易所网站（http：//www.jnlqjy.cn）。

直接利用的权属拓展为二氧化碳的排放权这类可以非直接利用的权属，2017 年 12 月国家发改委称我国已正式启动全国碳排放交易市场。此外，相当多的林业产权交易所也具有大宗林产品、古建筑交易等功能，还有部分交易发展了电子商务网上交易的职能。

虽然整体来看，林权交易市场场内交易机构得到了充分的发展，但是市场上还存在一些相对杂乱的林权交易市场或林业要素市场，这些市场的组织架构或内部结构不清晰，服务对象不明确，无法适应林权交易市场机制，也缺乏政府持续支持。

此外，林权交易场内市场交易活跃程度并不能完全满足林业资源配置的需求，林权交易机构面临着林权交易数量萎缩、内部管理建设不足、发展定位不明确、业务设置虚空、企业事业职能不明晰等问题。本书第六章将进一步采用定量分析的方法，更加清晰地揭示林权交易场内市场的发展现状与趋势。

从本质上讲，林权交易场内市场中交易的是林业产权，与其他如房屋产权、知识产权等具有本质差异，林权所指代的林地、林木资产的价值因地理区位、树种等因素而不同，同时所在地区的交通和社会环境也对其价值有非常大的影响，特别是交易后资产管护存在较大难度，因而林权交易本身必然不可能如房屋产权、知识产权般活跃和旺盛，这是由林权的特殊性质所决定的。随着林权价值日益公开化、透明化，林权交易机构的存在对于中小规模的交易而言更无任何优势（从本书第四章小规模林农场外交易行为的比例分析可以看出），甚至存在交易环节多、交易成本高的问题。从这个意义上看，林权交易机构的定位应考虑从服务林业发展，促进要素流动以及解决制约林业发展的资金角度入手，探索未来的发展路径。因此需要从林业资源要素流动本源分析出发，寻找服务林业发展的原动力。

第二节　县、乡级林权交易场内市场的案例研究

一、浙江省安吉县林权交易中心（FTTC）的案例研究

1. 安吉县林权交易中心案例研究的基本背景

（1）项目的研究目的。在我国各级林权交易机构已经基本建立的基础上，展开对县、乡级林权交易中心的评价与比较研究非常必要。通过本次研究，拟达

到以下三个目的：一是通过对县乡级林权交易中心现状的描述，以了解林权交易中心工作的人员安排、服务范围、运作方式；二是通过对县乡级林权交易中心的相关利益者进行访谈，对林权交易中心的工作人员、服务对象、林业局、乡镇进行多方了解，以及对林权或流转形式与运作程序进行研究，发现不同相关利益者对林权交易中心的看法；三是在上述研究基础上，对林权交易中心的运行提出意见与建议，以改进林权交易中心的工作效率，更好地促进集体林权流转。

（2）项目的研究方法。主要遵循社会研究的基本方法，定性研究与定量研究相结合，实地调查、访谈与二手资料的分析相结合。具体来说，采用的研究方法有：

1）问卷调查法。通过向林农发放调查问卷，了解农户的基本信息，对林地经营的态度、林权流转的形式，对林权交易中心的看法以及改进林权流转的意见和建议。

2）文献研究法。通过对二手资料和以往文献中相关研究的分析、总结，得出有价值的意见和建议。其中政府相关管理规定、政策文件的收集与分析也包括在内。

3）PRA 方法。参与式农村评估法在本项目研究中得到了应用。本次调查深入基层，与农户、乡镇工作人员、经营大户、企业进行访谈，真诚和广泛地听取相关利益者的意见，多听、少说，不用自己的观点诱导相关利益者；谦虚、热情鼓励他们表达、交流、分析他们对林权交易中心的意见与建议。

（3）案例调研对象和地点的选择。该选择决定着研究的真实性和代表性，在本次调研中，选取了浙江省安吉县。以下是案例点的基本情况：

1）地理位置。安吉县位于浙江北部，是长三角经济圈的几何中心，是杭州大都市经济圈重要的西北节点，与上海、南京、苏州和杭州、湖州等周边大中城市分别构成 3 小时和 1 小时交通圈，境内“七山一水二分田”，是浙江省重点林区县。

2）基本情况。安吉县面积 1886 平方公里，人口 45 万，下辖 11 个镇、5 个乡。分别是递铺镇、孝丰镇、梅溪镇、安城镇、报福镇、天荒坪镇、杭垓镇、良朋镇、章村镇、高禹镇、鄣吴镇、昆铜乡、溪龙乡、皈山乡、上墅乡、山川乡。

3）经济发展水平。2008 年，全年实现地区生产总值 140 亿元，城镇居民人均可支配收入 20500 元，农民人均纯收入 10300 元。安吉是著名的“中国竹乡”、“中国椅业之乡”和“中国竹地板之都”。特别是竹制品加工业，形成从根到叶、从物理利用到生化利用配套完善的产业链，以占全国 1% 的立竹量创造了 18% 的竹业产值，竹业收入占农民纯收入的63.1%。

2. 对FTTC的描述

（1）安吉县林业概况。

1）森林资源状况。全县林业用地面积207.5亩，占总面积的73.3%，其中有林地面积185.21万亩。全县森林覆盖率达到71.1%，绿化率达到75%。1997～2007年，全县活立木蓄积量从140.3万立方米增长到229.79万立方米，增长率为63%；毛竹林78万亩，立竹量为1.45亿株，全县经济林总面积为16.83万亩，其中板栗4.26万亩，山核桃1.27万亩，生态公益林100.5万亩。毛竹年计划采伐量为2200万根，木材年采伐限额为8.3万立方米（立木）。

2）林业产业发展情况。林业一、二、三产业协调发展，2008年林业总产值115亿元，竹产业总产值为108亿元，占全县工农业总产值的56.3%，竹产业为山区竹农增收18.74亿元，山区农民人均竹业收入为5800元。

全县已培育毛竹丰产林58.9万亩，培育竹笋两用林25万亩，低产竹林改造25万亩，开发毛竹冬笋基地12.8万亩，年竹资源产值达5.5亿元。全县有竹木加工厂家达1621家，其中省级骨干龙头企业4家，省级林业龙头企业13家，产值亿元以上规模企业5家，产值5000万元以上规模企业11家，500万元以上规模企业200余家，产品涉及板材、编织、竹纤维、工艺品、医药食品、生物制品、竹工机械七大系列3000多个品种，产品销往港台、东南亚、欧美等30多个国家和地区。

在发展竹子第三产业上，建设了国家4A级中国竹子博览园景区、中国大竹海、天下银坑等优秀景区，先后拍摄了《卧虎藏龙》、《夜宴》、《越王勾践》等著名影片，被国家广电局批准为生态影视拍摄基地，2008年全年接待游客501万人次，旅游收入19.1亿元。

3）林权改革情况。1983年，山林承包责任制改革推进安吉县，当时县政府就将集体山林分别以责任山、自留山的形式承包落实到户，调动了安吉农民经营林地，培育竹林的积极性。2006年，为进一步稳定和完善山林承包经营责任制，安吉县开展了第二轮山林延包工作，重新核对第一轮承包的经营权属和山林清册，并以此为基础重新登记造册，发放林权证，进一步稳定与完善了林业生产责任制。2006年4月，全县192万亩山林实现了“山有其主”，其中统管山11528块，面积65.8万亩（统管山2544本）；自留山79634块，面积24.1万亩；责任山142068块，面积102.4万亩；全县53338户农户统签了延包合同，合同签订率达98.1%。全县64931户农户发放林权证75933本，截至2007年，已累计发放林权抵押贷款67笔，总计金额达5215万元。

（2）安吉林权交易中心的设立和发展历程。

1）安吉林权交易中心的设立。安吉县林权交易中心（森林资源流转交易平台，又称林权管理中心）于2007年9月在县行政服务中心挂牌成立，为林农提供林权登记、变更、注销、信息发布、评估等一站式服务。

2）安吉县林权交易中心的发展历程。从20世纪80年代分山到户后，林权流转问题就一直存在，到2007年，安吉县各种形式的林木、林地流转达20万亩；这些林权流转较早，有些流转并不规范，所以到2007年9月安吉县林权交易中心成立，才有了一个专门的机构来规范市场的流转行为。2009年共发生林权流转19笔，流转面积达13600亩，全县已经建立13个乡镇林权流转服务中心、135个村级林权流转服务站。

（3）中心工作人员和组织机构。安吉县林权交易中心根据机构服务内容的需要，设立了4个工作编制，现有工作人员4人。林权交易中心的办公地点属于安吉县行政服务中心，但是从业务从属上看，仍属于安吉县林业局，因此从业务上仍旧受林业局领导。下设“行政项目受理审批”、“林权管理登记、变更、注销中心”、“安吉县林权交易信息发布、流转交易”、“安吉县林权抵押贷款服务中心”4个机构，而森林资产评估由专门的机构来操作，所以林权交易中心主要从事以上4种业务。每个机构由1～2人负责。

（4）所获各种支持。林权交易中心作为安吉县行政服务中心的办事机构之一，其人员安排和组织受安吉县林业局和行政服务中心的双重领导。林权交易中心的工作费用支出由行政服务中心承担，而工作人员的工资、福利由林业局承担。

为鼓励林农进行林权流转，安吉县政府对200亩以上的流出户到林权交易中心进行正式变更登记的，一次性给予补贴50元/亩，其中流出户补贴35元/亩，流出户所在村可以得到15元/亩的补贴。2010年政府对补贴进行上调，每亩调整为120元，流出户补贴70元/亩，流出户所在村可以得到50元/亩的补贴。这种政策会吸引更多的农户进入林权交易中心进行交易，对林权交易中心的工作也可以起到促进作用。

3. 案例点林权交易或流转的形式和运作程序

（1）现存林权交易或流转形式。安吉县的林权交易从20世纪80年代的“三定”以后就开始了，到2007年，安吉县各种形式的林木、林地流转达20万亩。2009年全县山林流转面积达46.4万亩，占林地总面积的22.3%。2009年在林权交易中心登记发生的林权流转19笔，流转面积达13600亩。

早在20世纪90年代中期，山林流转的形式就有多种，当时，林业局根据山林不同的经营状况推行“联产转让”、“联户招租”和“反租倒包”等形式进行经营权的转让，到了90年代末，森林、林木、林地流转速度明显加快，流转的形式多种多样，有承包、租赁、拍卖、转让等。

根据《安吉县人民政府关于加快农村土地承包经营权流转的实施意见（安政发〔2009〕25号）》的精神，提出应引导和鼓励农民采取转包、出租、互换、转让、托管、股份合作等形式流转土地承包经营权。鼓励农民将土地承包经营权以入股形式建立土地股份合作社，实行股份合作经营或统一对外租赁经营。鼓励农民将土地承包经营权剩余年限的预期收益折价出资，投资农林企业，通过股权分红获得土地长期收益。鼓励各类农林服务组织和专业大户，开展托管合作、代耕代种等多形式流转，提高农林社会化服务水平，促进土地承包经营权流转。鼓励农林经营主体通过土地承包经营权流转，创办园区或产业基地，形成“公司+基地+农户”的模式，在农民与农林企业之间建立起利益共享、风险共担的利益联结机制。

（2）林权交易或流转的程序。安吉县在规范林权交易或流转的程序方面建立相对有效的工作机制和工作规程，健全各项规章制度。其流转程序如下：

1）加强对受让方资信、经营能力和流转合同的审查，以及对流转前土地权属情况的调查和确认，做到“要流转，先确权”，确保流转主体和行为的合法性。

2）全面推行流转合同管理制度，统一使用规范化的格式合同，保护依法形成的流转关系，逐步规范已经发生的流转行为。土地承包经营权流转当事人应当凭合法有效的凭证，签订书面流转合同。流转期限严格控制在剩余承包期限内。土地承包经营权流转的相关事宜由双方协商确定，条款应当对合同终止后就土地恢复原状双方的责任做必要的规定。

3）集体统一经营的土地流转必须提前向村民公示，经本集体经营组织2/3以上成员或者2/3以上村民代表同意后进行。集体土地流转采用转包（出租、转让）等方式的，应当通过公开招标和拍卖的方式确定。

（3）FTTC在整个林权交易中的重要作用。2006年林权证下发后，面对社会上频繁出现的林权流转行为，由谁来承担在林权交易规范和管理的重要角色呢？FTTC被提上了议事日程。FTTC的成立是集体林权制度改革明晰产权后进行相应配套改革的重点，是进一步深化改革、规范流转所必需的政府服务机构，完成政府交办的林权登记造册、核发证书、档案管理、流转管理、林地承包争议仲裁、林权纠纷调处等工作，并向社会提供林权信息服务，使林权管理统一、规范、科学、公开。

特别是国有林和集体林的流转，为了达到交易过程中公开、公平、公正，防止交易中低价转让导致国有和集体利益的损失，FTTC 提供了一个公开的交易流程，为规范交易提供了必要的保证。

（4）各种林权交易或流转方式的优缺点。林地流转形式的选择要因地制宜，充分考虑当地的自然、社会和经济发展情况，流转的形式、流转的规模、流转的进度等要与当地实际情况紧密结合起来，决不能搞行政命令，决不能脱离实际。安吉县的各种林权交易形式都有，包括股份合作、转让、出租、互换、托管等。

1）股份合作。这是农户以所拥有的林权入股，由村集体统一经营，按股份多少和对合作过程的贡献大小进行分红。皈山乡尚书干村、昆铜乡长林垓、鄣吴镇玉华村、民乐村、章村镇河干村、杭垓镇唐舍村六个股份制合作社建设初具规模，合作社总面积 8000 余亩。安吉县的股份制林业工作得到各级领导的高度评价，在各级媒体的宣传下，安吉股份制林业为全国林业经营体制改革作出了示范。

这种做法的优点：一是建立林业合作经济组织，以实现“林权分散，经营集中”的目标，有利于发挥林地的规模效益，提高林地的产出。二是防止林农失地。农民在入股过程中，每年可以得到稳定的收入，并且在参与股份合作社劳作的过程，也可以获得一部分工资收入。这种做法的缺点是股份合作社并不是真正的公司制的经营，合作社的领导一般都是村委会成员，在合作社经营中付出与所得到的回报不能对等，长期经营的激励机制没有建立起来。

2）转让。这是一种最彻底的流转方式。通过转让，转让方丧失部分或者全部林地承包经营权，受让方取得部分或者全部林地承包经营权，转让方与发包方的承包合同关系因此部分或全部终止，由受让方与发包方确立新的合同关系。

这种做法的优点是农民可以将林地一次性转让出去，但是会产生转入方对林地的投机，导致林农最终失地、失山。

3）互换。这是按适地适树的要求以及农民自身的偏好，农户可能会与本村的其他农户交换林地的使用权，经双方的协商，进行口头或书面的约定，根据协商的价格，进行林权交换。这类交换在经济林的经营中常常会出现。

这种做法的优点是根据适地适树的要求，按照利润最大化的原则，农户会选择经济价值较高，距离较近，立地条件比较好的树种进行经营，而在最初的分配中，林地的细碎化导致规模效益实现比较困难，因此，在实际的经营中，互换就不可避免。

4）托管。这是指由于各种原因，农户无法自己直接从事林地的经营，而将林地的经营权交给本村的农民或者亲戚、朋友进行经营，被托管方可以享受林地的产出，但是要支付一定的费用给托管方，如竹林地，每年支付1500元/年·亩。

这种做法的优点是托管方将林地托付给别人经营，腾出时间和劳动力可以投入其他领域，如外出打工，办厂等。这对一些年老体弱的农户，也不失为一种明智的选择，且每年林地可以产生固定的收入，免去了后顾之忧。

4. FTTC运作现状分析

（1）FTTC林权交易的运作程序和管理体制。

1）FTTC林权交易办事流程。

①林权权利人（双方）的林权流转和变更登记申请。

②原林权所有人（单位）签署意见箱。

③乡（镇）林业工作站初审。

④乡（镇）人民政府审核。

⑤县林权管理中心审核。

⑥核发林权证。

⑦材料归档。

2）林权流转申请表。

①林权变更登记申请表。

②转让人和受让人身份证明；法人或其他组织的资格证明；法人或者负责人的身份证明；法定代表人或者委托代表人身份证明和载明委托事项和权限的委托书。

③双方签订的林权流转合同、流转内容清册。

④所需变更登记的林权证。

⑤集体统一经营的森林、林木和林地的林权变更附本、集体经济组织2/3以上成员或2/3以上村民代表同意意见书。

⑥无权属争议证明。

⑦按规定需要进行评估的，提供森林资产评估报告。

（2）FTTC林权交易情况及其提供的其他服务项目。

1）FTTC林权交易情况。根据2009年安吉县林权交易中心的备案情况，从中可以看出，2009年林权流转共19笔，流转面积13600亩（见表5－2）。

表 5－2　2009 年林权流转变更汇总

序号	所属乡镇	所属村	流出单位	流入单位	山林地点	山林面积（亩）	流转年限（年）	流转权证编号
1	杭垓镇	杭河村	上、下组	胡育良	罗家山岔湾口	88	32	330601120829
2	昆铜乡	路西村	路西村	朱海林	里江林场	120	30	330601120847
3	梅溪镇	板桥村	板桥村	天加山生态农业发展有限公司	原晓墅林场	429	50	330601120854
4	高禹镇	高庄村	高庄村	李庭健	柴岭西、大晏洼	180	28	330601120885
5	皈山乡	孝源村	孝源村三组	刘天明	杨家坞	74	30	330601120899
6	杭垓镇	桐杭村	塘外组、庙坞组、车角岭组、塘里组	梅海农业有限公司	开盘坞、狮子山等	2186	60	330601120893－898
7	递铺镇	东山垓村	羊蓬岭组	田永平等 5 人	大坞	456	40	330601132578－582
8	开发区	横山坞村	七组	卞良勇	凤凰山	180	40	330601132586
9	递铺镇	垅坝村	丁东、丁西等 6 组	任元林	新生林场	1800	70	330601132600
10	开发区	剑山村		绿城元和公司	金樟坞	76	50	
11	梅溪镇	晓墅村		天加山生态农业发展有限公司	原晓墅林场	467	50	330601132607
12	孝丰镇	下汤村	下汤村	李炘	龙门头	189	30	330601132609
13	皈山乡	观音桥村	下庄边、毛田埂、分水岭、施湾里组	皈山惠农茶叶专业合作社	天乔山等	1578	50	330601132668－670
14	递铺镇	银湾村	银湾村	潘元清	力子坞等	170	30	330601132608

续表

序号	所属乡镇	所属村	流出单位	流入单位	山林地点	山林面积（亩）	流转年限（年）	流转权证编号
15	梅溪镇	板桥村	板桥村	天加山生态农业发展有限公司	原晓墅林场	94	50	330601120888
16	梅溪镇	华光、晓墅村	华光、晓墅村	天加山生态农业发展有限公司	原晓墅林场	1410	50	330601126247
17	天荒坪镇	白水湾村	瓦窑弄组	绿城元和公司	瓦窑弄六亩冲等	1312	50	330601132613 330601132612
18	递铺镇	垅坝村	任元林	源林农业开发有限公司	新生林场	1800	69	330601132684
19	梅溪镇	板桥村	板桥村	天加山生态农业发展有限公司	瓦屋冲、汤加山等	991	50	330601126225
面积小计						13600		

资料来源：安吉县林业局。

2）FTTC 提供的其他服务项目。除林权交易外，安吉县林权交易中心还承担了“行政项目受理审批”、“安吉县林权抵押贷款服务中心”等服务项目。由于安吉林权交易中心位于县行政服务中心内，因此，所承担的其他服务项目较多。

行政项目受理审批包括林木种子生产许可证的核发、林木种子经营许可证的核发、林木采伐许可证核发、木材运输许可证的核发、森林植物检疫证核发、临时占用林地、林业生产占用林地许可、省一般保护陆生野生动物狩猎证的核发、陆生野生动物或者其产品出县境运输许可、出省木材运输许可证的核发、林区野外用火许可证的核发、营利性防沙治沙治理许可、木材经营（加工）许可、省一般保护陆生野生动物驯养繁殖许可证的核发、省一般保护陆生野生动物经营利用许可的核发、森林植物产地检疫合格证的核发、进入（林业系统）自然保护区缓冲区许可等。

林权抵押贷款也是林权交易中心要完成的一项重要服务，2010 年从安吉县林业局获悉，安吉县林权抵押总额已经超过 1 亿元，达到了 1.02 亿元，贷款余额 5123 万元，占全市林权抵押贷款总额的 79.1%。目前参与林权抵押贷款的对象大部分为林业大户，贷款期限一般为3年，利率为7.43%。其用途主要为购买原材料及林业发展等方面，据不完全统计，全县林权抵押贷款每年产生经济效益可达2000万元左右。

（3）FTTC的成本收益分析。

1）FTTC的成本。其构成主要有两部分：一是办公成本；二是水电房租等费用。

2）FTTC的收益。FTTC的收费项目如表5－3所示。所收取费用很有限，且所有收费都是与林权流转无关的。连工本费也不收取，对安吉县来说林权流转对FTTC没有收益。

表5－3　安吉林权交易中心收费项目公示

序号	项目名称	收费标准	批准机关及文号
1	林木种子生产许可证的核发	10元/本	浙财综字〔2003〕112号
2	林木种子经营许可证的核发	10元/本	浙财综字〔2003〕112号
3	临时占用林地许可	根据国家林业局、财政部财综〔2002〕73号文件规定，按下列标准收取森林植被恢复费：①用材林、经济林、竹林、苗圃地6元/平方米；②未成林造林地4元/平方米；③疏林地、采伐迹地3元/平方米；④宜林地、采伐迹地2元/平方米。城市及城市规划区的林地，可按上述规定标准2倍收取	财综〔2002〕73号
4	林业生产占用林地许可		
5	省一般保护陆生野生动物狩猎证的核发	按成交额1.5%	林计〔1999〕94号 浙财综〔1999〕46号 浙价费〔1999〕158号
6	省一般保护陆生野生动物经营利用许可	按成交额1.5%	
7	省一般保护野生动物经营利用证可	按成交额1.5%	
8	森林植物检疫证的核发	货物出运的2‰	安计价〔2003〕103号

（4）FTTC内的林权交易较之其他交易方式的优缺点。

1）FTTC内的林权交易较之其他交易方式的优点。林权交易中心运行的结果表明，中心在为规范林木林地资源流转、办理林权抵押贷款等方面做了大量的工作，也取得了初步成效。在林权交易中心进行交易具有重要的优势，与场外交易相比，表现在：

①交易更公开、透明，特别是集体所有的林地和林木，经过招标、拍卖、挂牌等程序，避免了暗箱操作。

②经过信息发布环节，吸引更多的买家来竞价，提高林权交易的价值。

③经过林权变更、登记，林农可以获得林权证，为后续的抵押贷款提供条件。同时获得林权证后，比口头协议或书面协议更具有法律约束力。

④林木和林地资源经正规机构的评估，确定的交易价格更加合理。

⑤经过正式变更登记，可以领取相关的流转补贴。

2）FTTC 内的林权交易较之其他交易方式的缺点。由于 FTTC 在建设中还存在不少问题，评估资质的问题、收费问题等，导致与场外交易相比存在以下缺点：

①林权变更登记需要提供的材料较多，对于规模较小的农户来说，如果只是流转几亩地，为办理手续而误工，是不合算的。另外，在村里由村集体证明签订简单的流转协议也具有法律效力，手续办理相对来说比较简单。

②对于大宗的林权交易来说，由于评估资质的问题，无法进行评估。

5. 不同利益相关者对 FTTC 的立场和看法

（1）FTTC 的工作人员（面临的问题、限制 FTTC 的因素、FTTC 未来的发展趋势）。

在调研中，陪同我们的是安吉 FTTC 的朱主任，她向我们讲述所面临的问题，林权交易除交易外，还承担其他的服务项目，由于编制的限制，人手较少，4 名工作人员中有 2 人是专职，另 2 人还在其他部门兼职。另外，在聘人员工资远低于正式职工，这类工作人员要想在中心长期工作，难度较大。

目前所面临的限制因素是中心缺乏评估资质。安吉县的林权交易中心的评估是由“杭州信林资产评估事务所安吉办事处”来承担的，中心并没有评估资质。

至于 FTTC 的未来发展趋势则取决于项目县的林权流转的现状，该县大范围的林权流转前几年已经基本完成，目前的流转并不是很多，所以与其他省份可能略有不同，应该以一种例行管理的形式来进行，未来的发展趋势基本还会维持现状。

（2）FTTC 的受益人——林农合作组织、小规模林农、与林业相关的加工企业（对 FTTC 的认知、从 FTTC 接受的服务、对完善 FTTC 的建议）。林农合作组织在安吉县比较典型的是股份制合作社，在这些合作社内部并不存在林权的流转，所以和 FTTC 没有关系。还有一类是经营大户，如安吉县绿园木业公司，该企业在安吉经营山林面积 3000 多亩，主要经营的是毛竹林，从农民手中租山，一次性付出租金，这类企业流转都是通过林权交易中心进行交易的，他们对 FTTC 的服务比较满意。

例如，安吉县递铺镇双溪口村独松关自然村将村集体的统管山 785 亩给周先生用于生态旅游开发，周先生每年上交 17500 元给村里。周先生认为，林权交易中心的服务是必需的，通过办理的林权证，他可以利用林权证进行贷款。

对经营大户来说，现在面临的主要问题是遇到风、雪等天灾时，对毛竹的生长影响很大，而林权交易中心未给办理保险，导致大户有顾虑，不敢进行大量的投资。

（3）乡（镇）政府和县林业局（影响和制约 FTTC 的因素和问题，尤其是与现行法律法规相关的；对 FTTC 更好地服务林农的政策建议）。

1）乡（镇）政府对 FTTC 的意见和建议。在乡（镇）一级上，安吉县林业局在乡镇级上设有林业站，林业站内有专门的人（一般是林业站的站长）负责乡级的林权交易中心。事实上，这一级的林权交易中心使用频率很低，虽然在这类乡级交易中心也有电子显示屏，但是一般都不会开，只是等到有人来参观才开。可以想象，对比邻近县城的乡镇，设立林权交易中心是否有必要？林权交易中心是否应该作为一个常设的机构来运作？

2）安吉县林业局对 FTTC 的意见和建议。林业局在县行政服务中心所设立的林权交易中心提供的多项服务都是免费的，没有任何收益，林业税费减免后，林业局的收费项目减少，效益下降较多。

县林业局认为，将林权分散到农户手中的效率很低，如果没有林改，没有分到户，实现规模经营，效果未必会比现在差。农户可以按股份进行合作，同样可以从经营中获利。

另外，在采伐限额方面，由于安吉县多是毛竹林，竹林的采伐限额约束较少，但是用材林采伐指标很紧，当地的采伐指标主要是针对杉木林，分配起来困难较大。

（4）省林业厅（影响和制约 FTTC 的因素和问题，尤其是与现行法律法规相关的；对 FTTC 更好地服务林农的政策建议）。通过对浙江省林业厅政策法规处调研了解到，影响 FTTC 的主要障碍：一是森林评估的资质问题。全国的资产评估师和评估事务所主要是针对非林领域，对林业领域的评估，多数人并不内行。

林业局有林业评估方面的专业人才，但是不具有评估资质，政府机关无法作为一个评估单位进行评估，单位资质没有法律依据。此外，国家规定的评估费用是0.2%~0.3%，而林地本身价值并不高，少量的林地去评估，对老百姓来说，负担太重，应该对林业局的评估资质进行认可。

二是农民失地的问题，对浙江来说，这个问题并不明显，因为浙江是中国经济最发达的地区之一，农民的收入相对较高。与其自己经营效率低，还不如委托别人去经营，可能效益更高。但是，由于国家政策是一刀切的，对农民的林地流转进行了限制，导致有些大户流转了林地后，无法办证，对这些企业和大户的积极性也造成了一定的影响。在这方面，要鼓励把浙江这些发达省份与欠发达省份区别开来，以便更好地促进流转，提高林地经营的效率。

6. 对 FTTC 的 SWOT 分析

（1）FTTC 的优势。FTTC 作为由政府委托下成立的，行使国家权力的机构，完成政府交办的林权登记造册、核发证书、档案管理、流转管理、林地承包争议仲裁、林权纠纷调处等工作，并向社会提供林权信息服务，使林权管理统一、规范、科学、公开。与非国有交易所相比，具有合法性、权威性、低成本、收费低的优势。

1）对 FTTC 的服务对象来说，费用较低，由于 FTTC 作为政府机构，所追求的目标是公众利益最大化，对自身的投资回报考虑比较少，因此收费很低，这也是 FTTC 相对于盈利型组织最重要的区别。

2）FTTC 是国有机构，在执行政府的规定方面比其他机构更为严格，本身的权威性和合法性较高，容易受到林农的信任。

（2）FTTC 的弱势。FTTC 的弱势同样是因为其是政府机构导致的，由于不讲求效率，收费低，工作人员对林权流转表现出的积极性不高，只是按章办事，缺乏主动为林农服务的意识。

在调研中我们还发现，多数林农并不了解林权交易中心，很多人甚至没有听说过，可见，FTTC 的宣传不到位，没有让林农特别是小规模的林农知晓、了解 FTTC 的功能。

（3）FTTC 面临的机遇。FTTC 是在集体林权制度改革深化这一大背景下出现的，随着林业的发展以及林业生产集约化和规模化的要求，越来越多的林地会向高效率、规模化经营的方向转变，FTTC 可以在这一转变中发挥出促进、推动和保障的作用。

同时我们在调研中还发现，上山劳作的林农都是 45 岁以上的，有些人已经

80 多岁了，他们的儿女多数都外出务工，在城市化的进程中找到了相对稳定的非农职业，也就是说再过 20 年，对今天的 90 后的年轻人来说，他们已经不可能上山去经营，到时候山林应该如何处置？必然要走规模化的道路。所以 FTTC 从现在开始到今后的 20 年中，会不断有细碎化的林地通过不同的方式流转掉，因此，从适应这一部分的需求来看，规范流转、管理流转非常有必要且大有可为。

另外，林地流转后规模化经营需要投资，资金从哪里来？FTTC 可以满足这部分需求，为投资林业，需要抵押贷款的林农提供安全、便捷的渠道，发挥出重要的作用。

（4）FTTC 面临的挑战。主要是其处于由于林业领域所造成的。林业特别是第一产业的主要目的是获取生态效益，随着经济的发展，人们越来越重视环境的改善，而林业第一产业的经济效益会越来越淡化。从产业发展的规律来看，一般来说，第一产业收入所占比例越高，当地经济可能越不发达。

由于 FTTC 是从事林业第一产业的交易，随着第一产业在人们收入中所占比例越来越低，可能更多的森林会转为公益林，包括原先分给农户的林地，国家采取提高生态公益林补贴的形式，鼓励农民向其他行业投资，林业第一产业最终会成为环保产业，完全失去经济价值，FTTC 的交易功能可能也会失去市场。

7. 基于政策、法律、财政和制度方面的对于改进 FTTC 运作的建议

（1）加大宣传力度，让更多人了解 FTTC。要想使林权交易中心能为更多的林农服务，首先要使得更多的人了解林权交易中心。其次要宣传林权交易中心的功能，让林农了解机构的作用。

在本次农户调查中，受访的林农基本上都不知道林权交易中心，更不用说去林权交易中心接受服务。因此，建议安吉 FTTC 印制一些宣传册，到村、乡一级进行派发，宣传政策和 FTTC 的服务功能。

除了要让农户了解机构外，还需要向林农积极宣传去 FTTC 交易的好处，以及为什么要办林权证。包括林权流转中的补贴政策都要告知林农，吸引更多的人进场交易，避免场外交易无法规范化，造成林权纠纷。

（2）采用信息化手段，提高 FTTC 的运行效率。采访中发现，林权交易中心的大屏幕虽然设立了，可以从事信息的发布，但是多数人并不会去林权交易中心查看，运作效率较低。为此，建议 FTTC 建立网站，把林权交易中所涉及的信息通过网站发布，一方面林农可以在网站上上传想转出的林地信息，另一方面想要转入林地的人也可以在网站上竞价，这样就减少了去林权交易中心误时误工的麻烦。

另外，通过网站这一便捷的方式，也可以吸引更多的人转入林地，转入方不再局限于本村的农户，可以有更多的人参与进来，以提高林地的价格。为林农争取到更多的实惠。

根据江西遂川等地的做法，在省级层面上，建立林权交易网站，通过各地的投资者来竞价，以提高林地流转的价格，使得林地资源能更好地被利用。如果这类网站由各县林业局去做，可能成本较高，效率更低，如果是由各省来统一建立，效果会比较好。

（3）评估资质的合法化问题。对 FTTC 来说，目前亟须解决的是其评估资质问题，以便于更好地为林农服务。目前 100 万元以下的林权交易乡镇可以勉强进行资产评估，但是如果规模更大的林地，交易会比较困难，是制约 FTTC 的一个重要的因素。因此，从政策角度，将 FTTC 的资产评估资质的合法化是必须要做的一件事。

当然还有一个思路是 FTTC 到底要不要做评估？虽然在实际操作中林农有需求，但是这类工作能不能交给一些特定的机构去完成？对双方可以协商议价的，是不是可以不用评估，这都是在实际运作中需要考虑的问题。

二、安吉县递铺镇林权交易中心（FTTC）的案例研究

1. 递铺镇林权交易中心案例研究的基本背景

（1）项目的研究目的。在我国各级林权交易机构已经基本建立的基础上，展开对县、乡级林权交易中心的评价与比较研究非常必要。通过本次研究，拟达到以下三个目的：一是通过对县乡级林权交易中心现状的描述，以了解林权交易中心的工作人员安排、服务范围、运作方式；二是通过对县乡级林权交易中心的相关利益者进行访谈，对林权交易中心的工作人员、服务对象、林业局、乡镇进行多方了解，以及对林权或流转形式与运作程序进行研究，发现不同相关利益者对林权交易中心的看法；三是在上述研究基础上，对林权交易中心的运行提出意见与建议，以改进林权交易中心的工作效率，更好地促进集体林权流转。

（2）项目的研究方法。主要遵循社会研究的基本方法，定性研究与定量研究相结合，实地调查、访谈与二手资料的分析相结合。具体来说，研究方法有：

1）问卷调查法。通过向林权交易中心所在地的林农发放调查问卷，进行抽样调查，了解农户的基本信息，对林地经营的态度、林权流转的形式，对林权交易中心的看法以及改进林权流转的意见和建议；通过农户调查得到第一手资料进行分析，以研究当地林权流转和林权管理机构的发展现状。

2）文献研究法。通过对二手资料和以往文献中相关研究的分析、总结，得出有价值的意见和建议。二手资料包括从乡镇林业站、乡级林权交易中心、林业局和县行政服务中心获取相关资料。相对于县、省级林业部门的调研，乡镇级的二手资料较少，主要是针对一手资料进行分析。

3）PRA方法。参与式农村评估法在本项目研究中得到了应用。本次调查深入基层，与农户、乡镇工作人员、经营大户、企业进行访谈，广泛地听取相关利益者的意见，多听、少说，不用自己的观点诱导相关利益者；鼓励他们表达、交流，分析他们对林权交易中心的意见与建议。

（3）案例调研对象和地点的选择。该选择决定本次研究的真实性和代表性。在本次调研中，选取了浙江安吉县递铺镇，属于乡镇级的林权交易中心。递铺镇紧靠安吉县城，是浙江省安吉县经济开发区所在地，是安吉县最大的乡镇。以下是案例点的基本情况：

1）地理位置。递铺镇地处安吉县县城西部，境内“七山一水二分田”，是安吉县重点林区和经济发展较快的地区。

2）基本情况。2009年初，新整合的开发区（递铺镇）行政区域面积375平方公里，辖42个行政村（社区），1个居民社区；766个村民小组，农户29717户，农业人口94456人，耕地面积8.3万亩，林地36.8万亩。

3）经济发展。递铺镇财政收入2009年达到8亿元，收入主要来源于加工企业，由于安吉是著名的“中国竹乡”、“中国椅业之乡”，该镇的竹制品和转椅生产产量大。

2. 递铺镇及其FTTC的基本情况

（1）递铺镇林业概况。

1）林业基本情况。递铺镇总面积50万亩，山林36.8万亩，其中毛竹11万亩，小竹（杂竹）5万亩，重点生态公益林6.3万亩（省级和省级以上）。

由于该镇紧靠县城，经济发达，镇政府重视林业在区域经济中的重要作用，每年向林业投放的财政补贴达180万元，2010年投放200万元。

2）林地流转情况。到2009年，全镇共流转土地面积1.79万亩，其中规模流转1.26万亩，新组建垅坝村土地股份合作社1个，涉及8个村4356户农户。林地流转面积5715亩，涉及6个村，95户和单位规模在200亩以上。

（2）递铺镇林权交易中心的设立和发展历程。

1）递铺镇林权交易中心的设立。为加强土地、林地流转工作，开发区（递铺镇）党委政府高度重视，将土地流转纳入“三农服务体系”，专门建立了土地、林地流转工作领导小组，由分管副书记任组长，农业、林业、综合治理、国土等单位负责人为成员，下设开发区（递铺镇）土地、林地流转服务中心，配备了3名专职工作人员，具体负责土地、林地流转有关政策咨询、指导、合同鉴证、纠纷调处等业务工作。在镇政府所在地楼下特色街专门租赁了40平方米的门面房作为流转服务中心的办公场所，投入20万元配备了大屏幕电子显示屏、电脑、电话、复印机、档案橱、办公桌椅等硬件配套设施；2009年中心正式投入运营。

2）林权交易中心的发展历程。自2009年中心成立以来，已发生5笔流转行为，共流转林地3629亩。该镇林权交易中心的林地流转工作主要由镇农村发展局负责。

（3）中心工作人员和组织机构。递铺镇林权交易中心根据机构服务内容的需要，设立了3个工作编制，但是从现有运作来看，林地流转主要由镇林业站（农村发展局）的3位工作人员承担。

林权交易中心的办公地点在镇政府楼下，一般来说，如果有人需要办理林地流转业务，会提前与镇政府工作人员预约，平时没有事情的时候镇政府的几位局长轮流值班。

（4）所获各种支持。递铺镇林权交易中心作为从事土地、林地流转有关政策咨询、指导、合同鉴证、纠纷调处等业务的专门机构，林权交易中心的工作费用支出由递铺镇政府承担。

为鼓励林农进行林权流转，镇政府下发了《开发区（递铺镇）2009年土地、林地流转工作实施方案》，制定了《土地、林地流转服务中心工作职责》、《土地、林地流转中心工作流程》和《林权变更流程》等规章制度。支持、鼓励农民土地、林地流转，对当年新增200亩以上、流转期限10年以上，签订规范流转合同，经县验收合格后，县财政对流出户一次性补助35元/亩，村级一次性补助15元/亩，镇财政给予配套扶持资金10元/亩。这种政策会吸引更多的农户进入林权交易中心进行交易，对林权交易中心的工作也可以起到促进作用。

3. 调研点林权交易或流转的形式和运作程序

（1）调研市现存林权交易或流转形式。递铺镇的林权交易从20世纪80年代的“三定”以后就开始了，到2009年，林地总共流转面积5715亩，涉及6个村，95户，单位规模在200亩以上。占林地总面积的1.5%。2009年在林权交易中心登记发生的林权流转5笔，流转面积达3629.98亩。

早在20世纪90年代中期，山林流转的形式就有多种，当时，林业局根据山林不同的经营状况推行“联产转让”、“联户招租”和“反租倒包”等形式进行经营权的转让，90年代末，森林、林木、林地流转速度明显加快，流转的形式多种多样，有承包、租赁、拍卖、转让等。

根据《安吉县人民政府关于加快农村土地承包经营权流转的实施意见（安政发〔2009〕25号）》的精神，提出应引导和鼓励农民采取转包、出租、互换、转让、托管、股份合作等形式流转土地承包经营权。鼓励农民把土地承包经营权以入股形式建立土地股份合作社，实行股份合作经营或统一对外租赁经营。鼓励农民将土地承包经营权剩余年限的预期收益折价出资，投资农林企业，通过股权分红获得土地长期收益。鼓励各类农林服务组织和专业大户，开展托管合作、代耕代种等多形式流转，提高农林社会化服务水平，促进土地承包经营权流转。鼓励农林经营主体通过土地承包经营权流转，创办园区或产业基地，形成“公司+基地+农户”的模式，在农民与农林企业之间建立起利益共享、风险共担的利益联结机制。

（2）调研市林权交易或流转的程序。安吉县在规范林权交易或流转的程序方面建立相对有效的工作机制和工作规程，健全各项规章制度。其流转程序如下：

1）加强对受让方资信、经营能力和流转合同的审查，以及对流转前土地权属情况的调查和确认，做到“要流转，先确权”，确保流转主体和行为的合法性。

2）全面推行流转合同管理制度，统一使用规范化的格式合同，保护依法形成的流转关系，逐步规范已经发生的流转行为。土地承包经营权流转当事人应当凭合法有效的凭证，签订书面流转合同。流转期限严格控制在剩余承包期限内。土地承包经营权流转的相关事宜由双方协商确定，条款应当对合同终止后就土地恢复原状双方的责任做必要的规定。

3）集体统一经营的土地流转必须提前向村民公示，经本集体经营组织2/3以上成员或者2/3以上村民代表同意后进行。集体土地流转采用转包（出租、转让）等方式的，应当通过公开招标和拍卖的方式确定。

（3）FTTC在整个林权交易中的重要作用。2006年林权证下发后，面对社会上频繁出现的林权流转行为，应该由谁来承担在林权交易规范和管理的重要角色呢？FTTC被提上了议事日程。FTTC的成立是集体林权制度改革明晰产权后进行相应配套改革的重点，是进一步深化改革、规范流转所必需的政府服务机构，完成政府交办的林权登记造册、核发证书、档案管理、流转管理、林地承包争议仲裁、林权纠纷调处等工作，并向社会提供林权信息服务，使林权管理统一、规范、科学、公开。

特别是国有林和集体林的流转，为了达到交易过程中公开、公平、公正，防止交易中低价转让导致国有和集体利益的损失，FTTC 提供了一个公开的交易流程，为规范交易提供了必要的保证。

为了更好地向林农提供便捷的服务，在县级林权交易中心建立的基础上，安吉县开始组建乡、村级服务中心，递铺镇的林权交易中心就是在这样的背景下建立的。除了乡级服务中心以外，在村一级也成立相应的土地、林地流转服务站，每一个村民小组确定 1 名兼职土地、林地流转信息员，全镇共建立了村级土地、林地流转服务站 25 个，土地、林地流转信息员 475 人，负责掌握本村土地、林地承包经营业主，规范合同文本和协调土地、林地流转双方当事人关系，宣传土地、林地流转有关政策。通过土地、林地咨询服务，建立镇、村土地、林地流转信息栏，收集和发布上报土地、林地流转信息，建立镇、村土地、林地流转信息网络，寻找种植大户，企业对接互动，形成县、镇、村三级土地、林地流转服务平台，构建起三农服务体系工程的大服务网络。

（4）各种林权交易或流转方式的优缺点。林地流转形式的选择要因地制宜，充分考虑当地的自然、社会和经济发展情况，流转的形式、流转的规模、流转的进度等要与当地实际紧密结合起来，决不能搞行政命令，决不能脱离实际。安吉县各种林权交易形式都有，包括股份合作、转让、出租、互换、托管等。

1）股份合作。农户以所拥有的林权入股，由村集体统一经营，按股份多少和对合作过程的贡献大小进行分红。和安吉县不同，递铺镇还没有组建林业股份合作社。但是镇政府对新组建的林权股份合作社，林权入股面积集中连片 500 亩以上，经县验收后，县财政给予股份合作社一次性奖励 5 万元。每增加 100 亩，增加奖励 5000 元。镇财政再一次性给予合作社奖励 3 万元，每增加 100 亩，增加奖励 3000 元。农业土地的股份合作在该镇已经出现，如 2009 年 4 月兰田村引进浙江中正现代农业开发有限公司。

这种做法的优点：一是建立林业合作经济组织，以实现“林权分散，经营集中”的目标，有利于发挥林地的规模效益，提高林地的产出。二是防止林农失地。农民在入股过程中，每年可以得到稳定的收入，并且参与股份合作社劳作，也可以获得一部分工资收入。这种做法的缺点是股份合作社并不是真正的公司制经营，合作社的领导一般都是村委会成员，在合作社经营中付出与所得到的回报不能对等，长期经营的激励机制没有建立起来。

2）转让。这是一种最彻底的流转方式。通过转让，转让方丧失部分或者全部林地承包经营权，受让方取得部分或者全部林地承包经营权，转让方与发包方的承包合同关系因此部分或全部终止，由受让方与发包方确立新的合同关系。

这种做法的优点是农民可以将林地一次性转让出去，但是由于可能存在转入方对林地的投机，导致林农最终失地、失山。

3）互换。这是按适地适树的要求，以及农民自身的偏好，农户与本村的其他农户交换林地的使用权，经双方协商，进行口头或书面的约定，根据协商的价格，进行林权交换。这类交换常在经济林的经营中出现。在递铺镇南北庄村有户村民通过与他人互换林地，用来种植白茶，但是由于白茶对植被的保护不如用材林，安吉县政府新近出台政策，不允许开荒种白茶或把用材林转为白茶，所以要想扩大白茶的种植面积，必须要流转其他人的白茶地。

这种做法的优点是根据适地适树的要求，按照利润最大化的原则，农户会选择经济价值较高，距离较近，立地条件比较好的树种进行经营，而在最初的分配中，林地的细碎化导致规模效益实现比较困难，因此，在实际的经营中，互换就不可避免。

4）托管。这是指由于各种原因，农户无法自己直接从事林地的经营，而将林地的经营权交给本村的农民或者亲戚、朋友进行经营，被托管方可以享受林地的产出，但是要支付一定的费用给托管方，如竹林地，每年支付1500元/年·亩左右。

这种做法的优点是托管方将林地托付给别人经营，腾出时间和劳动力可以投到其他领域，如外出打工、办厂等。对一些年老体弱的农户，也不失为一种明智的选择。且每年林地可以产生固定的收入，免去了后顾之忧。

4. FTTC 运作现状分析

（1）FTTC 林权交易的运作程序和管理体制。

1）FTTC 林权交易办事流程。

①林权权利人（双方）的林权流转和变更登记申请。

②原林权所有人（单位）签署意见箱。

③乡（镇）林业工作站初审。

④乡（镇）人民政府审核。

⑤县林权管理中心审核。

⑥核发林权证。

⑦材料归档。

2）为规范管理需申请人提供的材料。

①林权流转申请表。

②林权变更登记申请表。

③转让人和受让人身份证明；法人或其他组织的资格证明；法人或者负责人的身份证明；法定代表人或者委托代表人身份证明和载明委托事项和权限的委托书。

④双方签订的林权流转合同、流转内容清册。

⑤所需变更登记的林权证。

⑥集体统一经营的森林、林木和林地的林权变更附本集体经济组织 2/3 以上成员或 2/3 以上村民代表同意意见书。

⑦无权属争议证明。

⑧按规定需要进行评估的，提供森林资产评估报告。

（2）FTTC 林权交易情况及其提供的其他服务项目。

1）FTTC 林权交易情况。根据 2009 年林权交易中心的备案情况，从中可以看出，2009 年林权流转共 5 笔，流转面积 3629.98 亩（见表 5－4）。

表 5－4　2009 年递铺镇林地流转项目汇总

序号	所属乡镇	所属村	山林地点	连片流转面积（亩）	涉及户数
1	递铺镇	双溪口村	高拔塘、城长坞	785	1
2	递铺镇	双溪口村	肖坑外组	219.98	28
3	递铺镇	垅坝村	潘前组等 6 组	1800	1
4	递铺镇	南北庄村	大兰泥	230	1
5	递铺镇	横塘村	黄泥坞、紫干坞、下平路、梨头尖	595	1
合计				3629.98	32

资料来源：安吉县递铺镇土地、林地流转服务中心。

除在 FTTC 交易外，存在着大量的场外交易。据课题组在递铺镇双溪口村、南北庄村、兰田村等地对农户的调查发现，私下流转情况占 90% 以上。在当年所有的流转中，只有 1 笔流转是经过林权交易中心，其余都是私下交易，都没有到交易中心进行林权变更。

2）FTTC 提供的其他服务项目。除林权交易外，递铺镇土地、林地流转中心没有承担其他的服务项目。原有的行政项目在镇政府农村发展局（林业站）进行。

（3）FTTC 的成本收益分析。

1）FTTC 的成本构成主要有三部分：一是办公成本；二是水、电、房租等费用；三是人工工资。

2）FTTC 的收益。FTTC 与林权流转有关的服务项目都是不收费用的甚至连工本费也不收取，对递铺镇来说，FTTC 没有收益。

（4）FTTC 内的林权交易较之其他交易方式的优缺点。

1）FTTC 内的林权交易较之其他交易方式的优点。现有林权交易中心运行的结果表明，中心在为规范林木林地资源流转方面做了大量的工作，也取得了初步成效。在林权交易中心进行交易具有重要的优势，与场外交易相比，表现在：

①交易更公开、透明，特别是集体所有的林地和林木，经过招标、拍卖、挂牌等程序，避免了暗箱操作。

②经过信息发布环节，可以吸引更多的买家来竞价，可以提高林权交易的价值。

③经过林权变更、登记，林农可以获得林权证，为后续的抵押贷款提供条件。同时获得林权证后，比口头协议或书面协议更具有法律约束力。

④林木和林地资源经正规机构的评估，确定的交易价格更加合理。

⑤经过正式变更登记，符合条件的，可以领取相应的流转补贴。

2）FTTC 内的林权交易较之其他交易方式的缺点。但是由于 FTTC 在建设中还存在不少问题，如评估资质的问题、收费问题等，导致与场外交易相比，存在以下缺点：

①林权变更登记需要提供的材料较多，对于林地规模较小的农户来说，如果只是流转几亩地，为办理手续而误工，是不合算的。另外，通过在村里，由村集体证明签订简单的流转协议，也具有法律效力，手续办理相对来说比较简单。但是随着乡、村级林权交易中心的设立，林权交易相对来说手续可能会更加便捷。

②对于大宗的林权交易来说，由于评估资质的问题，无法进行评估。但是从调查情况来看，民间的各类交易都是通过交易双方协调确定价格，没有通过评估中心的评估，因此，对评估的需求其实并不强。

5. 不同利益相关者对 FTTC 的立场和看法

（1）FTTC 的工作人员（面临的问题、限制 FTTC 的因素、FTTC 未来的发展趋势）。在调研中，接待我们的是递铺镇林业站的陈站长，他向我们介绍了递铺镇林业的基本概况。土地、林地流转服务中心主要是由兼职人员来承担，林业站有 3 个编制，但是人员流动较大，2009 年有一人下海经商，调来一位女同志，

2010 年休产假，真正工作的只有他和另一位工作人员，除林权交易外，他们还承担了林业行政审批工作，所以人手较少。

中心另一位工作人员告诉我们，楼下的流转服务中心平时只有一人值班，大屏幕平时也不开，有人来参观时才开。如果有人来办流转手续，就打电话预约。

安吉县的林权交易中心的评估是由“杭州信林资产评估事务所安吉办事处”来承担的，流转服务中心并没有评估资质。至于 FTTC 的未来发展趋势则取决于项目县的林权流转的现状，该县大范围的林权流转前几年已经基本完成，目前的流转并不多，所以与其他省份可能略有不同，应该以一种常态管理的形式来进行，未来的发展趋势基本还会维持现状。

（2）FTTC 的受益人——林农合作组织、小规模林农、与林业相关的加工企业（对 FTTC 的认知、从 FTTC 接受的服务、对完善 FTTC 的建议）。林农合作组织在安吉县比较典型的是股份制合作社，在这些合作社内部并不存在林权的流转，所以和 FTTC 没有关系。

还有一类是经营大户，如安吉县递铺镇双溪口村独松关自然村将村集体的统管山（生态公益林）785 亩给周国明用于生态旅游开发，树种有松树（770 亩）和毛竹（15 亩），流转期限从 2009 年到 2049 年共 40 年。因为当地景色优美，村里有凤凰水库，有山有水，做旅游开发非常适宜。周国明每年上交 17500 元给村里，这部分生态公益林的补偿款仍归村里所有，周先生认为，林权交易中心的服务是必需的，通过办理林权证，他的经营使用权就明确下来了。

对经营大户来说，面临的主要问题是遇到风、雪等天灾时，对毛竹的生长影响很大，而林权交易中心未给予办理保险，导致大户有顾虑，不敢进行大量的投资。从调查情况来看，农户对森林保险的概念都比较模糊，有些大户（100 亩林地以上）参加了两种保险，但是对小规模经营者（只有十几亩或几亩林地）来说，他们不知道此事，但据村里说，火灾险是由县财政和乡里统一办理，农户没有交钱，所以不清楚。但是综合险都没有参加，最好 FTTC 能提供更多的保险服务。

（3）乡（镇）政府和县林业局（影响和制约 FTTC 的因素和问题，尤其是与现行法律法规相关的；对 FTTC 更好地服务林农的政策建议）。

1）乡（镇）政府对 FTTC 的意见和建议。在乡（镇）这一级，安吉县林业局设有林业站，林业站内有一人专门（一般是林业站的站长）负责乡级的林权交易中心，事实上，这一级的林权交易中心使用频率很低，虽然在这类乡级交易中心也有电子显示屏，但是一般都不开，只是等到有人来参观时才开。可以想象，对比较邻近县城的乡镇，设立林权交易中心是否有必要？林权交易中心是否应该作为一个常设的机构来运作？

2）村集体对 FTTC 的看法。双溪口村一位村委员认为：FTTC 很有必要，通过 FTTC 流转的大多是集体的山林，这部分山林村里经营不好，负担很重，还要倒贴钱。通过 FTTC 用招、拍、挂的方式把山包出去，责任到人，减轻了村里的负担，提高了林地的效率。这种观点在浙江的很多村集体中很普遍。

（4）省林业厅（影响和制约 FTTC 的因素和问题，尤其是与现行法律法规相关的；对 FTTC 更好地服务林农的政策建议）。通过对浙江省林业厅政策法规处调研了解到，影响 FTTC 的主要障碍是森林评估的资质问题，全国的资产评估师较少且主要是针对非林领域，对林业领域的评估多数人并不内行。林业局有林业评估方面的专业人才，但是不具有评估资质，政府机关无法作为一个评估单位进行评估，单位资质没有法律依据。此外，国家规定的评估费用是 0.2% ~0.3%，而林地本身价值并不高，少量的林地去评估，对老百姓来说负担太重，因此应该尽快对林业局的评估资质进行认可。

对浙江来说，农民失地问题并不明显，因为浙江是中国经济最发达的地区之一，农民的收入相对来说较高。与其自己经营效率低下，还不如委托别人去经营，可能效益还要更高。但是，由于国家政策是一刀切的，对农民的林地流转进行了限制，导致有些大户流转了林地后，无法办证，对这些企业和大户的积极性就造成了一定的影响。在这方面，要鼓励浙江这些发达省份与欠发达省份区别开来，以便更好促进流转，提高林地经营的效率。

6. 对 FTTC 的 SWOT 分析

（1）FTTC 的优势。FTTC 作为由政府委托下成立的、行使国家权力的机构，完成政府交办的林权登记造册、核发证书、档案管理、流转管理等工作，并向社会提供林权信息服务，使林权管理统一、规范、科学、公开。与非国有交易所相比，具有合法性、权威性、低成本、收费低的优势。

1）对 FTTC 的服务对象来说，费用较低，由于 FTTC 作为政府机构，所追求的目标是公众利益，对自身的投资回报考虑比较少，因此收费很低，这也是 FTTC 相对于营利型组织的最重要区别。

2）FTTC 是国有机构，在执行政府的规定方面比其他机构更为严格，本身的权威性和合法性比较高，容易受到林农的信任。

（2）FTTC 的弱势。FTTC 的弱势同样是因为其是政府机构导致的，由于不讲求效率，收费低，工作人员对林权流转表现出的积极性不高，只是按章办事，缺乏主动为林农服务的意识。

在调研中我们还发现，多数林农并不了解林权交易中心，很多人甚至没有听说过，可见，对 FTTC 的宣传不够，没有让林农特别是小规模的林农知晓、了解 FTTC 的功能。

此外，投资建设一个 FTTC 的费用较高，递铺镇花了 20 万元，真正的使用效率却不高，这也是建设 FTTC 时要考虑的问题。

（3）FTTC 面临的机遇。FTTC 是在集体林权制度改革深化这一大背景下出现的，随着林业的发展，林业生产的集约化和规模化的要求，越来越多的林地可能会走规模化、高效率的道路，林地流转业务会一直存在。

同时我们在调研中还发现，上山劳作的林农都是 45 岁以上的，有些人已经 80 多岁了，他们的儿女多数都外出务工，在城市化的进程中找到了相对稳定的非农职业，也就是说再过 20 年，对今天的 90 后的年轻人来说，他们已经不可能上山去经营，到时候山林应该如何处置？必然要走规模化的道路。所以 FTTC 从现在开始到今后的 20 年中，会不断有细碎化的林地以各种形式流转，因此，从适应这一部分的需求来看，规范流转、管理流转非常有必要且大有可为。

（4）FTTC 面临的挑战。从短期看，是如何能吸引农户到交易中心来进行交易？增加 FTTC 的交易量。

从长期来看，是由于处于林业领域，林业特别第一产业的主要目的是获取生态效益，这种以林业第一产业的经济效益为主的经营思路会随着经济的发展而转变，将来人们越来越重视环境的改善，而林业第一产业的经济效益则会越来越淡化。从产业发展的规律来看，一般来说，第一产业收入所占比例越高，当地经济可能越不发达。由于 FTTC 是从事林业第一产业的交易，随着第一产业在人们收入中所占比例越来越低，可能更多的森林会转为公益林。包括原先分给农户的林地，国家采取提高生态公益林补贴的形式，鼓励农民向其他行业投资，林业第一产业最终可能会成为环保产业，完全失去经济价值。从更长的时期来看，FTTC 的交易功能可能也会失去市场。

7. 基于政策、法律、财政和制度方面的对于改进 FTTC 运作的建议

（1）加大宣传力度，让更多人了解 FTTC。要想使林权交易中心能为更多的林农服务，首先要让更多的人了解林权交易中心。其次要宣传林权交易中心的功能，向林农解释机构的作用。

在本次农户调查中，受访的林农基本上都不知道林权交易中心，更不用说去林权交易中心去接受服务。主要原因是村一级的林权交易中心才刚设立，很多村

都还没有挂牌，所以村里的领导知道，但是老百姓不了解。因此，建议要加大对FTTC 的宣传力度。

除要让农户了解机构外，还需要向林农积极宣传在 FTTC 交易的优势，以及为什么要办理林权证，包括林权流转中的补贴政策都要告知林农，吸引更多的人进场交易，避免场外交易无法规范化，造成林权纠纷。

（2）采用信息化手段，提高 FTTC 的运行效率。林权交易中心的大屏幕虽然设立了，可以从事信息的发布，但是多数人并不会去林权交易中心查看，运作效率较低。为此，建议 FTTC 建立一个网站或者手机 App，把林权交易中所涉及信息通过网络进行发布，一方面林农可以通过网站或手机上传想转出的林地的信息，另一方面想要转入林地的人也可以在网站或手机上进行竞价，这样也就减少了去林权交易中心误时、误工的麻烦，降低交易成本。

另外，通过网站这一便捷的方式，也可以吸引更多的人转入林地，转入方也不再局限于本村的农户，可以有更多的人参与进来，以提高林地的价格，为林农争取到更多的实惠。

根据江西遂川等地的做法，在省级层面上，建立林权交易网站，通过各地的投资者来竞价，以提高林地流转的价格，使得林地资源能更好地被利用。如果这类网站由各县林业局去做，可能成本较高，效率更低，如果是由各省或者跨区域的组织来统一建立，效果会比较好。

（3）林权流转中资产评估问题。对 FTTC 来说，亟须解决的是评估资质问题，以便于更好地为林农服务。100 万元以下的林权交易乡镇可以勉强进行资产评估，但是如果是规模更大的林地，必须由专业机构进行评估，评估资质是制约林权流转的一个重要因素。因此，从政策角度，对 FTTC 的资产评估资质的合法化是必须要做的一件事。当然还有一个思路是 FTTC 可以将评估的事务交由社会化服务体系去完成，而不是由 FTTC 直接去做。

第六章　中国林权场内交易数据分析

——以南方林权所的 4755 笔交易数据为例

第一节　南方林业产权交易所交易数据分析

一、选择南方林业产权交易所交易数据来分析场内市场的依据

在本书第五章的林权交易机构分析与比较中，可以发现南方林业产权交易所覆盖面最广，无论是交易数量还是金额都居国内各林权交易市场之首，其场内交易数据具有代表性。因此，本章选取南方林业产权交易市场官方网站（http：//www. smforestry. com/index. htm）所发布的 2007～2017 年成功交易的 4755 笔林权交易数据进行分析，希望通过定量的分析，描述林权交易场内市场的发展现状以及存在的问题。

南方林权所交易成功的数据库中字段包括项目编号、项目名称、项目类型、权属性质、挂牌方式、活动地址、标的物地域、转让方式、交易时间、挂牌日期、交易主场、同意协议转让、竞价模式、报价幅度、竞价方式、转让价格、标的物名称、标的物类型、评估价、流转期限、林权证有效期、林权分类、树种结构、面积、树龄、数量、林种、蓄积量、成交价等信息。

南方林业产权交易所成功交易的数据除林权交易外，还包括少量股权、项目工程和知识产权交易共计 33 笔不同业务类型的交易。本书只分析项目类型为林权的交易数据，共计 4755 笔，其他交易类型已剔除。

二、场内交易数量与金额分析

南方林业产权交易所自 2007 年有交易记录以来，截至 2017 年共发生了 4755 笔林权交易。从各年份交易数量和交易金额可以看出，2010 年之前南方林业产

权交易所内交易数量较少（见图6-1）。自2010年开始，场内交易数量大幅上升，2011年交易数量为2010年交易数量的2倍，到2012年达到了自2007年建立交易所以来交易数量的顶峰。2007～2010年交易数量为871笔，2012～2016年交易数量3072笔，接近2007～2010年交易总数量的4倍。2007～2016年南方林业产权交易所累计交易金额55.59亿元。林权交易金额折线图与交易数量的折线图趋势相似，交易金额随交易数量的变化而变化。2009～2012年成交数量因相关政策及交易所建设的日渐成熟而逐年上升，相应的成交金额逐年增加，特别是2010～2011年成交金额大增，至2012年达到顶峰。2012年以后随着成交数量的下降，成交金额也呈缓慢的下降趋势，且交易金额比交易数量的下降幅度要快。

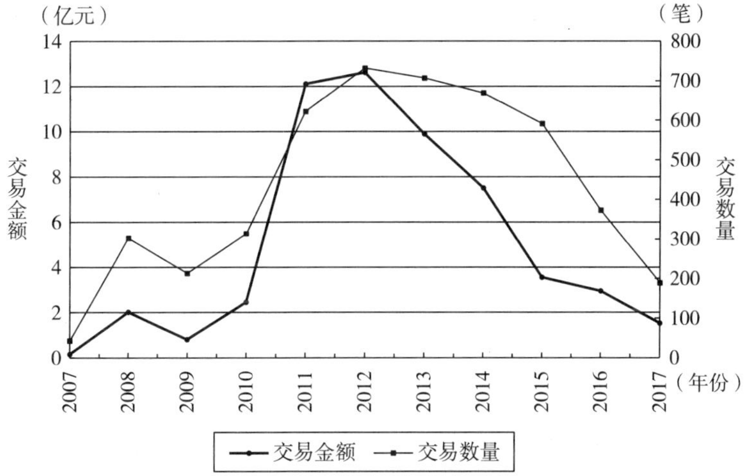

图6-1　各年林业产权交易所交易数量和金额

交易量自2007～2012年逐年增加的原因可能是由于：一是2008年中共中央、国务院颁布的《关于全面推进集体林权制度改革的意见》中提出“规范林权流转，推动林业生产要素合理流动和优化配置，建立林业产权交易制度”，促进了林权交易的发展；二是林业资源产权交易平台的建设逐渐趋向成熟。

交易量在2012年达到顶峰后呈现下降趋势，趋势较平稳。自2012年以来南方林业产权交易所的交易总量为何逐年下降值得深思。经文献梳理发现，可能的原因可以归结为以下三个方面：①包括林农在内的各交易主体随着林权进一步明晰逐渐认识到拥有森林资源的重要性，因而更愿意继续持有林权，而非将其交易出去；并且相当一部分林农仍倾向于选择私下交易，加上来自其他林权交易形式的竞争，也导致了场内交易量出现下降现象（魏远竹等，2011）。②退耕还林也可能会影响林权交易的发生。截至 2014 年，全国累计完成退耕还林草工程任务 1671 万公顷。国家宏观要求退耕还林应以营造生态林为主，生态公益林参与交易极少。数据显示，在南方林业产权交易所 2007 ~ 2016 年所有 4755 笔交易中，只有 1 笔生态公益林参与林权交易。③林权流转的频率低。例如，村集体不会频繁流转林权，转出林权期限一般在 30 ~ 50 年。一次转出后很少出现再次流转林地的情况，因此会带来场内交易数的下降（谢煜等，2013）。

三、场内权属性质分析

林业产权交易权属性质分为国有、集体、私有、股份制、联营和其他类权属性质，比例各有不同（见表 6 -1）。国有和集体性质的森林资源是交易的重要对象，共有 3993 宗，占交易总数的 83. 99%。自 2008 年起，随着中共中央、国务院颁布了《关于全面推进集体林权制度改革的意见》后，林权经营模式放活，2010 年出现了私有、股份制、联营和其他权属性质的交易方式。私有性质的森林资源自出现就占有较大比例，2012 年开始私有制森林资源的交易数量逐年递减。股份制和联营比例较小，虽未形成规模，也反映了林权经营模式放活，林业权属构成更加多样化。

表 6 -1　各年林业产权交易所内交易权属性质构成　　单位：笔，%

年份	国有	集体	私有	股份制	联营	其他
2007	0	43	0	0	0	0
2008	0	302	0	0	0	0
2009	0	213	0	0	0	0
2010	180	123	4	4	1	1
2011	327	162	125	1	1	6
2012	358	170	193	0	3	8
2013	352	173	179	0	2	1
2014	266	266	137	0	0	0
2015	262	251	75	0	3	0

续表

年份	国有	集体	私有	股份制	联营	其他
2016	253	110	6	0	4	0
2017	140	42	1	0	5	1
合计	2138	1855	720	5	19	17
占比	44.97	39.02	15.15	0.11	0.40	0.36

私有权属性质的小规模林农是林业生产要素的重要组成部分，私有森林资源交易总体比例较少，且从2012年开始逐年减少。通过对私有林权交易进一步分析发现，6.6公顷以下的小规模林农比例为21%，说明小规模林农较少选择场内交易。林业产权交易市场的一个重要作用就是吸引小规模的林农进场交易，减少私下交易带来的纠纷等问题。而现状是小规模林农更愿意选择私下交易，主要原因在于林农对于林权交易市场的认知度不高，在对浙江临安等县2012～2013年进行的400户小规模林农调研中发现，发生林权流转但未参与场内交易的林农占比达76.41%，其中未参与场内交易的小规模林农中有51.85%的林农不知道有林权交易中心的存在（谢煜等，2016）。另外场内交易费用较高，林农只有具备一定规模的交易数量才能有效降低交易成本也是原因之一（乔永平等，2013）。小规模林农选择场外交易在一定程度上制约了林业产权交易市场的运行效率，违背了政府建立交易平台的目的。

四、场内交易方式分析

森林资源产权场内交易方式由拍卖、招标、协议、竞价、定向议价组成，比例各有不同（见表6-2）。其中拍卖方式数量达到2202笔，占比接近总量一半，是最主要的交易方式。招标转让和协议转让数量相差不大。自2007年有交易以来场内交易就以拍卖转让为主，且拍卖数量总体呈上升趋势，2012年达到最高数量412笔。随着交易方式多样化的发展，陆续出现了招标、协议、竞价转让等方式，拍卖转让的数量也在逐年递减。2013年交易方式出现较大的转折，随着竞价转让和定向议价转让的出现，拍卖、招标、协议转让较前几年相比减少。竞价转让和定向议价转让自开始出现就占有同年交易总量的较大比重，2014年竞价转让已经突破传统的拍卖方式成为主要交易方式，显示了转让方式更加多样化。竞价作为一种公开透明的交易方式，市场化程序高，自2012年开始有较多的林权交易采取了这一交易方式。竞价和定向议价的出现也显示了交易方式更加趋向于灵活和多样化，进一步促进了森林资源的优化配置，体现了林业产权市场的真正意义。

表6-2 各年林业产权交易所内交易方式构成 单位：笔，%

年份	拍卖	招标	协议	竞价	定向议价
2007	43	0	0	0	0
2008	302	0	0	0	0
2009	213	0	0	0	0
2010	312	0	1	0	0
2011	390	68	164	0	0
2012	412	110	210	0	1
2013	197	96	148	188	78
2014	118	82	97	270	102
2015	104	113	53	246	74
2016	82	72	27	188	4
2017	29	57	15	85	1
合计	2202	598	715	977	260
占比	46.34	12.58	15.05	20.56	5.47

由表6-3可知，林业产权的权属性质不同，它们之间的交易方式也不同，国有森林资源产权和集体森林资源产权的主要交易方式为拍卖，占比分别达到53.4%和57.8%。在出现新的交易方式后，国有森林资源产权和集体森林资源产权的主要交易方式转变为竞价转让，分别为23.6%和22.5%。联营制和股份制等森林资源产权交易多采用协议转让的交易方式。在定向议价出现之后，主要交易方式变为定向议价。这主要是由于《江西省森林资源转让条例》第12条规定要求，国有森林资源的转让应采用拍卖和招标的方式，其他权属森林资源转让可以采用其他方式进行①。

① 引自江西省人大常委会《江西省森林资源转让条例》，http://law.npc.gov.cn/FLFG/flfgByID.action?txtid=65&flfgID=155206&showDetailType=QW。

表6-3 权属性质与交易方式的交叉对比

交易方式	成交数（笔）						占比（%）					
	国有	集体	私有	股份制	联营	其他	国有	集体	私有	股份制	联营	其他
拍卖	1067	1048	46	5	5	4	53.4	57.8	6.4	100.0	35.7	25.0
招标	442	92	1	0	1	4	22.1	5.1	0.1	0.0	7.1	25.0
协议	17	265	408	0	1	8	0.9	14.6	56.7	0.0	7.1	50.0
竞价	471	408	6	0	7	0	23.6	22.5	0.8	0.0	50.0	0.0
定向议价	0	1	258	0	0	0	0.0	0.10	35.9	0.0	0.0	0.0
合计	1997	1814	719	5	14	16	100.0	100.0	100.0	100.0	100.0	100.0

五、场内林权类型分析

一般来说，林权流转类型由林地使用权、林木使用权和林木所有权构成（赵伟等，2009）。林地所有权属国家和集体所有，不在论述范围，本书仅将林地使用权定义为个体对集体或国家所有的林地资源依法享有的占有、收益、使用和一定的处分权；林木所有权是指林木所有者对所有的林木依法享有的占有、收益、使用和处置权（孔凡斌等，2008）。林木所有权的交易一般会包含有林木使用权的交易，因此重点分析场内交易中的林地使用权和林木所有权。按交易林权分林木所有权、林地使用权、林地使用权+林木所有权3种类型来分析。由于2007年部分交易数据没有记录，2008~2009年交易的林权类型只有林木使用权，林地使用权和林木所有权未参与交易，不在讨论范围。由2010~2016年3种林权类型的交易数量（见表6-4）可以看出，林木所有权的交易数量远超林地使用权，交易主体主要是林木所有权。林地使用权的交易在2013年达到顶峰后开始缓慢下降，林木所有权在2012年达到顶峰后开始下降，在2016年均创最低交易量。而同时两种林权类型的最大交易量发生在2014年，达到217笔，2015年有比较大的降幅，这和林业交易所内交易总量的波动趋势也比较吻合。

虽然新一轮集体林权制度改革已经取得了很多成效，多种形式的林地规模经营形式并存，促进了林地交易经营模式的创新，但还有很多农户只有0.5公顷甚至更少的林地，并且散开分布不连片，林地进一步细碎化，给交易带来不便，使得林地使用权流转较少。在集体林地产权制度改革的农户心态调查中高达85.9%的林农表示愿意继续持有林地，不愿转出，因此难以形成林地的规模经营（徐秀英等，2004）。林农不愿转让林地的原因主要有三点：第一，未来林地的价值是正向增长的，因此持有林地的增值空间比把林地转出持有货币的增值空间更大；

表 6-4　各年场内交易的林权类型交易数和比例

林权分类 / 年份	成交数（笔）			比例（%）		
	林木所有权	林地使用权	林地使用权+林木所有权	林木所有权	林地使用权	林地使用权+林木所有权
2010	274	46	46	7.8	3.7	4.3
2011	604	219	213	17.2	17.8	20.0
2012	612	223	192	17.5	18.1	18.1
2013	599	268	213	17.1	21.8	20.0
2014	591	256	217	16.9	20.8	20.4
2015	503	186	157	14.4	15.1	14.8
2016	320	31	25	9.1	2.5	2.4
2017	119	6	4	3.2	0.7	0.3
合计	3622	1253	1067	100.0	100.0	100.0

第二，将林地流转只能获得一次性收益，而持有土地自行经营则可以获取可持续的收益；第三，小农思想较重，认为土地具有承载传统的意义，不愿将林地转出（谢屹等，2012）。现在交易的林权类型以林木所有权为主，显示了交易主体多追求短期利益，这在一定程度也上制约了森林资源的长期规模化经营。

六、场内流转期限和流转面积分析

为分析林权交易数据中流转面积分布情况，课题组对南方林业产权交易所 2007～2017 年 4755 笔交易记录进行筛选，剔除缺少交易面积数据的 583 笔，对剩下的 4015 笔交易的流转面积进行统计可知，面积多集中在 0～30 公顷，其中 20 公顷以下的交易有 2541 笔，超过半数。交易面积在 5 公顷之内的达到 860 笔，占有总数量的 1/5（见图 6-2）。而交易面积在 80 公顷以上的共 421 笔。由此可见，林业产权交易所内大多是小面积交易。

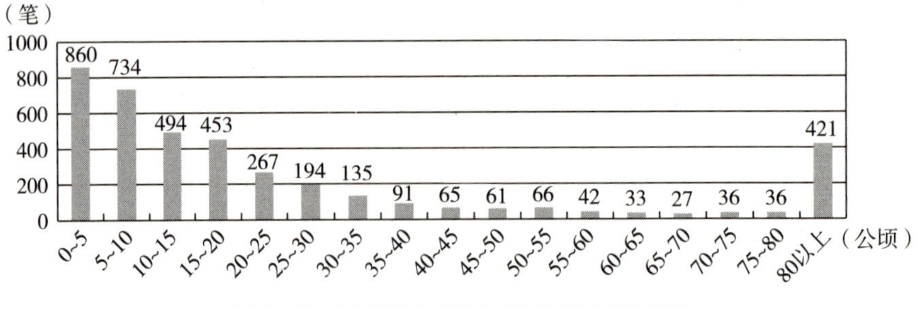

图 6-2　林业产权交易所内流转面积分布

从有流转期限的3564笔交易的分布直方图（见图6－3）可以看出，流转期限分布在1个月至100年不等，其中1个月至10年的数量最多，达到2077笔。在2077笔交易数量中流转期限为1年的又有1763笔。流转期限在50年以上的仅有33笔，整体来看流转期限较短。

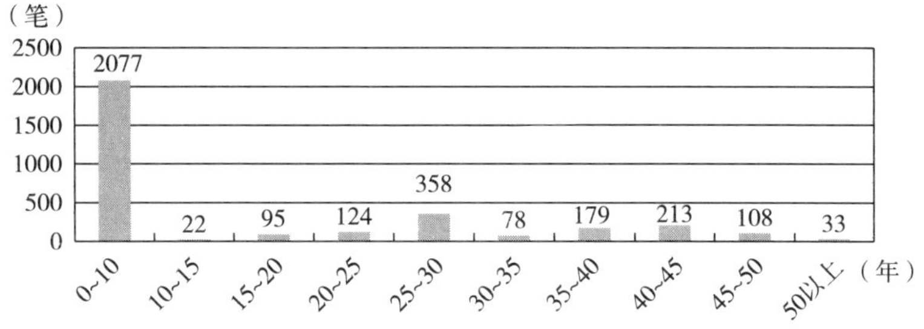

图6－3 林业产权交易所流转期限分布

南方林权交易所内林权交易面积小、林权流转期限较短反映了林权交易所内整体上交易层次不高、规模化作用不明显，这在一定程度上是林业规模不经济化的表现，林地经营的分散化和细碎化与林业适度规模经营产生矛盾。森林资源具有长期性的特殊性，要求其经营者更应特别注重经营规模问题，林业规模化经营也更利于森林病虫害的防治、森林的防火和林区道路的建设（魏远竹等，2007）。交易面积小，流转期限短，这些问题都使得林业适度规模的效益难以实现。

第二节 影响场内单笔林权交易金额的因素分析

从林权交易数据分析中我们发现，南方林业产权交易所场内交易量和交易金额呈先增长后下降的趋势，从其他指标来看，南方林业产权交易所内还未实现长期规模化的经营，交易质量有待提高。场内交易金额是衡量交易质量的重要指标，也是林农、林权交易机构及相关交易群体最为关注的，研究场内金额的影响因素构成将对提升场内交易质量，对于林农和林业单位如何更好地增加交易收入提供有益的参考。因此，本节将探索影响南方林业产权交易所的场内交易金额的因素并进行实证研究。

南方林业产权交易市场官方网站发布的成交数据主要包括项目编号、项目名称、项目类型、权属性质、挂牌方式、活动地址、标的物地域、转让方式、交易时间、挂牌日期、交易主场、同意协议转让、转让价格、标的物名称、标的物类型、评估价、流转期限、林权证有效期、林权分类、树种结构、面积、树龄、数量、林种、蓄积量、成交价等信息。其中的多个变量可以作为影响成交金额的因素纳入研究假设，为完成本节的实证研究提供了重要的数据来源。

一、研究假设

国内学者大多关注集体林权制度改革下林权流转对林农林业收入影响的因素且进行实证研究，集中在以下三方面：第一，政策因素方面的研究（刘璨等，2007）；第二，生产方式因素方面的影响研究（李兰英等，2011）；第三，生产资源因素方面的研究（崔雨晴等，2011）。虽然国内学者对林权交易场内的交易数据已经有了一些研究（乔永平等，2011），但是对影响交易金额的因素进行实证研究则很少。交易金额是衡量南方林业产权交易所的场内交易质量的重要指标，且从现有交易数据来看，流转面积、树龄、蓄积量、流转期限数据较为完整清晰，同时也是对场内交易金额影响较大的因素。因此，本书选取流转面积、树龄、蓄积量、流转期限几个指标来研究影响交易金额的因素。根据实际情况，本书作出了如下的假设：

（1）蓄积量和交易金额呈正相关关系，蓄积量越大，相应的成交金额也较大；同时蓄积量对于场内交易金额的影响程度最大。

（2）流转面积和交易金额呈正相关关系，成交面积越大，相应的成交金额也较大；同时面积对于场内交易金额的影响程度相对较小。

（3）树龄和交易金额呈正相关关系，树龄越大，相应的成交金额也较大；同时树龄对于场内交易金额的影响程度较小。

（4）流转期限和交易金额呈正相关关系，流转期限越长，相应的成交金额也较大；同时流转期限对于场内交易金额的影响程度较小。

结合现实以及理论基础通过分析，得到4个对单笔交易金额的影响因素，如表6-5所示：

表6-5　交易金额及其影响因素的理论假设

变量	影响因素	理论假设	影响程度
x_1	流转面积	正向	最大
x_2	树龄	正向	较小
x_3	蓄积量	正向	较小
x_4	流转期限	正向	较小

二、样本选择

为了更加准确地研究场内因素如何影响交易金额，本书选取南方林业产权交易所官方网站公布、成功交易的4755笔实际交易数据为对象，按如下标准筛选：

（1）去掉不满足数据一致性要求的交易数据（如蓄积量、流转面积、树龄、流转期限等为空的数据）。

（2）去掉不满足数据精确性要求的交易数据，如面积、树龄为范围值或者约值的。

根据上述条件进行筛选场内交易数据，由最初的4755笔交易数据筛选出1448笔作为多元回归的研究样本。

三、模型的选择与设计

1. 多元线性回归模型的建立

多元回归方法（Multiple Regression Method）是一种分析变量之间的关系或进行预测的重要方法。多元回归分析也叫复线性回归分析，是指通过对两个或两个以上的自变量与一个因变量的相关分析，建立预测模型进行预测的方法。当自变量与因变量之间存在线性关系时，称为多元线性回归分析。本章研究的是流转面积、树龄、蓄积量和流转期限对南方林业产权交易所场内单笔交易金额的相关关系以及影响程度，因此模型选择线性回归方程模型。

设 y 为因变量，x_1、x_2、x_3、x_4 为自变量，并且自变量与因变量之间为线性关系时，则多元线性回归模型为：

$$y_i = b_0 + b_1x_{1i} + b_2x_{2i} + b_3x_{3i} + b_4x_{4i} + e_i \tag{6-1}$$

式中，y 为每条交易数据的交易金额，是因变量；x_1 代表流转面积；x_2 代表树龄；x_3 代表蓄积量；x_4 代表流转期限；e 代表误差；i 为样本数；b_0、b_1、b_2、b_3、b_4 为回归系数。

2. 标准化偏回归系数的计算

为了比较不同自变量对因变量影响程度的大小，在构建多元回归线性模型的基础上，采用标准化偏回归系数（Standardized Coefficient）。标准化偏回归系数是指在多元回归模型中自变量 x 值对因变量 y 值的贡献大小，它消除了原始变量单位及量纲不同的影响，其绝对值的大小直接反映了 x 对 y 的影响程度，因此可以通过比较标准化偏回归系数的大小来进行自变量对因变量影响程度的大小比较。计算标准偏回归系数还能达到减少拟合回归模型计算求解时的截断误差，达到提高模型拟合精度的目的。下面对原始自变量和因变量分别按式（6－2）进行标准化处理。

$$\tilde{x}_{ji} = (x_{ji} - \bar{x}_j)/S_j, \ \tilde{y}_i = (y_i - \bar{y})/S_y \quad (6-2)$$

式中，$\tilde{x}_{ji}$、$\tilde{y}_i$ 分别表示标准化后的自变量和因变量，其中 i 为样本数，j 为自变量个数；S_j、S_y 为自变量 j 和因变量的标准差；$\bar{x}_j$、$\bar{y}$ 为自变量和因变量的均值。将标准化后的变量建立多元线性回归模型，得到标准化多元线性回归模型如下：

$$\tilde{y}_i = \tilde{b}_1\tilde{x}_{1i} + \tilde{b}_2\tilde{x}_{2i} + \tilde{b}_3\tilde{x}_{3i} + \tilde{b}_4\tilde{x}_{4i} + \tilde{e}_i \quad (6-3)$$

式中，$\tilde{b}_j$ 即所求的标准化偏回归系数。由于标准化后的所有变量均值为0，标准差为1，因此式（6－3）中不包括常数项。标准化偏回归系数 $\tilde{b}_j$ 的意义为当其他自变量取值保持不变时，自变量 x_j 每改变1个标准差（对应 S_j），因变量 y 取值改变 $\tilde{b}_j$ 个标准差（对应 S_y）。因此不同自变量变化对因变量取值影响的大小即可以比较。在本节中将用于比较不同自变量对交易金额的影响程度大小。

四、变量描述性统计

2008～2017年南方林业产权交易所的交易金额情况进行描述性统计结果如表6－6所示。由表可知，10年来场内交易金额的平均值中2011年最高，依次分别是2012年，2016年、2014年，最小的为2009年。平均值最大在2011～2012年，这和南方林业产权交易所的场内交易现状对金额的分析类似，2012年场内总的交易金额在2012年之前呈现缓慢增加的趋势，在2012年达到最高。

表6－6　2008～2017年样本交易金额的描述性统计

年份	2008	2009	2010	2011	2012	2013	2014	2015	2016	2017
均值	44.8	25.3	85	191	119	95.8	102	93.8	106	96.7
标准差	57.6	33.5	140	414	191	99.8	93.2	87.1	87.5	70.2
极大值	372	218	1390	2320	1896	723	712	451	581	316
极小值	1	1	3.1	1.15	1.7	1.3	1.87	1.5	4.6	1.42

2008年中共中央、国务院《关于全面推进集体林权制度改革的意见》的颁布和逐渐趋向成熟的林业资源产权交易平台的建设都促进了林权交易的发展。通过表6－6中的数据可以看出，交易金额的标准差都较大，并大体呈现先增加后

下降的趋势，从2008年的57.6增加到2011年的414，后下降到2017年的70.2，说明交易所内交易金额在2011年左右差异较大，2012年以后的水平差异越来越小。

表6-7是对样本的流转面积、树龄、蓄积量和流转期限4个变量的描述性统计。对于流转面积来说，极小值为21亩，极大值为10911亩，方差较大，说明流转面积的离散程度较大，面积分布不均匀。同样蓄积量方差也较大，说明蓄积量的波动较大。树龄的方差较小，且均值在25.17，众数为20，说明交易中的树龄值比较平稳，且一般在20~30年。流转期限最短为0.16年，最长为51年，交易的平均流转期限为4.83年，中位数和众数都为1。结合场内交易数据分析，流转期限分布在1个月至1年的数量最多，达到2077笔。在2077笔交易数量中流转期限为1年的又有1763笔。整体来看流转期限较短。而进一步结合数据可以看出，整体样本数据中林权类型为林木所有权的交易数量占绝对优势，而林权类型为林木所有权的交易的流转期限基本为1年，因此分析整体数据的流转期限影响意义不大，所以在整体交易样本数据中对单笔交易金额进行分析时剔除掉流转期限这个因素。由于交易数据中不同林权类型的交易金额差异很大，所以在后续的回归分析中将分别对整体样本和不同林权类型进行回归分析，判断不同样本下各类因素对交易金额的影响。

表6-7　各因素的描述性统计

	极小值	极大值	均值	标准差	方差	中位数	众数
流转面积	21	10911	379.48	895.35	80166.3	178	42
树龄	2.00	220.00	25.17	8.73	76.35	25	20
蓄积量	6.00	62000.00	3148.45	25189.36	6.34E8	961	300
流转期限	0.16	51.00	4.83	9.42	88.88	1	1

五、回归分析结果

1. 整体交易数据的回归分析

（1）Pearson相关分析。在做流转面积、蓄积量和树龄对单笔交易金额的回归分析之前，首先对数据进行Pearson相关性分析和检验。

本节用Pearson相关分析来描述各因素与南方林业产权交易所交易金额之间的相关关系，具体检验结果如表6-8所示。由表能够看出，按照双侧检验结果，在0.01的显著性水平上，交易金额（y）与流转面积（x_1）、树龄（x_2）、蓄积量（x_3）之间在0.01的显著性水平上通过了显著性检验，说明它们之间有显著相关关系。其中：流转面积（x_1）与交易金额（y）之间系数值为0.604，表明两者之间呈正相关关系，与假设相同；树龄（x_2）与金额（y）之间系数值为0.079，表明两者之间呈正相关关系，与假设相同；蓄积量（x_3）与金额（y）之间相关系数值为0.238，表明这两个因素之间呈现正相关关系，与原假设相同。

表6-8　各影响因素与场内交易金额的Pearson相关

		面积（亩）	树龄（年）	蓄积量（立方米）	成交价（万元）
面积	Pearson 相关性	1	-0.068**	0.314**	0.604**
	显著性（双侧）		0.009	0.000	0.000
树龄	Pearson 相关性	-0.068**	1	-0.097**	0.079**
	显著性（双侧）	0.009		0.000	0.002
蓄积量	Pearson 相关性	0.314**	-0.097**	1	0.238**
	显著性（双侧）	0.000	0.000		0.000
成交价	Pearson 相关性	0.604**	0.079**	0.238**	1
	显著性（双侧）	0.000	0.002	0.000	
	样本数 N	1448	1448	1448	1448

注：**表示在0.01水平（双侧）上显著相关。

（2）整体交易数据的回归分析结果。虽然Pearson相关性检验得出各影响因素与场内交易金额之间具有相关关系，但是还不了解在多元回归分析中变量和方程的显著性，以及各自变量对因变量影响程度的大小。因此，在相关分析后继续进行多元回归分析以及模型的相关检验。包括拟合优度检验、异方差检验和自相关检验。

自相关检验是指不同的点进行检测的随机项之间有相关关系，一般自相关出现在时间序列的数据中，产生的原因也有许多，一旦各观测点随机项中出现自相关，也会像异方差对回归的影响一样，使得多元线性回归得出的结果不可靠，这简称为D-W检验，是检验自相关性最常用的方法。因此，本书将采用D-W检验法进行自相关检验。

拟合优度（Goodness of Fit）是指回归直线对观测值的拟合程度。度量拟合优度的统计量是可决系数R^2。R^2的取值范围是［0，1］。R^2的值越接近1，说明回归直线对观测值的拟合程度越好；反之，R^2 的值越接近0，说明回归直线对观测值的拟合程度越差。

异方差是指随机项的方差根据观测值的变化使解释变量的变动，因素之间的变动导致线性回归结果可能不可靠。因此，在进行多元线性回归分析之前要对异方差进行处理，怀特（White）检验是较为有效的方法。

拟合优度、F检验、D－W检验和异方差检验结果如表6－9所示。

表6－9　整体交易数据多元线性回归模型的相关检验

	R^2	修正后的 R^2	D－W值	F统计量	显著性水平
拟合优度	0.384	0.382			
D－W检验			1.53		
F检验				299.49	0.000
White检验				154.462	0.000

从表6－9中可以得出，D－W检验数值为1.53，接近2，D－W检验数值基本可以说明残差之间没有自相关性问题。F统计量为299.49，相应的显著性水平是0.000，在0.01的显著性下通过检验。同时此模型的拟合优度为38%，R^2 值为0.384，经过修正后的 R^2 为38.2%。单纯从数据方面结果可以得出本章模型的拟合优度水平不高，但是整体模型通过统计检验。造成拟合优度不高的原因可能是在自变量选取时，未加入其他如树种、交易权属等非数字指标和控制变量，导致出现因变量解释程度较低的现象。怀特检验中的统计量取值为154.462，对应的显著性水平为0.000，表明模型中存在异方差的现象。因此采用加权最小二乘法对异方差进行修正，得到估计参数和标准化回归系数如表6－10所示。

表6－10　模型的回归系数和显著性系数

模型	非标准化系数		标准化偏回归系数	t	Sig.	共线性统计量	
	b	标准差				容差	VIF
常量	－10.660	11.370		－0.938	0.348		
流转面积	0.117**	0.004	0.593	27.229	0.000	0.900	1.111
树龄	2.545**	0.419	0.126	6.070	0.000	0.989	1.011
蓄积量	0.000**	0.000	0.064	2.922	0.004	0.896	1.116

注：**表示在0.01水平（双侧）上显著相关。

多重共线性是指自变量各因素之间存在的线性相关关系，表现为一个自变量可以表达成其他一个或几个自变量的线性组合，自变量与自变量之间存在高度相关关系，这种现象会导致进行实证分析以后结果出现失真或估计不准确的情况。而一般在多元线性回归的实际应用中，解释变量之间几乎不存在完全不相关的现象，并且在涉及多个变量时很难在自变量中找到一组完全不相关的变量，它们之间总是存在某种程度的共线性关系。但是如果变量之间共线性程度比较严重，往往会破坏模型的稳健性，扩大模型的误差，因此在回归分析中需要研究各因素之间的多重共线性。一般通过容许度（Tolerance）和方差膨胀因子（VIF）进行检验自变量之间观测是否存在多重共线性。如果方差膨胀因子（VIF）值小于10，容忍度大于0.1，则说明各自变量之间不存在多重共线性。从回归分析表中可以得到面积的容差值为0.900，树龄的容差值最高为0.989，蓄积量的容差值为0.896，4个因素的容许度均大于0.1，而且各因素之间多重共线性水平衡量值（VIF）均小于10，说明自变量相互之间不存在多重共线性，结果良好。

根据表6－10的多元线性回归处理数据可以得到，面积（x_1）、树龄（x_2）和蓄积量（x_3）在0.01的显著性水平下通过检验，说明面积、树龄、蓄积量对交易金额的影响是显著的。由标准化偏回归系数的大小可以看出，流转面积与场内交易金额的关系最高，即该指标对场内交易金额的影响程度最大，也就是在场内交易时，每笔交易中交易面积越大，相应的单笔交易金额也会越高。其次是树龄对单笔金额的影响程度较大，最后是蓄积量对交易金额的影响最小。

对面积变量来说，其在南方林业产权交易所场内交易金额影响因素的回归模型中是显著的，显著性水平小于0.1，标准化偏回归系数为0.616。也就是说：在其他自变量不变的情况下，若交易面积每增高1个标准差，场内交易金额将高出0.616个标准差。就3个影响因素来说，流转面积是对场内交易金额影响程度最大的因素。在研究假设中，交易面积对交易金额有显著性影响，但影响程度并不是最大的。因为交易面积会受到地形、坡度、土壤条件等较多因素的影响。例如，某片林区面积很大，但是树木密度很小，坡度较大，或者林地质量不宜，这片森林如果参与交易，交易金额会相对较小。

对树龄变量来说，其在南方林业产权交易所场内交易金额影响因素的回归模型中是显著的，显著性水平小于0.1，标准化偏回归系数为0.116。也就是说：若交易面积每增高1个标准差，场内交易金额将高出0.116个标准差。从传统观念看，树龄越长，树木的交易金额也会越大，但是实证分析结果树龄对交易金额的影响较小。究其原因，树种是这一结果出现的重要原因，如生长较快的杨木和生长较慢的槐木，就十年生长期来说，杨木便可投入工业化或者民用化的使用中从而获得使用价值，而槐木生长较慢，树木相对较小，在交易中杨木相对于槐木金额更高一些。因此样本交易数据中树龄较长但是树种较杂乱，各种树木生长周期不一致，树木不标准也是交易金额不高的原因。因此从树龄来说对交易金额的影响程度相对略小。

对蓄积量这个变量来说，其在南方林业产权交易所场内交易金额影响因素的回归模型中是显著的，显著性水平小于0.1，标准化偏回归系数为0.066。也就是说：若交易面积每增高一个标准差，场内交易金额将高出0.066个标准差。这与假设有所不同，研究假设中蓄积量应该对交易金额的影响程度较大，而利用数据做出的分析结果中蓄积量对于交易金额的影响程度很小。森林蓄积量是指一定森林面积上存在着的林木树干部分的总材积，表示树木的体积量。蓄积量与研究假设不同是因为会受到其他各种因素的影响，如树种、树龄等，且如果交易面积很大，而此时树木密度较小或树木总体体积即蓄积量较小交易金额也会相对较低。

综上结论和研究假设有所不同，结合上述分析在单笔交易中面积对交易金额的影响程度较大，而受蓄积量和树龄的影响较小的可能原因有：

（1）此批交易样本中可能存在立地条件不均匀、树木不标准的现象，或者参与交易的林地质量不高，存在较多不宜种植的斜坡，土层厚度和土壤类型不适宜种植，或参与交易的一片林地面积较大而整体蓄积量较小，这些都会导致实证结果和预期不符，整体而言林地林木的交易质量相对不高。

（2）交易中林权权属类型分为林地所有权和林木使用权。林地使用权是指个体对集体或国家所有的林地资源依法享有的占有、收益、使用和一定的处分权；林木所有权是指林木所有者对所有的林木依法享有的占有、收益、使用和处置权。林木的所有权和林地的使用权可以分别转让，也可以同时转让。林地、林木属于可分物，分开以后并不影响也不改变其原来的属性。对交易林地使用权林权类型来说，因为交易的对象是林地使用权，是转让对林地资源的占有收益、使用和处分的权利，因此对于林地使用权来说，面积对单笔交易金额的影响程度最大，而蓄积量发挥的作用较小。反之，对于林木所有权来说，转让对林木资源的占有收益、使用和处分的权利，此时蓄积量的作用应该最为显著。因此在后面不同林权类型的分析中，应当将交易项目按照不同林权交易类型来分类，研究这些因素对单笔交易金额的影响。

因为林地所有权归国家和集体所有，不在分析范围内，林木所有权的交易一般会包含有林木使用权的交易，因此重点分析场内交易中的林地使用权和林木所有权类型下的流转期限、交易面积、树龄和蓄积量对单笔交易金额的影响程度。

2. 林地使用权的回归分析

根据前文分析，在整体样本交易数据中按南方林业产权交易所内的交易林权类型分类，即林木所有权和林木使用权分类，进行分组讨论。分类依据在上一节提及，林地所有权属国家和集体所有，不在论述范围。林木所有权的交易一般会包含有林木使用权的交易，重点分析场内交易中的林地使用权和林木所有权。下面对林权类型为林地使用权的数据进行分析。林地使用权的交易较少，共有 83 笔交易数据。

在整体交易数据中对单笔交易金额的影响因素讨论中发现，因流转期限为 1 年的数据较多，实证结果分析的意义不大，因此剔除。而通过进一步的分析发现，流转期限为 1 年的数据多集中在对林木所有权的交易上。对林地使用权来说，流转期限的分布较为分散，因此有必要对流转期限进行分析，并且研究假设为流转期限和单笔交易金额的影响关系正相关。

（1）Pearson 相关检验。描述林地使用权权属类型下各因素与南方林业产权交易所交易金额之间的相关关系，具体检验结果如表 6－11 所示。按照双侧检验结果，林权类型全部为林木所有权的分类下，在 0.05 的显著性水平上，交易金额（y）、流转面积（x_1）、树龄（x_2）、蓄积量（x_3）之间都有相关关系。其中：流转面积（x_1）与交易金额（y）之间呈正相关关系，与假设相同；树龄（x_2）与交易金额（y）之间呈正相关关系，与假设相同；蓄积量（x_3）与交易金额（y）之间呈正相关关系，与假设相同；流转期限（x_4）与交易金额（y）之间呈负相关关系，与假设相反。

表 6－11　各影响因素与场内交易金额的 Pearson 相关系数（林地使用权）

		流转期限	流转面积	树龄	蓄积量	交易金额
流转期限	Pearson 相关性	1	－0.132	－0.166	－0.047	－0.150
	显著性（双侧）		0.233	0.135	0.674	0.177
流转面积	Pearson 相关性	－0.132	1	0.154	0.247*	0.616**
	显著性（双侧）	0.233		0.165	0.024	0.000
树龄	Pearson 相关性	－0.166	0.154	1	－0.265*	0.315**
	显著性（双侧）	0.135	0.165		0.015	0.004
蓄积量	Pearson 相关性	－0.047	0.247*	－0.265*	1	0.192
	显著性（双侧）	0.674	0.024	0.015		0.083

续表

		流转期限	流转面积	树龄	蓄积量	交易金额
交易金额	Pearson 相关性	-0.150	0.616**	0.315**	0.192	1
	显著性（双侧）	0.177	0.000	0.004	0.083	
样本数 N		83	83	83	83	83

注：**表示在0.01水平（双侧）上显著相关；*表示在0.05水平（双侧）上显著相关。

（2）林地使用权的回归模型的检验和结果分析。对林权类型为林地使用权下的交易数据的拟合优度、F检验、异方差检验结果如表6-12所示。

表6-12　林地使用权多元线性回归模型的相关检验

	R	R^2	修正后的 R^2	D-W 值	F 统计量	显著性
拟合优度	0.733	0.637	0.615			
D-W 检验				1.53		
F 检验					24.081	0.000
White 检验					24.041	0.000

从表6-12中的数据可以看出，此模型的拟合优度为63.7%，R值为0.733，经过修正后的 R^2 为61.5%。从数据方面结果得出本章模型的拟合优度水平良好。D-W检验数值为1.53，接近数值2，基本说明残差之间没有自相关性问题。F统计量的显著性水平是0.000，在0.01的显著性水平下通过检验，模型整体回归结果较好。怀特检验中P值较小，可以得出模型存在异方差性。采用加权最小二乘法进行修正后，通过检验。回归结果如表6-13所示。

表6-13　模型的回归系数和显著性

模型	非标准化系数		标准化偏回归系数	t	Sig.	共线性统计量	
	b	标准差				容差	VIF
常量	-267.993	230.712		-1.162	0.249		
面积	0.112**	0.019	0.541	6.013	0.000	0.881	1.136
树龄	20.282**	7.130	0.260	2.845	0.006	0.856	1.169
蓄积量	0.001	0.001	0.125	1.361	0.177	0.841	1.189
流转期限	-1.767	5.238	-0.029	-0.337	0.737	0.957	1.045

注：**表示在0.01水平（双侧）上显著相关。

林地使用权分类下的南方林业产权交易市场的场内交易金额的变动可以通过流转面积、树龄、蓄积量和流转期限4个指标进行解释。从回归分析表6－13中可以看出4个因素的容差均大于0.1，而且各因素之间多重共线性水平衡量值（VIF）均小于10，说明自变量相互之间不存在多重共线性，结果良好。

根据多元线性回归处理数据可以得到，流转面积（x_1）和树龄（x_2）在0.01的显著性水平下通过检验，说明流转面积和树龄对交易金额的影响是显著的。由标准化偏回归系数的大小看出，流转面积（x_2）与场内交易金额的关系最高，即该指标对场内交易金额的影响程度最大。其次是树龄（x_1）对单笔金额的影响程度较大。蓄积量（x_3）和流转期限（x_4）对单笔交易金额的影响未通过显著性检验。

流转面积变量通过了其在南方林业产权交易所场内交易金额影响因素的回归模型的显著性检验，显著性水平小于0.1，标准化偏回归系数为0.653，也就是说：若交易面积每增高一个标准差，场内交易金额将高出0.653个标准差。流转面积也是对单笔交易金额影响程度最大的因素，在整体样本的分析中这和研究假设预期不同，但符合整体样本中的假设1。分组样本研究的是林权类型为林木所有权的交易。因为林木的所有权和林地的使用权可以分别转让，也可以同时转让。此时交易对象是林地使用权，是转让对林地资源的占有收益、使用和处分的权利，林地使用权的权利客体是林地，林地使用权从使用方式上说，主要包括林木栽培、林下资源利用以及森林景观开发等活动，因此在交易林地使用权时会更看重林地的面积，林地的面积越大，交易金额应当越大。

蓄积量变量在场内交易金额影响因素的回归模型中不显著，即蓄积量对场内单笔交易金额的影响不显著。蓄积量是指一定森林面积上存在着的林木树干部分的总材积，表示树木的体积量。因此研究对象是林地所有权，对林地使用权来说，重要的是林地的质量，以及是否有足够多的土地面积来进行包括林木栽培、林下资源利用以及森林景观开发等的活动。在交易林地使用权时林地上树木的体积量对交易金额产生的影响并不大，故该因素的计量结果并不显著。

流转期限变量在其场内交易金额影响因素的回归模型中未通过显著性检验，即它对场内单笔交易金额的影响不显著。且其系数值为负数，即流转期限越长，单笔交易金额将会减少，这和研究假设完全相反。为了更好地说明流转期限与交易金额之间的关系，作流转期限和交易金额的散点图如图6－4所示。横坐标为流转期限，纵坐标为交易金额。

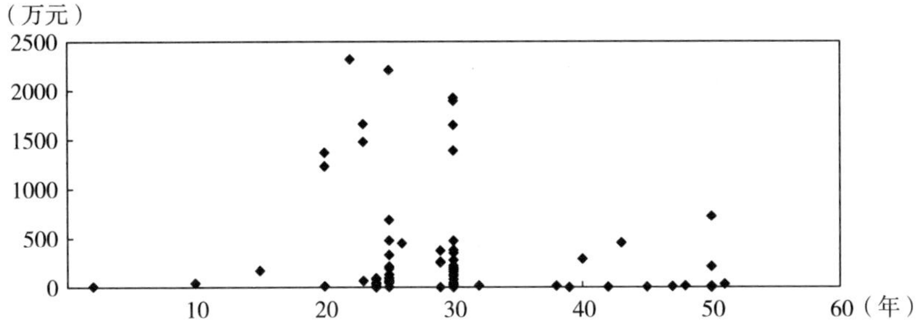

图6-4 林地使用权的流转期限与交易金额散点图

从图6-4可以看出，林地使用权下的流转期限分布比较广，多数集中在20~30年以及40~50年。而流转期限在20~30年的交易金额较高。散点图表明，并不是林地所有权的流转期限时间越长，交易金额就会越高。进一步验证得到可能的二次抛物线关系也并不存在。因此得出，单笔交易金额与流转期限和研究假设不符的可能原因主要还是立地条件的不同，也就是影响树木或林木的生长发育、形态和生理活动的地貌、气候、土壤、水文、生物等各种外部环境条件的不同。立地条件区别很大，林地使用权的交易金额差异也会较大。

3. 林木所有权的回归分析

上一小节是对林地使用权类型进行的回归分析，将面积、树龄、蓄积量和流转期限4个因素纳入考虑。本小节对林木所有权的分析仍剔除流转期限这个因素，原因是林木所有权类型下的交易流转期限基本为1年，对单笔交易金额的影响较小，因此本小节对林木所有权的分析仍然采用流转面积、蓄积量和树龄3个因素。同时，对整体数据中的样本满足林木所有权（含林木使用权）流转的交易数量进行分析，发现共包括823个样本。因此，本小节林木所有权的回归分析的结果是基于这823个样本来进行的。

（1）Pearson相关检验。描述各影响因素与交易金额之间的相关关系，具体检验结果如表6-14所示。由表6-14可以看出，按照双侧检验结果，林权类型全部为林木所有权的分类下0.05的置信水平上，金额（y）、流转面积（x_1）、树龄（x_2）、蓄积量（x_3）之间都有显著相关关系。其中：面积（x_1）与金额（y）之间呈正相关关系，与假设相同；树龄（x_2）与金额（y）之间呈正相关关系，与假设相同；蓄积量（x_3）与金额（y）之间呈正相关关系，与假设相同。林木所有权类型下各个关系的相关关系和整体样本的相关关系基本一致。

（2）林木所有权多元回归分析的结果与模型检验。对林木所有权类型下的交易数据的进行拟合优度、F检验和异方差检验结果如表6-15所示。

表 6-14　各影响因素与场内交易金额的 Pearson 相关系数（林木所有权）

		流转面积	树龄	蓄积量	成交金额
流转面积	Pearson 相关性	1	-0.029	0.761**	0.750**
	显著性（双侧）		0.399	0.000	0.000
树龄	Pearson 相关性	-0.029	1	0.030	0.053
	显著性（双侧）	0.399		0.385	0.128
蓄积量	Pearson 相关性	0.761**	0.030	1	0.931**
	显著性（双侧）	0.000	0.385		0.000
成交金额	Pearson 相关性	0.750**	0.053	0.931**	1
	显著性（双侧）	0.000	0.128	0.000	
样本数 N		823	823	823	823

注：** 表示在 0.01 水平（双侧）上显著相关。

表 6-15　林木所有权多元回归模型的相关检验

	R	R^2	修正后的 R^2	D-W 值	F 统计量	显著性
拟合优度	0.934	0.827	0.871			
D-W 检验				1.5000		
F 检验					185.112	0.00
White 检验					340.900	0.00

从表 6-15 中的数据可以看出，此模型的拟合优度为 82.7%，R 值为 0.934，经过修正后的 R^2 为 82.7%。从数据方面结果得出本章模型的拟合优度水平良好。F 统计量的显著性水平是 0.000，在 0.01 的显著性下模型整体通过检验。D-W 检验数值为 1.50，接近数值 2，D-W 检验数值基本可以说明残差之间没有自相关性问题。怀特检验中 P 值较小，说明存在异方差性。采用加权最小二乘法对异方差进行修正，通过检验。林木所有权分类下的南方林业产权交易市场的场内交易金额的变动可以通过流转面积、树龄和蓄积量的 3 个指标来进行解释。计算结果如表 6-16 所示。

根据多元线性回归模型可以得到，流转面积（x_1）和蓄积量（x_3）在 0.01 的显著性水平下通过检验，树龄（x_2）在 0.05 的显著性水平下通过检验。相应的标准化偏回归系数分别为 0.103、0.030 和 0.851。这说明面积（x_1）、树龄（x_2）和蓄积量（x_3）与场内交易金额是正相关的，即这 3 个影响因子都会引起场内交易金额的正向变动。其中，蓄积量与场内交易金额的关系最高，即该指标

表 6-16　林木所有权回归模型的系数和显著性

模型	非标准化系数		标准化偏回归系数	t	Sig.	共线性统计量	
	b	标准差				容差	VIF
常量	33.834	8.423		4.017	0.000		
流转面积	0.038**	0.007	0.103	5.332	0.000	0.900	1.000
树龄	0.745*	0.309	0.030	2.411	0.016	0.989	1.002
蓄积量	0.030**	0.001	0.851	43.964	0.000	0.896	1.113

注：**表示在0.01水平（双侧）上显著相关；*表示在0.05水平（双侧）上显著相关。

对场内交易金额的影响程度最大，其次是流转面积影响程度较大，最后是树龄的影响最小。从回归分析表中可以看出，各因素之间多重共线性水平衡量值（VIF）均小于10，说明自变量相互之间不存在多重共线性。

蓄积量变量通过了在南方林业产权交易所场内交易金额影响因素的回归模型的显著性检验，显著性水平小于0.1，标准系数为0.851。即若交易面积每增加一个标准差，场内交易金额将高出0.851个标准差。林木所有权是指林木所有者对所有的林木依法享有的占有、收益、使用和处置权。林木是指森林中全部乔木的总称，为森林经营特别是人工林的主要对象。在林权类型为林木所有权的交易类型下，蓄积量是对单笔交易金额影响程度最大的因素。对于林权类型为林木所有权的交易来说，交易客体是林地上的林木，是森林面积上存在着的林木树干部分的总材积。树木的蓄积量越大，相应的交易金额也越大，故蓄积量对于林木所有权下的单笔交易金额的影响程度较大。

与之相反，对于林木所有权来说，流转面积因素对其影响较小，即使交易的林地面积较大，地上树木较稀疏，材积量较小交易金额也会较小。反之，如果林地面积较小，而地上树木生长密集，木材质量较高，整体蓄积量较大，在交易类型为林木所有权的情况下，交易金额也会较高。因此，对于林木所有权的交易来说，交易面积对单笔交易金额的影响程度较低。

第三节　研究结论、建议与展望

一、本章的研究结论

1. 场内交易数据分析的结论

本章利用南方林业产权交易所内的交易数据，分析了林权场内交易的总体情况、交易方式、权属类型及林权类型、交易质量等方面，对2007～2017年南方林业产权交易所的场内交易现状进行研究，并分析了其变动趋势和可能的原因，得出结论如下：①从南方林业产权交易的交易数据来看，场内交易数量逐年增加，到2012年达到顶峰以后数量开始缓慢下降，波动相对平稳。②国有和集体森林资源是仍是场内交易的主要对象，私有制森林资源比例较少，并且从2012年开始逐年减少。③2014年以前，拍卖是主要的成交方式，但数据显示2014年之后，竞价转让已经超过传统的拍卖方式成为最普遍采用的交易方式。④在林权类型方面，林权交易类型主要是林木所有权。林地使用权的流转远少于林木所有权的流转。⑤由林业产权交易所内流转面积和流转期限的分布可知，中国林业产权市场普遍存在林业交易面积小，流转期限短的现象，大宗交易面积和长时间的流转比例较少（杨丽颖等，2017）。

2. 场内交易金额的影响因素分析

除交易数据本身外，本章还针对南方林业产权交易所交易数据之间的因果关系进行了分析，选取流转面积、树龄、蓄积量和流转期限四个因素，就单笔林权交易金额的影响因素进行验证。

对于整体交易数据（也就是林权交易类型为林地使用权或者林木所有权或者林木使用权或三者皆有），单笔交易金额的实证回归分析，流转面积、树龄和蓄积量3个因素都通过了显著性检验。流转面积与场内交易金额的关系最高，即该指标对场内交易金额的影响程度最大，其次是树龄对单笔金额的影响程度较大，最后是蓄积量对交易金额的影响最小。整体交易数据得到的结论与研究假设略有不符，将整体样本分为两部分：一是林地使用权的交易；二是林木所有权的交易。二者分类讨论后发现，影响林地使用权和林木所有权交易金额的因素不完全相同，林地使用权交易中更关注流转面积和树龄，流转面积对场内交易金额的影响程度最大，流转期限未通过显著性检验；林木所有权交易中，交易金额受流转面积、树龄和蓄积量共同影响，且蓄积量对交易金额影响程度最大。

研究场内单笔交易金额的影响因素对于林农、林权交易管理机构及相关交易群体具有重要的现实意义。在进行场内交易时，不能单纯认为蓄积量越大或者流转面积越大相应的交易金额也会越高。对于交易林地使用权的利益群体来说，关注面积更能为其增加收入；对于交易林木所有权的利益群体来说，关注林木蓄积量更能为其增加收入；就树龄来说，并不是树龄越长带来的交易金额也会越多，交易者应更多地关注树木的质量，是否立地不均匀、树木不标准等。

二、对促进场内交易的建议

随着林业经济的进一步发展，林地使用权作为生产要素进入市场流转是必然趋势。林地使用权流转对于盘活森林资源具有重要作用，它有利于调动林业生产者的积极性，促进林业适度规模经营，吸引更多资金投入林业第一产业，加快林业生产进一步发展。在这一大背景下，林权交易市场起到了一部分的作用，市场建设取得了重要成果。但是同时我们看到交易量萎缩、私人进场交易不多、林权流转质量不高是不争的事实，如何改变这一现象，促进林权交易市场发展，本章提出以下建议：

1. 加快全国性林业产权交易市场的建设

就南方林业产权交易所来看，其交易范围还主要局限于江西省内部，交易范围虽有辐射到周边省市，但是作为跨区域的大型林权交易市场，仍需要扩大交易范围。信息不能充分共享导致交易范围狭小，私下流转较多导致很多小规模的林农未能进场内交易，流转操作不规范，存在很多问题。然而，随着我国城镇化进程的加快，林地流转会日益活跃，规模也会日趋扩大，农户如果还是依靠亲戚、朋友、熟人等传统方式来寻找买卖方，而不是通过新兴的专用的林权交易所来进行交易，就会导致流转的效率低下，从而制约林地使用权和林木所有权的有序流转。此外，林地流转过程中产生的中介费用相对较高、林地流转程序不够规范等因素制约了林地流转市场的发展。因此，政府应为推动林权交易市场体系建设进一步努力，应该加快建立健全全国性的林权交易市场，引导农户林权交易向全国性的交易市场集中，实现信息共享，推进林权流转的规范化和市场化进程。

2. 完善和健全林权流转制度

要发展全国性的林权交易市场，首要的就是建立健全全国性林权流转事项法律法规，林权法律法规方面的缺失是林权流转比较重要的问题。关于林权流转方面的法律法规等仍是地方性的居多，全国性的统一的法律法规需要完善。必须要从现实角度了解林业流转的状况，制定详细的、符合实际林权流转的具有专门针对性的法律法规，以达到规范流转行为、减少交易双方纠纷、保护交易双方权益、调动林业生产活力的目的，规范林权流转市场秩序，保障林权流转的公平、公开与公正。只有通过法律层面对林地和林木的流转市场和行为加以约束，才能从根本上保证林农和交易主体的根本权益，使得参与场内交易的主体能够更多获益。

3. 完善农村社会保障制度建设

我国农村人口占绝对优势，农村人民的生活收入来源主要还是依靠土地。然而我国农村社会保障体制尚处于不健全的阶段，农民将土地作为自己的唯一生活保障。多数农户认为将林地流转只能获得一次性收益，而持有土地自行经营则可以获取可持续的收益。另外很多农户的小农思想仍比较严重，他们认为土地具有承载传统的意义，不愿轻易地将林地转出。因此政府需要尽快健全和完善农村社会保障制度建设，削弱农户对土地的依赖作用，让农户将土地放到市场以促进整个林权市场的流转。要加快农村社会保障制度建设，尽快建立健全和完善农村养老保险制度，加强农户进行林地流转的意愿和行为（杨丽颖，2018）。

三、本章的研究展望

本章对中国林业产权场内交易市场的现状进行了研究，采用描述性统计分析法和多元回归分析法对南方林业产权交易所的场内交易现状和场内金额的影响因素进行深入分析，并有针对性地提出相应的政策建议。受各种因素限制，研究中仍存在许多不足之处，对此可以做出如下改进：

第一，本研究基于南方林业产权交易市场官方网站获得交易数据，交易数据真实可靠，但是由于存在数据录入的问题，数据的完整性上稍显不足。例如，一笔交易记录中有部分的数据缺失，导致此交易记录无法用于回归分析。与交易记录相应的交易合同没有在数据库中展示，是否存在重复交易或交易违约等问题无法考量。后续的研究应对典型交易数据进行逐条核对，进一步完善数据。

第二，仅采用描述性统计分析方法对南方林业产权交易所场内交易现状进行分析，以及对南方林权交易所的场内单笔交易金额的影响因素进行多元线性回归分析，还未能进一步追踪到林业产权市场场内交易的收费情况以及未能对买卖双方在交易过程中的行为动机和满意程度做深入的研究。后续的研究应深入交易中的买卖双方，分析交易后的收入变化、资源变化等，则得出更加有价值的结论。

仿　真　篇

第七章　基于多 Agent 的林权交易市场仿真理论研究

第一节　林权交易市场多 Agent 仿真研究思路和步骤

一、林权交易市场多主体仿真研究的目标

林权交易市场是一个由相互作用的多主体参与并构成、具有动态性和长期性等特点的复杂系统，因此，从复杂系统的理论方法入手，应用多主体系统仿真方法，可从整体上研究林权交易市场的运行机制及其未来的演化趋势。林权交易市场多主体仿真研究的目标有：一是理清参与林权交易市场多主体及其相互作用的关系，林权交易市场由多个参与主体所构成，不同主体的属性及其在市场中的地位、态度和相互作用关系等各不相同；二是通过博弈分析，对影响林权交易市场发展关键因素的识别和筛选；三是林权交易市场长期发展演化趋势研究。通过仿真，在多因素综合作用下，对林权交易量进行仿真预测。

二、林权交易市场多主体仿真的基本思路

林权交易市场多主体仿真研究遵循计算实验仿真的一般流程，即原型系统→概念模型→计算机仿真模型→模型验证与应用四个基本步骤。

在运用多主体仿真方法之前要对原型系统——林权交易市场进行梳理，理清现实市场中的结构、功能、交易市场所处的环境以及要实现的目标等，同时区分系统内部不同的主体成员及其所处的层次（盛昭瀚等，2009），明确多主体仿真模型的构建对象。

本书研究的系统梳理是在对林权交易市场的宏观现状和微观主体的行为进行分析和抽象的基础上进行的。本小节通过南方集体林区典型省份的实地调研，获

取林权交易宏观统计资料（主要从林权交易中心获得）和微观主体的调查资料构成实证数据，通过对实证数据的定性和定量分析，理清林权交易市场原型系统的构成、功能、环境和目标（见图7-1）。下面将针对图中的关键步骤进行详细说明。

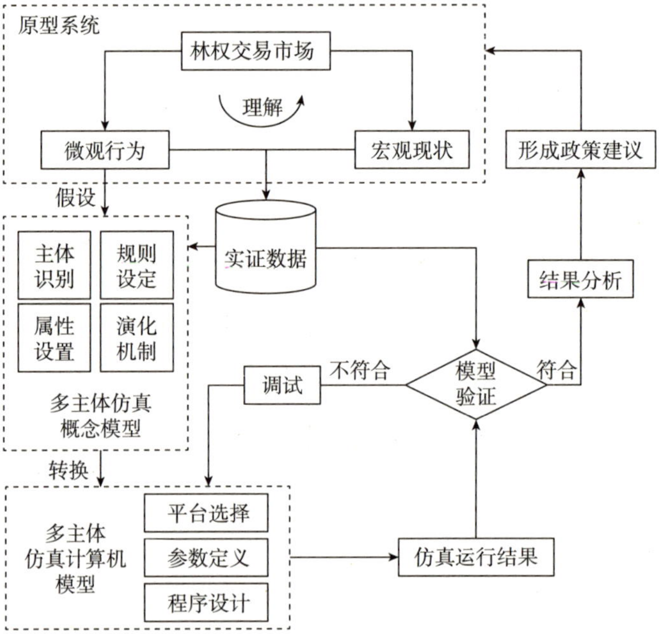

图7-1 林权交易市场多主体仿真研究的基本思路

三、林权交易市场多主体仿真的基本步骤

1. 林权交易市场的多主体仿真概念模型构建

林权交易市场的多主体仿真概念模型设计是本研究的关键，经分解又可以分为若干步骤。

（1）微观主体的识别。根据本书对林权交易市场的界定，要进行多主体仿真建模，先要明确主体构成。从课题组在浙江和福建等省林权交易中心以及对林农参与林权流转的调查问卷数据两个方面来看，林权交易中心数据（场内交易）反映交易主体主要有个人、村集体、企业和合作社，转出方主要是村集体，转入方企业占52%、个人占47%、合作社占1%；而林农私下交易（场外交易）的林权交易主体多是个人和企业。因此，可确定流转主体包括个人、企业和村集体。其中村集体是转出方，个人和企业主体既有可能是转入方也有可能是转出方。除林权交易市场参与交易的主体外，林权交易市场的多主体还应包括市场和政策主体，这类主体构成了其他主体决策的环境主体。

（2）变量设置。在主体识别的基础上，确定各类主体的属性变量。其中个人、企业和村集体属性变量包括林地类、收入类、交易类、期望值类等；市场主体涉及的属性变量有林权供求类、林权交易率、交易价格等；政策主体类涉及变量有采伐限额类、林业税费类等。除与主体有关的属性变量外，还包括控制变量与输出变量，其中控制变量主要是一些可调参数，特别是对交易主体的决策行为有影响的变量，如交易成本、林地经营规模收益率、交易成功的期望、非林收入等。输出变量有林权交易量、林权交易率、供给量和需求量等。

（3）单个主体的规则设定。为构建多主体仿真模型，需要设定相应的规则。该规则主要由三部分组成：一是仿真主体的一系列行为规则设定；二是仿真主体的环境设定；三是主体与主体之间的交互规则设定。其中交互规则设定牵涉多主体的聚合，单个主体的规则设定指的是前两个部分。规则设定是本研究中难度较大的一部分，必须要对原系统进行抽象假设。具体的做法是根据实际调研的情况，在变量设置的前提下通过定性分析与定量分析，确定影响林权交易市场发展的关键因素，采用多主体仿真中的情景构建方法（Scenario Development），设置不同的市场条件和政策条件，构造决策主体不同的决策情景，同时利用实证数据计算参与林权交易的主体选择交易的概率，写出单个主体在不同情景中可能会采取的决策策略选择函数。

（4）多主体聚合的演化机制。根据单个主体的决策策略选择函数，在不同的情景条件下，在林权交易市场中可对不同的主体参与林权交易的成本和收益进行动态演化博弈分析（刘园园等，2012），研究并设定多个主体间的交互规则，产生多个主体的学习和适应性调整策略选择函数。例如，周围的交易主体因成功交易而获利，或者交易主体本身参与交易而获利或亏损等产生的历史数据，主体通过学习和自适应改变当前交易周期下的决策策略。经若干个交易周期后，微观主体的行为最终将反映为宏观市场的演化。

2. 仿真平台选择与计算机仿真模型建立

多主体仿真概念模型只是一种逻辑设计，最终要通过计算机仿真平台才能转换为计算机仿真模型。目前使用较多的多主体仿真平台有Swarm、Repast、Netlogo等（盛昭瀚等，2011），本书拟采用比较通用的Netlogo仿真平台来实现。Netlogo是一个用来对自然和社会现象进行仿真的可编程建模环境。它是由美国西北大学连接学习和计算机建模中心的Wilensky教授在1999年发起的，并负责该平台的持续开发和改进。最新的版本是 Netlogo5. 0. 4。

根据 Netlogo 所提供的系统环境，将模型输入仿真系统，具体步骤主要有：

（1）仿真模型的参数定义。根据概念模型，设定参与林权交易市场中主体的种类、数量以及相关属性变量的初始值；确定仿真模型的可调参数，涉及市场、政策等环境主体的参数。

（2）仿真模型的程序设计。在 Netlogo 仿真平台中，程序由初始化程序和仿真模型运行程序两部分组成。其中初始化程序（setup）是对模型中各类参数进行定义；仿真模型运行程序（go）是具有循环功能的主程序，可以对执行各类主体的策略选择函数根据模型设定的主体种类和数量，遍历模型中每一主体。除此之外，仿真模型运行程序还应对模型运行的最终结果进行输出，在林权交易市场关注的主要输出变量是林权交易量、林权交易率、交易增长速度、供求变化等。

3. 模型验证与应用

（1）模型验证与调试。根据计算机仿真模型输出的结果，结合实际调研的数据，把模型运行结果与实际情况进行对比，进行模型验证。如果模型运行结果与实际情况相符，说明模型较好地拟合了真实的宏观林权交易市场原型系统的运行；如果与实际情况不符，说明模型在设计和运行中还存在着一些问题，需要修改原模型假设、模型参数和变量，经不断调试、反复验证，最终通过可重复的实验来推断和总结系统最终行为产生。

（2）模型运行结果分析与应用。在模型验证合格的情况下，结合实地调研的具体数据，根据不同的条件参数，设定仿真程序中不同的情景，系统可以根据预先设置的目标输出结果，将仿真结果采用图形化的界面输出。例如，可以设置不同的采伐许可政策、不同的林产品（如木材）价格、当地林业产业发展水平、林地经营规模系数、非林行业就业收益等变量，讨论这些变量对林权交易市场交易量、交易增长率等指标的影响，以及在多少个交易周期后林权交易市场交易量会显著地增长，最终趋于稳定时处在怎样的发展水平上等输出结果。据此可以提出促进林权交易市场发展的政策和建议。

第二节　林权交易市场的交易主体及其行为分析

一、林权交易中的交易主体

林权交易市场的交易主体是参与林权交易的当事人，包括交易的直接利益相关者林权供给方和需求方、间接利益相关者政府。为了简化，本章的研究对象只针对林权交易的直接利益相关者，即林权的供给方和需求方。

林权的供给方是指向林权交易市场提供森林、林地、林木所有权和使用权的个体或单位，即卖方。本章研究对象是林权交易市场的二级市场，所以不涉及森林、林地所有权的交易，主要研究林地、林木使用权的交易。

林地使用权的供给方主要包括乡镇、村集体和一般林农三类。乡镇、村集体作为没有划分到户的林地委托者将集体经营缺乏效率的林地进行转让，以获得更高的收益，降低管护成本。集体林权制度改革后，林农获得了自己的林地，拥有对林地的使用权、收益权和处置权。由于林地分散导致收益偏低，再加上采伐限额制度，许多林农转向其他行业以谋求更高的收益，这样林农便有把林地转让出去的可能性。

林权的需求方是指林权交易市场中交易对象的受让方，即买方。林权需求方通过林权交易获得林地的使用权。林权交易中需求方主体主要包括林地经营大户和林业加工企业两类。一些有经济实力的林农看好林业的发展前景，通过买入、承包、租用林地的手段，扩大林地的经营规模，以获得林地的规模效益。一些林业的下游企业，为了降低原材料的成本，通过承包林地等手段，获得林地的使用权、收益权和处置权。

二、交易主体转出行为分析

1. 转出驱动力

（1）比较收益的驱动。比较收益是竞争性市场中资源和市场要素流动配置的“指挥棒”。理论上，林权的供给方根据自己的经营能力、经济实力等多方面因素权衡林权转出收益（包括转出林权所获得的收入和转出后从事非林行业劳动所获得的收入）和继续从事林地经营的收益，如果前者大于后者，供给方愿意转出其林权，否则，供给方不会转出其林权。

用数学表达式表示：当 $U_0+U_1/(1+r)+U_2/(1+R)>C$ 时，供给方愿意转出其林权，其中 U_0 表示供给方因转出林权获得的一次性收益，U_1 表示供给方获得的阶段性分红，U_2 表示林权转出后供给方从事其他行业劳动所获得的收入，r 表示供给方的目标收益率，C 为供给方继续从事林地经营活动所能获得的收益，即机会成本。同理，当 $U_0+U_1/(1+r)+U_2/(1+R)<C$ 时，供给方不愿意转出其林权。

（2）经济环境的保障。比较利益是促使供给方进行林权转出的驱动力，林权转出后劳动力的再就业是实现林权转出的基本前提。劳动力转移的难易在很大程度上取决于该地区的经济发展环境。20 世纪 90 年代以来，城镇第一、第二产业迅速发展，吸引了大量的农村劳动力从事第一、第二产业的劳动，为农村劳动力的转移提供了广阔的空间。农村劳动力的有效转移是实现林地转出的关键。

（3）科教文化因素。林地经营个体的投资收益率差别很大。这种差异除了林地经营管理成本的摊薄外，林业科技因素的影响显著。对于一般的林农，信息的获取能力、信息分析处理能力、抗风险能力、资金实力、林业科技成果的运用能力都有限，与那些具有一定规模、林地经营技术较高、资金实力较强的林户相比，收益率明显偏低。这种收益的差别，促使林农将收益率低的林地进行转出。而我国城乡间的教育设施、师资力量等教育水平存在很大的差距，尤其是在一些偏远乡村，教室还是土地砖墙，仍然实施黑板加粉笔的教学体系，许多村民为了使自己的子女获得更好的教育，会选择进城经商、打工等途径向城市迁移，这也在一定程度上推动了林地转出的步伐。

（4）林木采伐管理制度的趋势。林木采伐管理制度与林权所有者的利益密切相关。我国的森林采伐管理制度的运行机制还存在缺陷，没关系、不灵活的林农散户很难取得林木指标，福建三明市的调研显示，多于 65% 的林农认为林地生产经营计划的安排要首先考虑林木采伐指标，多于 13% 的林农因担心拿不到林木采伐指标考虑流转林木所有权（刘祖军，2011）。所以，虽然森林采伐管理机制对林权交易形成了一定的障碍，但从林权转出的动力机制考虑，效果显著。

2. 转出约束

（1）林区社会保障机制不完善。在我国，林地对于林农来说，不只是一种生产资料，还发挥了失业、医疗、养老保障的功能（徐秀英等，2003）。社会保障机制的不完善，使得林农在决定是否进行林地转出时，不仅要进行收益比较，还要考虑生活的连贯性、保障性。所以，许多林农已转移到第二、第三产业的劳动中，他们的林地只维持自然产出甚至闲置，但是因为非林行业收入的不稳定性和失业风险，他们不愿意将林地转让出去。

（2）剩余劳动力转移困难。在我国，尤其是南方林权，人口密集，人均拥有的林地极少，劳动力转移困难。城镇第一、第二产业迅速发展，给农村劳动力转移带来了很大的机遇，但是以下因素仍然为劳动力转移带来极大的障碍，主要表现在：①部分林农环境适应能力差、技术单一，对林地资源的依赖程度高；②由于户籍制度的限制，农村劳动力在就业工种、技能培训、社会保障等方面与城镇居民差距很大；③职业中介组织等社会服务体系不健全，职业中介组织是农村劳动力转移的推动力。许多职业中介组织运行不规范，不能帮助林农找到适合的工作，也不能对林农的合法权益起到保障作用，甚至损害了外出务工林农的合法权益。

（3）林地的自然产出效应。农地不进行经营管理，就会变荒芜，没有产出。林地与农地不同，即使在弃种的情况下，由于林地存在自然产出，林地的边界收入依然高于边际成本。所以许多林农由于劳动力的转移放弃林地的经营，但并不放弃林地。

3. 转出行为机理分析

林权的供给方作为一个理性的经济主体，在决定是否进行林权转出时会综合权衡各方面因素，做出决定。在内部比较收益和外部政策经济环境的驱动下，供给方会产生转出意愿，进一步林农会对林权转出后所能获得的收益和如果继续经营林地所能获得的收益进行比较，并综合考虑林权转出后生活的稳定性、安全性、连续性的因素，最终决定是否进行林权转出。林权供给方的转出行为机理如图 7 -2 所示。

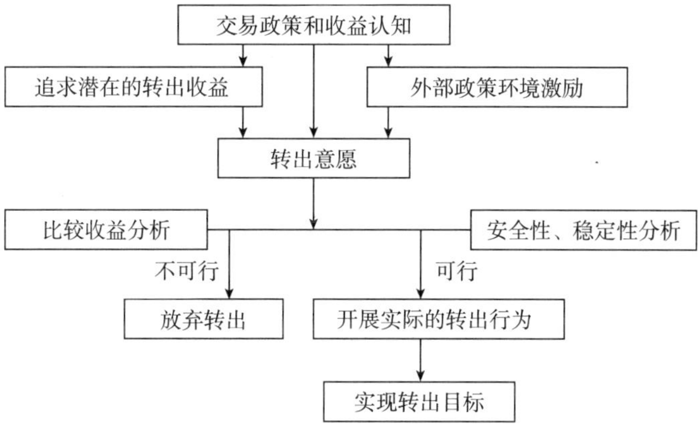

图 7 -2　林权供给方的转出行为机理

三、交易主体转入行为分析

1. 转入驱动力

（1）比较利益的驱动。同供给方比较利益的分析一样，林权的需求方权衡林权转入的预期收益和机会成本，决定是否开展林权转入行为。资本的本质是追求利润最大化。林地的破碎程度严重，机械化水平低，科技进步成果利用率低，导致林业的经营利润率低于社会利润率。但是林业经营具有规模效益，当林地达到一定的规模，劳动力、技术、资金等资源在林地经营中充分发挥效益时，林业经营的利润率会大幅度上升，很有可能超过社会平均水平。一些拥有林地管理技术并有资金实力的林农看好林地经营的发展前景，希望转入林地实现林地的规模经营。还有一些林产品的下游企业也借此林权交易的机会转入林地自己经营，以降低原材料的成本。

（2）经济环境的保障。良好的林业经济环境为林业经营打开了广阔的利润空间。我国林业经济环境的改变主要体现在：①国家调整林业战略。我国的林业产业战略由以提供林产品为主的生产型产业战略向以木材生产为导向提供生态服务战略转变，这种战略转变限制了天然林的采伐，突出了经营林木在木材生产中的作用，吸引了大量的资本投入林地经营。②林产品相关产业的迅猛发展。建筑业、纸制品加工业、木材加工业等林业相关产业的快速发展，带动了林业产业的发展，吸引了许多林业投资者的目光。③外贸环境的变化。我国是世界上第二大林木进口国，据统计，2009 年我国有超过 60% 的原木来源于国外，依赖程度不断攀升。为了改善我国原木进口的恶劣环境，国家增加了对商品性林地经营的支持力度，以充分发挥商品性林地的作用。

（3）林业科技因素。对于那些有一定的林地经营管理能力、拥有一定资金实力的农户、林地经营商来说，通过转入林地实现一定的林地经营规模，可以增加林业科技成果的成效，提高林地投资收益率。

（4）林木采伐管理制度的趋势。由于森林采伐管理制度的限制，许多林农拿不到林地采伐指标而影响生产经营活动，但是我国的采伐管理制度的运行还存在一些漏洞，一些大的林地经营商基本不担心林地采伐指标的取得，他们总能够通过一定的途径取得指标。另外，国家的法规对大的林地经营商的采伐限制也相对宽松，在福建，对于那些造林规模超过 66.7 公顷的林户或者原料林超过 1333.3 公顷的企业，如果有林地采伐申请的，申请单列。这些规定在一定程度上推动了林地转入行为（沈文星等，2008）。

2. 转入约束

根据购买行为是否实施，需求可以分为潜在需求和现实需求。我国农村资本的投资渠道相对缺乏，在林权制度改革、林地征税制度改革的背景下，许多有能力的林农对林地投资产生了很大的热情，但是由于种种因素，这种热情并没有转化为现实需求，这些影响因素主要表现在：

（1）产权制度与政府干预。我国集体林权制度改革采用“均山”制分配森林资源，体现性别、身份的平等性，但这种平等性会随着时间的推移发生结构性变化。由于组织内成员的增减，林区会随着人口的变动对林地进行周期性调整，而这种周期性调整影响了林权需求方对林地长期投资收益的估计。我国乡镇等地方政府对林权的经营干预较大，地方政府经常以城镇规划、乡镇统一等理由对林地进行调整，这种经常性的林地调整降低了林权需求者对林权投资的积极性。

（2）比较收益低下。只有当林地经营的行业投资收益率大于社会平均投资收益率时，社会资本才能流畅地进入林地经营行业。我国的林业仍然属于弱势行业，与其他行业相比，投资收益率较低。林地经营比较收益低下的原因主要包括：①经营周期长。林地经营的投资周期较长，造成了资本的长期占用，同时产生了高昂的机会成本。②信息缺乏。与其他行业的交易相比，林权交易信息相对缺乏、不透明，从而导致了交易的道德风险和较高的交易费用。③科技成本的应用率低。由于林区一般多山，使得大规模的机械作业很难实施，从而造成林业经营的生产效率低下，林地经营的规模效益难以实现。

（3）林权交易市场的缺陷。与其他行业相比，林权交易市场的发展落后很多，市场信息的缺乏、中介组织的欠缺，法律法规的不到位等都限制了社会资本的流入。

3. 转入行为机理分析

林权的需求方作为一个理性的经济主体，在决定是否进行林权投资时会综合权衡各方面因素，做出决定。在内部比较收益和外部政策经济环境的驱动下，需求方会产生林地投资意愿，进一步地，需求方会对林地投资收益和其他行业投资收益进行比较，并综合考虑林地投资的风险，最终决定是否进行林权转入行为。林权需求方的转入行为机理如图 7－3 所示。

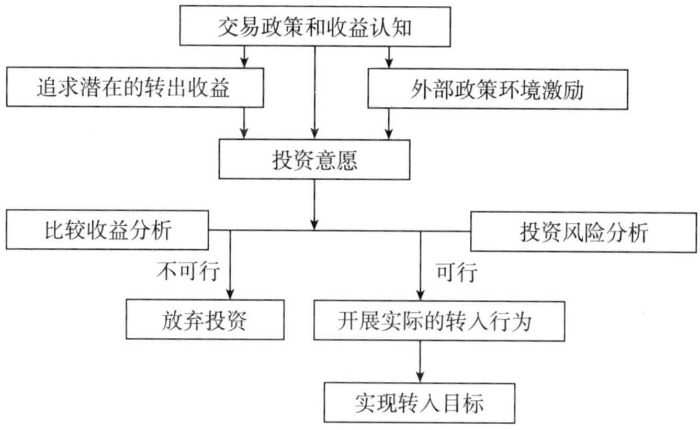

图 7－3　林权需求方的转入行为机理

本节从林权交易市场的交易主体、林权供给方的转出行为和林权需求方的转入行为三方面对林权交易市场中的交易行为进行了分析，为下一节对林权交易市场中交易行为的博弈分析奠定了基础。

第三节 林权交易行为的演化博弈分析

一、林权交易博弈主体分析

1. 利益相关者分析

林权交易利益相关者分析是林权交易博弈分析的基础（刘园园等，2012）。本书研究的林权交易主要是指林地使用权在二级、三级市场中的交易。林权交易的利益相关者是与林权交易有着直接、间接或潜在利害关系的个人、团体或机构组织。根据与林权交易关系的紧密性，利益相关者可以分为直接利益相关者、间接利益相关者和潜在利益相关者（柯水发等，2011）。

（1）直接利益相关者。指直接参与林权交易的过程，与林权交易有着直接利益影响关系的个人、团体或组织机构。包括林权的供给方、林权的需求方和相关的服务组织等。其中林权的需求方、林权的供给方是林权交易中最直接的利益相关者。林权供给方主要包括受委托管理没有划分到户的林地的村组织、一般林农等；林权的需求方主要包括林地的经营大户、林业加工企业等。

（2）间接利益相关者。指与林权交易有间接利益关系的个人、团体或组织结构，包括村地方组织、地方政府、中央政府和林业主管部门等。

（3）潜在利益相关者。指其利益关系与林权交易有潜在影响关系的个人、团体和组织机构。潜在利益相关者一旦进入林权交易的流程就会转变为主要利益相关者或次要利益相关者。林权交易实际上是各利益相关者之间进行的复杂的多元博弈，各博弈方在博弈中追求自身利益的最大化。

2. 博弈主体分析

本书所构建的博弈模型主体主要涉及林权交易的最直接的利益相关者，即林权的供给方和林权的需求方。林权供给方的研究对象是指拥有低效产出林地或者荒废林地的林农，林权需求方的研究对象是拥有资金、有一定的林地管理能力的林户、林地经营商或者林业企业等。

许多林农因林地分散难以管理、缺乏劳动力、林地采伐指标等原因，并没有对个人林地投入足够的经营管理，只是靠林地的自然产出取得微薄的收入，有的林农甚至将林地闲置。而一些拥有资金、有一定的林地管理能力的林户、林地经营商和林业企业虽然有林地转入的意愿，但是仍然持观望态度，没有将这种潜在需求转化为有效的实际需求，未实施林权转入活动。

在林权交易中，林权交易双方，即林权供给方和需求方都不是完全理性的决策者，他们都受到能力、经验、知识以及所能获得的信息等因素的限制，并非能在开始时就选择最有利于自己的策略，而是在交易过程中不断学习、总结经验，不断优化自己的策略。许多林农由于文化水平较低又受到传统理念的束缚，理性层次较低，模仿能力较慢，而且林权交易的供给方和需求方是两个庞大的群体，经验的传递速度比较慢，因此策略调整的过程是一个渐进的过程，即时间维度非常重要。我们可以用复制动态的分析框架来讨论林权交易市场中交易博弈行为的动态策略调整及其稳定性。

二、基本假设与博弈模型的构建

1. 基本假设

（1）局中人假设（李霄，2003）。在本博弈模型中，局中人是指林权的供给方群体和需求方群体。供给方是指那些闲置林地或者低效产出林地的林权拥有者，需求方是指那些拥有投资实力同时又拥有一定林地管理能力的投资者，他们随机选择自己的交易对象。林权供给方和需求方是具有独立决策能力的主体，是策略的制定者。

（2）行为策略空间假设。如果供给方认为林地转出后的期望收益比继续经营林地的期望收益大，且林地转出后生活的稳定性、持续性能够得到保障，则供给方会进行林地转出行为，否则不进行林权转出。如果林地需求方认为林地投资的收益率比用于其他投资的收益率高，则需求方会进行林权转入行为，否则不进行林权转入行为。为了简述方便，供给方的转出行为和需求方的转入行为统称为交易行为，供给方不转出和需求方不转入统称为不交易行为。即供给方和需求方的策略空间为交易和不交易两种策略。

（3）不完全信息假设。由于信息的不对称，林权交易的双方对彼此的实际信息、收益函数等并不了解。小户林农相对于大的林户、林地经营商、林业企业等获得信息的能力较差，处于优势的大的林户、林地经营商、林业企业为了自身利益的最大化，经常会利用虚假信息来蒙蔽信息缺乏的林户；而林权的需求方对于林地的实际情况，如地方政策、规划等也不能做到完全的了解。

（4）有限理性假设。林权交易过程中的林权供给方和需求方并非完全理性，由于受文化程度、获得信息的能力、分析鉴别能力、观念意识等自身因素及环境因素的影响，他们并不能总是在开始时就做出最有利于自己的决策，而是在交易过程中不断学习、积累经验，调整策略，以最大化自己的利益。

（5）重复博弈假设（于维生，2007）。新一轮的林权制度改革让林农拥有了自己的林地，但是造成“一山多主，一主多山”的局面，林地的细碎化程度较高。一个林户可能有几块分散的林地，林权转出行为不是一次进行完毕的。另外，林权交易市场中的供给方群体和需求方群体是随机配对进行交易的，交易经验不断传递，交易行为重复不断地发生。因此林权交易市场中的林权交易行为是重复发生的。

（6）学习和进化假设。在林权交易行为的重复发生过程中，林权的供给方和需求方都具有学习、记忆、分析、推断等能力，并随着交易的进行不断优化策略，以最大化自己的收益。有些林农文化水平较低，对新事物的接受能力较差，又受到传统思想的影响，所以理性层次往往也较低，而且供给方和需求方的群体较大，经验传递的速度较慢，因此学习速度较慢，策略优化是一个渐进的过程。

（7）收益假设。林权交易中供给方和需求方的收益受到交易对方行为的影响，在与交易对方的互动中取得收益，假设在林权交易市场中单位林地的交易价格为 P，价格受市场供需状况的影响，供求双方都是市场价格的接受者；交易双方进行交易的林地面积用 M 表示；理想情况下（如林地管理完善、科技成果应用充分、有林木采伐指标、无自然灾害等）单位面积林地的产出收益为 R；林地的实际产出收益与林地经营者的林地经营能力（包括科技运用能力、林木管理能力、林木采伐指标的获取能力以及资金的投入能力等）密切相关，假设供给方和需求方的林地经营系数分别为 θ_S、θ_D；农民外出打工、经商可以获得非林行业的劳动收入，假设理性状况下在经营面积为 M 的林地的所用时间内，非林就业收入为 I_S；非林就业收入与非林就业者的技术水平、工作时间等紧密相关。林地的经营具有显著的兼业性，即林地的拥有者既可自己经营林地也可以同时从事其他非林行业的劳动，取得非林行业的经济收入。假设供给方在兼业情况下的非林业就业收益系数为 ρ_{S1}，供给方在将林地转让后非林业就业收益系数为 ρ_{S2}，完全从林地经营中解放出来的林农与兼业状态下的林农相比，有更多的时间、精力投入非林行业的劳动中，有更多的培训机会提高自己的技能，因此能取得更高的非林业就业收入，即 $\rho_{S1}<\rho_{S2}$；投资者对投资收益的信心直接影响投资者的投资行为，可以用投资收益的期望系数来表示，设需求方对林地投资收益的期望系数为 ρ_D；

林地经营有显著的规模效益。林地经营规模越大，机械化运作水平越高，林业科技成果应用率越高，边际成本越低，所以林地投资收益率就越高。设林地转入后的林地规模经营收益系数为 φ_D；如果需求方不将资金投入林地经营中，他可以将这部分资金用于储蓄或进行其他行业投资，取得利润和收益，即机会成本，用 I_D 表示；交易双方进入林权交易市场进行林权交易，必须承担一定的信息搜索、林权计量、签订合同、监督违约和寻求赔偿等交易成本，设供给方和需求方所承担的交易成本分别为 C_S、C_D。

供给方在选择交易策略的情况下，如果交易成功（即需求方同时也选择交易策略），供给方得到因转出林权而获得的收益（$P \cdot M$），从林地经营中解放出来的供给方劳动力可以从事非林业劳动，取得非林业就业收入（$\rho_{S2} \cdot I_S$），同时供给方也必然要承担由于进行林权转出行为所产生的交易成本（C_S），设在这种情形下供给方所能获得的收益为 U_{S1}；如果交易不成功（即需求方选择不交易策略），林地使用权仍然属于林权供给方，供给方仍能得到林地经营收入（$\theta_S \cdot M \cdot R$）和兼业状态下的非林业劳动收入（$\rho_{S1} \cdot I_S$），但供给方为了转出其林权做了大量的信息搜索、林权计量等工作，所以虽然没有成功地将林权转让出去，但是供给方仍然要承担大量的交易成本，为研究方便，这里认为此时的交易成本与交易成功时的交易成本相同，设在这种情形下供给方的收益为 U_{S2}。供给方在选择不交易策略的情况下，无论需求方选择何种策略，交易都不会成功，林权仍然属于林权供给方，供给方都能得到林地经营收入（$\theta_S \cdot M \cdot R$）和兼业状态下的非林业劳动收入（$\rho_{S1} \cdot I_S$），因为供给方选择的是不交易策略，所以其为林权转出所付出交易成本很低，为研究方便，这里认为交易成本为 0，设需求方选择交易策略和不交易策略时供给方对应的收益分别为 U_{S3}、U_{S4}，通过以上分析可知 $U_{S3} = U_{S4}$。

$$U_{S1} = P \times M + \rho_{S2} \times I_S - C_S \tag{7-1}$$

$$U_{S2} = \theta_S \times M \times R + \rho_{S1} I_S - C_S \tag{7-2}$$

$$U_{S3} = \theta_S \times M \times R + \rho_{S1} I_S \tag{7-3}$$

$$U_{S4} = U_{S3} \tag{7-4}$$

需求方在选择交易策略的情况下，如果交易成功（即供给方同时也选择交易策略），需求方将得到林地投资收益（$\rho_D \cdot \theta_D \cdot \phi_D \cdot M \cdot R$），并要支付买价给供给方（$P \cdot M$），同时也必须承担因林权转入行为所发生的交易成本（C_D），设在这种情形下需求方所能获得的收益为 U_{D1}；如果交易不成功（即供给方选择不交易策略），需求方仍然可以将这部分资金用于储蓄或进行其他行业投资，取得利润和收益（I_D），但需求方为了转入林权做了大量的信息搜索等工作，所以虽然没有成功地转入林权，但其仍然要承担大量的交易成本，为研究方便这里认为此时的交易成本与交易成功时的交易成本相同，设在这种情形下供给方所能获得的收益为 U_{D3}。需求方在选择不交易策略的情况下，无论供给方选择何种策略，交易都不会成功，需求方都会得到这部分资金用于非林业投资的收益（I_D），设供给方选择交易策略和不交易策略时所对应的需求方的收益分别为 U_{D2}、U_{D4}，显然 $U_{D2}=U_{D4}$。

$$U_{D1}=\rho_D\times\theta_D\times\Phi_D\times M\times R-P\times M-C_D \tag{7-5}$$

$$U_{D3}=I_D-C_D \tag{7-6}$$

$$U_{D2}=I_D \tag{7-7}$$

$$U_{D4}=U_{D2} \tag{7-8}$$

林权交易双方博弈的收益矩阵如表 7－1 所示。

表 7－1　林权交易博弈的收益矩阵

参与主体及其策略		需求方	
		交易	不交易
供给方	交易	U_{S1}，U_{D1}	U_{S2}，U_{D2}
	不交易	U_{S3}，U_{D3}	U_{S4}，U_{D4}

2. 博弈模型的构建

由上节假设可知，林权供给方有交易和不交易两种策略，令供给方的纯策略空间为 $L\ \{L_{SA},\ L_{SB}\}$，其中，L_{SA}表示供给方选择交易策略，L_{SB}表示供给方选择不交易策略；同样林权需求方也有交易和不交易两种策略，令需求方的纯策略空间为 $L\ \{L_{DA},\ L_{DB}\}$，其中，L_{DA}表示需求方选择交易策略，L_{DB}表示需求方选择不交易策略。

令 $x_t(L_{Si})$（$i=A$，B；t 为时间）表示某时刻供给方选择某项纯策略的比例向量，即 $x_t(L_{SA})$表示某时刻林权供给方群体中选择交易策略的个体所占的比例，$x_t(L_{SB})$表示某时刻林权供给方群体中选择不交易策略的个体所占的比例。

由于随着林权交易行为的重复发生，林权的供给方作为有限理性的决策者，会不断地学习、积累经验，不断优化自己的策略，所以供给方群体中选择交易策略的个体与选择不交易策略的个体比例随时间推移不断地变化，即 $x_t(L_{Si})$是时间 t 的函数，为简述方便，将 $x_t(L_{Si})$记作 $x(L_{Si})$。令 $y_t(L_{Di})$（$i=A$，B；t 为时间)表示某时刻需求方选择某项纯策略的比例向量，分析同供给方。同样将 $y_t(L_{Di})$ 记作 $y(L_{Di})$。

林权的供给方和需求方是两大群体，经验的传递速度较慢，所以策略调整的速度就较慢，策略调整的过程类似生物进化中描述某一性状个体数量变化的自然选择过程，所以策略调整的速度可以用复制动态方程来表示。令 $F(X_i)$ $(i=A, B)$，表示供给方选择某一策略的调整速度，即为供给方中选择某一策略的个体在供给方群体中所占比例 $x(L_{Si})$ 对时间 t 的微分 $\frac{dx_t(L_{Si})}{dt}$，与供给方群体中选择策略 L_{Si} 的个体所占的比例成正比，与选择策略 L_{Si} 所获得的期望收益高于供给方群体的平均收益的量成正比。令 $F(y_i)(i=A, B)$，表示需求方选择某一策略的调整速度，分析同供给方，则供给方和需求方的策略调整的复制动态方程如下所示：

$$F(X_i)=\frac{dx(L_{Si})}{dt}=x(L_{Si})(u_{Si}-\bar{u}_S) \quad (i=A, B) \tag{7-9}$$

$$F(y_i)=\frac{dy(L_{Dt})}{dt}=y(L_{Di})(u_{Di}-\bar{u}_D) \quad (i=A, B) \tag{7-10}$$

式中，u_{Si} 表示供给方选择策略 L_{Si} 的期望收益；$\bar{u}_S$ 表示供给方群体的平均收益；u_{Di} 表示需求方选择策略 L_{Di} 的期望收益；$\bar{u}_D$ 表示需求方群体的平均收益。

三、策略演化规律与影响因素分析

1. 策略演化规律分析

一个博弈中可能存在一个均衡，也可能存在两个或多个均衡。每一均衡都能使博弈群体达到暂时的稳定状态，不同均衡态博弈方的收益可能大不相同。这些均衡态有的是具有抗干扰能力的稳定均衡，即在受到某些偏离的干扰影响下，通过博弈方的学习、调整，仍然能恢复到原先的均衡态，而有的均衡是不具抗干扰能力的不稳定均衡，即如果某个博弈方出现偏离，其他的博弈方通过学习模仿也会逐渐改变策略选择，原先的均衡态就会被打破，并趋于另一个均衡状态。通常我们对博弈模型的分析要先讨论该博弈是否能实现均衡，再讨论这种均衡是否稳定。

(1) 均衡策略分析。在所建立的林权交易行为模型中，$F(x_i)=0(i=A, B)$，表示供给方选择策略 L_{Si} 的调整速度为0，即供给方群体中选择策略 L_{Si} 的个体在供给方群体中所占的比例不变，$F(y_i)=0(i=A, B)$，表示需求方选择策略

L_{Di}的调整速度为0，即需求方群体中选择策略L_{Di}的个体在需求方群体中所占的比例不变，即达到一种均衡状态。$x(L_{Si})(i=A)$，表示供给方群体中选择交易策略的个体在供给方群体中所占的比例，为表示简便，将$x(L_{Si})(i=A)$简写为x，则供给方群体中选择不交易策略的个体在供给方群体中所占的比例为$1-x$。$y(L_{Di})(i=A)$，表示需求方群体中选择交易策略的个体在需求方群体中所占的比例，为表示简便，将$y(L_{Di})(i=A)$简写为y，则需求方群体中选择不交易策略的个体在需求方群体中所占的比例为$1-y$。

令供给方群体中选择交易策略的个体期望收益为u_{SA}，选择不交易策略的个体期望收益为u_{SB}，供给方群体的平均收益为$\overline{u}_S$，则u_{SA}、u_{SB}、$\overline{u}_S$可以表示为：

$$u_{SA}=y\times U_{S1}+U_{S2}\times(1-y) \tag{7-11}$$

$$u_{SB}=y\times U_{S3}+U_{S4}\times(1-y) \tag{7-12}$$

$$\overline{u}_S=x\times u_{SA}+(1-x)\times u_{SB} \tag{7-13}$$

将式（7-11）、式（7-12）、式（7-13）代入式（7-9）可得到供给方群体中选择交易策略的调整速度的复制动态方程：

$$F(x)=x(1-x)[(U_{S1}-U_{S2}-U_{S3}+U_{S4})y+U_{S2}-U_{S4}] \tag{7-14}$$

令需求方群体中选择交易策略的个体的期望收益为u_{DA}，选择不交易策略的个体的期望收益为u_{DB}，需求方群体的平均收益分别为$\overline{u}_D$，则u_{DA}、u_{DB}、$\overline{u}_D$可以表示为：

$$u_{DA}=x\times U_{D1}+U_{D3}\times(1-x) \tag{7-15}$$

$$u_{DB}=x\times U_{D2}+U_{D4}\times(1-x) \tag{7-16}$$

$$\overline{u}_D=y\times u_{DA}+(1-y)\times u_{DB} \tag{7-17}$$

将式（7-15）、式（7-16）、式（7-17）代入式（7-10）可得到需求方群体中选择交易策略的调整速度的复制动态方程：

$$F(y)=y(1-y)[(U_{D1}-U_{D3}-U_{D2}+U_{D4})x+U_{D3}-U_{D4}] \tag{7-18}$$

为了表述简洁，引入两个变量α、β，设：

$$\alpha=\frac{U_{S4}-U_{S2}}{U_{S1}-U_{S2}-U_{S3}+U_{S4}}\ (0<\alpha<1) \tag{7-19}$$

$$\beta=\frac{U_{D4}-U_{D3}}{U_{D1}-U_{D3}-U_{D2}+U_{D4}}\ (0<\beta<1) \tag{7-20}$$

将式（7-19）和式（7-20）分别代入式（7-14）和式（7-18）中，可以分别得到以α和β为参数的供给方和需求方群体中选择交易策略调整速度复制动态方程：

$$F(x)=x(1-x)(y-\alpha)(U_{S1}-U_{S2}-U_{S3}+U_{S4}) \tag{7-21}$$

$$F(y)=y(1-x)(x-\beta)(U_{D1}-U_{D3}-U_{D2}+U_{D4}) \tag{7-22}$$

当 $U_{S1}-U_{S2}-U_{S3}+U_{S4}\leqslant 0$ 时，因为 $U_{S3}=U_{S4}$，即 $U_{S1}\leqslant U_{S2}$ 供给方进行交易所能获得的收益比不进行交易所能获得的收益小，供给方会继续保留林权，不会将其林地转出。当 $U_{S1}-U_{S2}-U_{S3}+U_{S4}>0$ 时，即 $U_{S1}>U_{S2}$ 供给方进行交易所能获得的收益比不进行交易所能获得的收益大，供给方会考虑将其林地转出。

本书研究对象中的林权供给方是指那些拥有闲置林地或者低效产出林地的林权拥有者，即正常情况下都存在 $U_{S1}-U_{S2}-U_{S3}+U_{S4}>0$，所以，下文以 $U_{S1}-U_{S2}-U_{S3}+U_{S4}>0$ 为前提研究供给方群体的策略调整情况。

如果 $y=\alpha$，所有的 x 都能使 $F(x)=0$，即都处于稳定状态。

如果 $y>\alpha$，当 $x=0$ 时，即供给方群体都选择不交易的策略，既然没有选择交易策略的个体出现，供给方没有学习模仿的对象，就不会出现策略调整，即 $x^*=0$ 是一个稳定状态。同理，当 $x=1$ 时即供给方群体都选择交易的策略，既然没有选择不交易策略的个体出现，供给方没有学习模仿的对象，就不会出现策略调整，即 $x^*=1$ 是一个稳定状态；当 $0<x<1$ 时，$F(x)>0$，即供给方群体中选择交易策略的调整速度为正，即选择交易策略的个体比例不断增大，趋于1，相位图如图7-4所示。除 $x=0$ 点，其他点都不断趋于 $x=1$，即只要有选择交易策略的供给方个体出现，选择不交易策略的供给方个体通过比较、学习会逐渐改变自己的策略选择。

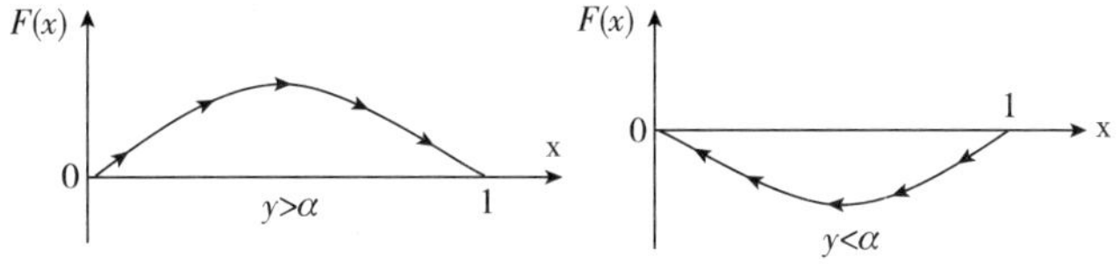

图7-4 $F(x)$ 的相位图

同理，如果 $y<\alpha$，相位图如图7-4所示。$x^*=0$ 和 $x^*=1$ 是两个均衡状态。当 $0<x<1$ 时，$F(x)<0$，供给方群体中选择交易策略的调整速度为负，即选择交易策略的个体比例不断减少，趋于0。除 $x=1$ 点，其他点都不断趋于 $x=0$，即只要有选择不交易策略的供给方个体出现，选择交易策略的供给方个体通过比较、学习会逐渐改变自己的策略选择。

需求方稳定策略的分析与供给方稳定策略的分析相似，当 $U_{D1}-U_{D3}-U_{D2}+U_{D4}\leqslant 0$ 时，因为 $U_{D2}=U_{D4}$，即 $U_{D1}\leqslant U_{D3}$ 需求方进行林地投资的收益小于把该资金用于其他行业的投资收益，需求方不会将资金用于林地投资，不会进行林权转入行为。当 $U_{D1}-U_{D3}-U_{D2}+U_{D4}>0$ 时，即 $U_{D1}>U_{D3}$ 林地投资的比较收益较大，供给方会考虑进行林地转入行为。在 $U_{D1}-U_{D3}-U_{D2}+U_{D4}>0$ 的前提下：如果 $x=\beta$，所有的 y 都能使 $F(y)=0$，即都处于稳定状态。当 $x\neq\beta$ 时，$F(y)$ 的相位图如图 7-5 所示，$y^*=0$ 和 $y^*=1$ 是两个均衡状态。

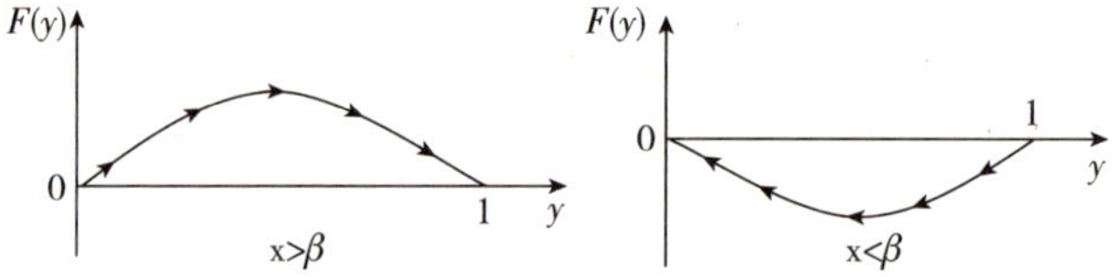

图 7-5 $F(y)$ 的相位图

（2）均衡稳定性分析。博弈方通过在博弈过程中不断学习、调整策略，找到了最好的策略，达到一个稳定状态，但是不能排除一些博弈方“犯错误”，也就是说某些博弈方仍然会偏离已经收敛到的均衡策略。如果偏离的博弈方仍然可以通过学习、模仿重新回到均衡策略，说明这个状态是稳健的，具有抗干扰性，这样的策略称为进化稳定策略（ESS）；如果偏离的博弈方通过学习、模仿不再回到均衡策略，说明原先的稳定状态不具有抗干扰性。

对于供给方来说，如果 $y>\alpha$，供给方群体都选择交易策略和供给方群体都选择不交易策略是两个稳定状态。当供给方都选择交易策略，即 $x=1$ 时，如果出现比例为 δ 的少数博弈方出现了策略选择失误，偏离了原稳定状态选择了不交易策略，则此时选择交易策略的供给方的比例为 $1-\delta$，出现偏离的供给方个体会将自己的收益 u_{SB} 与供给方的群体平均收益 $\bar{u}_S$ 进行比较，如下：

$$u_{SB}-\bar{u}_S=u_{SB}-((1-\delta)u_{SA}+\delta u_B)$$
$$=(1-\delta)(\alpha-y)(U_{S1}-U_{S2}-U_{S3}+U_{S4})<0$$

选择不交易的博弈方意识到了自己收益小于群体的平均收益，会纠正错误，模仿选择交易策略的供给方。所以在供给方群体中，最终仍然趋于选择 $x^*=1$，即供给方都选择交易策略。所以 $x^*=1$ 供给方都选择交易策略是进化稳定策略。当供给方都选择不交易策略时，即 $x^*=0$ 时，如果出现比例为 δ 的少数博弈方出现了策略选择失误，偏离了原稳定状态选择了交易策略，则此时选择不交易策略的供给方的比例为 $1-\delta$，出现偏离的供给方个体会将自己的收益 u_{SA} 与供给方的群体平均收益 $\bar{u}_S$ 进行比较，如下：

$$u_{SA}-\overline{u}_S=u_{SA}-(\delta u_{SA}+(1-\delta)u_B)$$
$$=(1-\delta)(y-\alpha)(U_{S1}-U_{S2}-U_{S3}+U_{S4})>0$$

选择不交易的博弈方意识到自己收益大于群体的平均收益，则会继续选择交易策略，而选择不交易策略的供给方认识到自己的收益小于供给方群体的平均收益，会向选择交易策略的供给方学习，进行策略调整，则选择不交易策略的供给方在复制动态过程中不断减小，最终趋于都选择交易策略。所以稳定状态 $x^*=0$ 被出现偏离的博弈方破坏，不具有抗干扰性，不是进化稳定策略。

如果 $y<\alpha$，供给方进化稳定策略的分析类同 $y>\alpha$ 时的分析。$x^*=0$ 供给方都选择不交易策略具有抗干扰性，稳健性好，是进化稳定策略。$x^*=1$ 供给方都选择交易策略这一稳定状态会被出现偏离选择交易策略的个体破坏，不是进化稳定策略。

综上所述，如果 $y>\alpha$，稳定状态 $x^*=0$ 不具有稳健性，$x^*=1$ 即供给方都选择交易策略是进化稳定策略；如果 $y<\alpha$，稳定状态 $x^*=1$ 不具有稳健性，$x^*=0$ 即供给方都选择不交易策略是进化稳定策略。

同样的分析方法，需求方有两个稳定状态：$y^*=0$ 即需求方都选择不交易策略；$y^*=1$ 即需求方都选择交易策略。如果 $x>\beta$，稳定状态 $y^*=0$ 不具有稳健性，$y^*=1$ 即需求方都选择交易策略是进化稳定策略；如果 $x<\beta$，稳定状态 $y^*=1$ 不具有稳健性，$y^*=0$ 即需求方都选择不交易策略是进化稳定策略。

2. 影响因素分析

为了更清楚地反映各类因素对林权交易市场中供给方和需求方策略选择的影响，可将供给方群体和需求方群体的个体策略选择比例变化的复制动态关系，在以比例为坐标的平面上表示出来，如图 7-6 所示。图中 x 轴表示供给方群体中选择交易策略的个体所占的比例，y 轴表示需求方群体中选择交易策略的个体所占的比例，虚线 $y=\alpha$ 和 $x=\beta$ 将坐标平面分为 a、b、c、d 4 个区域，箭头方向表示落在 4 个区域内的点的移动方向。

如图 7-6 所示，b 区域的点趋向于坐标点（1，1）；c 区域的点趋向于坐标点（0，0）；a 区域和 d 区域的点可能通过先移动到 b 区域而趋向于坐标点（1，1），也可能通过先移动到 c 区域而趋向于坐标点（0，0），如果 b 区域的面积比 c 区域的面积大，那么 a 区域和 c 区域的点有更大的可能性先移动到 b 区域而趋向于坐标点（1，1），如果 c 区域的面积比 b 区域的面积大，那么 a 区域和 c 区域的点有更大的可能性先移动到 c 区域而趋向于坐标点（0，0）。所以坐标点（1，1）和（0，0）是林权供给方和林权需求方在博弈过程中策略选择比例变化的收敛和具有抗扰动的稳定状态，即在林权供给方和林权需求方进行林权交易这一非对称博弈中，供给方群体和需求方群体同时都选择交易策略和同时选择不交易策略是不同条件下的两个进化稳定策略。

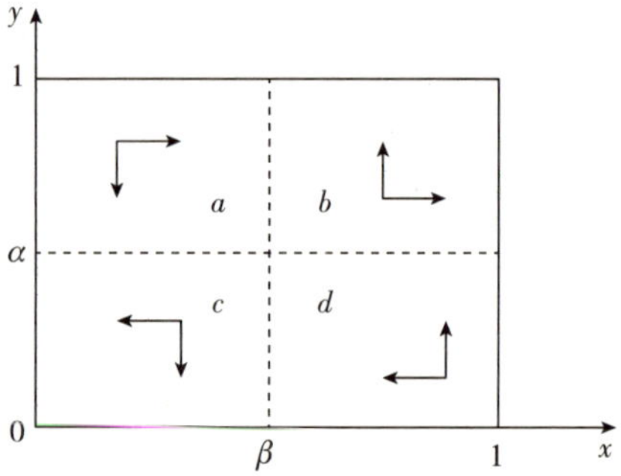

图 7－6　林权转出和需求方两博弈方群体复制动态和策略演化状态

通过上段分析可知，当林权供给方群体和林权需求方群体的初始策略选择比例落在图 7－6 中的 b 区域时，供求双方在长期的博弈过程中不断地进行学习、模仿，优化自己的策略，选择交易策略的个体比例会越来越多，选择不交易策略的个体比例会越来越少，最终趋于都选择进入林权交易市场进行交易这一进化稳定策略，这是我们期待得到的结果。当林权供给方群体和林权需求方群体的初始策略选择比例落在图 7－6 中的 c 区域时，供求双方在长期的博弈过程中不断地进行学习、模仿，优化自己的策略，选择交易策略的个体比例会越来越少，选择不交易策略的个体比例越来越多，最终趋于都选择不进入林权交易市场进行交易这一进化稳定策略，这是我们希望避免的结果。当林权供给方群体和林权需求方群体的初始策略选择比例落在图 7－6 中的 a 或 d 区域时，如果 b 区域的面积比 c 区域的面积大，供求双方在长期交易过程中通过不断的优化策略，有更大的可能性最终趋于都选择进入林权交易市场进行交易这一进化稳定策略；如果 c 区域的面积比 b 区域的面积大，供求双方在长期交易过程中通过不断的优化策略，有更大的可能性最终趋于都选择不进入林权交易市场进行交易这一进化稳定策略。总之，增大 b 区域的面积可以增大供求双方进入林权交易市场进行交易的概率。增大 b 区域面积的途径是使 α 和 β 的值变小。将公式（7－1）至式（7－4）代入式（7－19），将（7－4）至式（7－8）代入式（7－20）可得：

$$\alpha = \frac{C_{SS}}{P \times M + \rho_{S2} \times I_S - \theta_S \times M \times R - \rho_{S1} I_S} \tag{7-23}$$

$$\beta = \frac{C_{DS}}{\rho_D \times \theta_D \times \Phi_D \times M \times R - P \times M - I_D} \tag{7-24}$$

由式（7－23）可知，α 值随供给方进行林权交易活动所产生的交易成本（C_S）值的增大而增大，随林权转出而从林地经营中解放出来的供给方劳动力的非林业就业收益率（ρ_{S2}）值的增大而减小。由式（7－24）可知，β 值随需求方进行林权交易活动所产生的交易成本（C_D）值的增大而增大，随需求方对林地投资收益的期望系数（ρ_D）和林地转入后的林地规模经营收益系数（φ_D）的增大而减小。

由以上分析可知，α 和 β 的值是影响林权供给方群体和需求方群体是否能通过学习、策略优化最终趋于进入林权交易市场进行交易的重要因素，即林权供给方和需求方的交易成本（C_S，C_D）、林权供给方将林权转出后的非林业就业收益率（ρ_{S2}）、需求方对林地投资收益的期望系数（ρ_D）和林地转入后的林地规模经营收益系数（φ_D）是影响林权交易市场中林权交易量的重要因素。若要提高林权交易市场中林权交易的发生量，就要促使林权供给方群体和需求方群体都选择交易策略尽可能地成为交易双方博弈的进化稳定策略。

通过对图 7－6 分析可知，使林权供给方群体和需求方群体选择交易策略的初始比例尽可能地落在 b 区域是实现使供求双方群体都选择交易策略成为进化稳定策略的有限途径。要增大 b 区域的面积，即要使 α 和 β 的值减小。减小 α 和 β 的值有以下几种途径：

第一，减小 C_S、C_D 的值，即降低林权交易双方的交易成本。由式（7－23）和式（7－24）可知，在其他自变量不变的情况下，减小 C_S、C_D 的值可以很好地实现减小 α 和 β 的值的目标。由于林权交易市场的机制不完善，林权的供求双方承担着过高的交易成本。林权的供给方（小户林农）受生活环境、文化水平的限制，信息搜索能力较差，一般只有当需要将自己的林权转让出去时，才会收集林权交易的相关信息，短期内收集信息所花费的费用较多且准确性不高。另外，森林资产评估制度不健全且收费较高，林农还承担了较高的森林资产评估费用（刘伟平，2006）。虽然作为林权需求方的林地经营大户、林业企业处于信息优势，但是也承担着高昂的交易成本。由于林权被分配到千家万户，不同林户对林权转出价格、转出意愿、林地实际情况等大不同，林权的需求方希望实现规模经营，所以需要收集大量林权供给方的相关信息与大量的林权供给方进行谈判，这大大增加了需求方的信息搜索成本和讨价还价成本。另外，林权的需求方还承担着较高的违约索赔成本，由于有些林农的法律意识淡薄，违约现象屡见不鲜，而且通常是集体违约，这对林权的需求方造成了极大的经济损失，而面对这么多处于经济弱势的林农，需求方想要通过法律途径索取赔偿很难。要减小林权供给方和需求方所需承担的交易成本，需改善林权交易市场信息不对称、信息短缺的现状，完善林权交易机制，规范森林资产评估制度。

第二，增大 ρ_{S2}，即提高供给方林权转出后的非林就业收益系数。非林就业收益系数与林农所能获得的劳动工资以及非林业劳动收入的稳定性有关。从市场供需理论的角度分析，非林业劳动工资水平越高，非林业劳动力的供给越多。农民从事第二、第三产业劳动的平均收入水平和就业机会与城市居民相比处于明显的劣势水平，这主要是由于以下因素导致的：①许多农民的文化技能水平较低，达不到劳动需求水平。②职业中介机构运行不规范。农民缺乏城市劳动力需求的信息，而且农民工的职业中介机构运行不规范，农民不能通过职业中介机构找到合适的工作。非林劳动收入的稳定性也是影响非林就业收益系数的一个重要因素，多数农民都是以签订短期劳动合同的方式从事第二、第三产业的劳动，就业收入的稳定性差，失业风险高。要提高供给方林权转出后的非林就业收益系数，就要从提高农民的劳动技能、规范非林业就业中介机构的运行、增强林权转出后林农收益的稳定性等方面进行改进。

第三，增大 ρ_D、ϕ_D，即提高需求方对林地投资收益的期望系数和林地转入后的林地规模经营收益系数。由于森林采伐管理制度不完善、林地经营机械化水平低、林业科技成果应用率低、投资周期长、风险性高等原因，林地投资的比较收益较低，这是导致林权有效需求不足的重要原因。林地经营具有显著的规模效益，当林地达到一定的经营规模，劳动力、技术、资金等资源的投资回报率就会大幅度上升，由于与其他行业相比，林业科技水平相对落后，使得林地规模经营收益对成片林地的面积要求较高（徐秀英等，2010），而供给方获得大面积的成片林地困难很大。

本章通过建立林权交易市场中林权供给方群体和需求方群体交易行为的演化博弈模型，得到了林权交易中可能出现的两个进化稳定策略——林权供求双方都选择交易策略和林权供求双方都选择不交易策略。进一步定性分析了影响林权交易量的一些基本因素，通过分析可知交易成本、供给方的非林就业收益率及稳定性、林业投资期望收益率、林地地块规模效益等因素影响着林权的转出和转入行为，即影响林权交易量。本章分析为构建林权交易市场仿真模型，模拟林权交易量在不同影响因素作用下的长期发展趋势奠定了基础。

第八章　林权交易市场中交易行为的仿真设计与结果分析

第一节　林权交易市场中交易行为的仿真设计

一、开发软件 Netlogo

Netlogo 是一个可以用来对自然和社会的复杂现象进行仿真的可编程的建模环境，特别适合对随时间推移的复杂现象进行建模。Netlogo 世界由主体（Agent）组成，Agent 是指能执行命令的个体。Netlogo 中的 Agent 主要有瓦片（Patches）、海龟（Turtles）、链（Links）、观察者（Observers）四类。

瓦片是没有移动属性的主体，构成模拟的二维世界。瓦片的坐标用 pxcor 和 pycor 表示，pxcor 和 pycor 总是整数。同标准二维坐标系相同，处于坐标（0，0）的瓦片称为原点，pxcor 向右增加，pycor 向上增加。

海龟是具有移动属性的主体，可以在瓦片所构成的“地面”上自由移动。海龟的坐标用 xcor 和 ycor 表示，xcor 和 ycor 可以是小数，这意味着海龟并不一定在瓦片的中央，可以在瓦片的任意一点上，多个海龟也可以同时在同一个瓦片上。

链主要是在网络、几何建模中使用。链出现在两个海龟之间，可能是两个海龟的最短链接，但也可能沿世界回绕。链没有坐标。

观察者是一个全局主体，没有具体的位置，它俯视着由瓦片和海龟组成的世界。

Netlogo 的建模环境如图 8－1 所示。

Netlogo 模型包括可视化部件和例程部件两部分，两者关系紧密。先在界面中建立可视化控件，然后在程序中实现相应的代码。界面中的部件主要分为运行

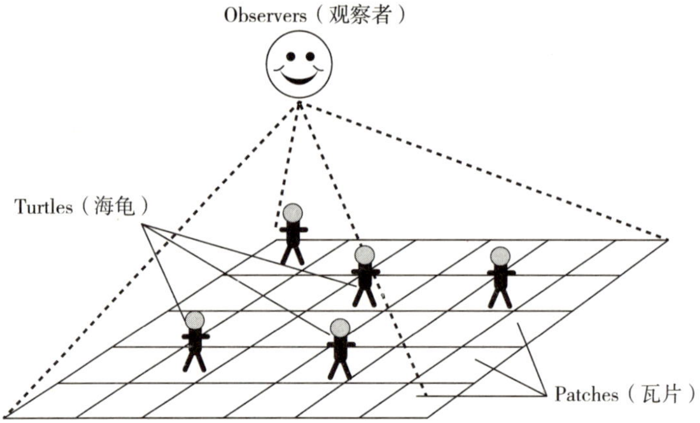

图 8－1　Netlogo 的建模环境

控制部件、参数控制部件和仿真显示部件三类。程序中的例程主要分为命令例程和报告例程两类。模型中至少要包括初始化例程和仿真执行例程。初始化例程（setup）实现对模型初始状态的设置，生产所需要的海龟，设置器状态和其他工作。仿真执行例程（go）编写所需要执行的各种命令。仿真的推进是通过不断实现某个仿真执行例程来实现的。Netlogo 运行界面如图 8－2 所示，这是典型的草—羊—狼生态系统的仿真模型。

二、林权交易市场多主体仿真模型的建立及其在 Netlogo 中的实现

1. 仿真系统中对林权交易市场的简化

本书中林权交易市场的仿真模型主要是对林权供给方和林权需求方的交易行为的研究。为了方便处理，在不影响模型主要功能的前提下，我们对模型进行了如下简化（高宝俊等，2005）：

（1）林权交易市场中存在多类交易主体，但本书主要研究林权供给方和需求方的交易行为，所以假定林权交易主体只涉及两类，即林权供给方和需求方。

（2）模型中林权供给方有 400 人，林权需求方有 100 人。在同一个交易周期中，林权的供给方和需求方不进行角色互换，也不存在同时扮演两个角色的个体，在不同的交易周期供给方和需求方的角色可以互换（在现实生活中，林农既进行林地转入活动又进行林地转出活动的现象虽然比较常见，但是同一户林农的转出活动和转入活动一般不是同时发生的。所以在模型中假设在一个周期中，每个个体只能扮演一个角色）。

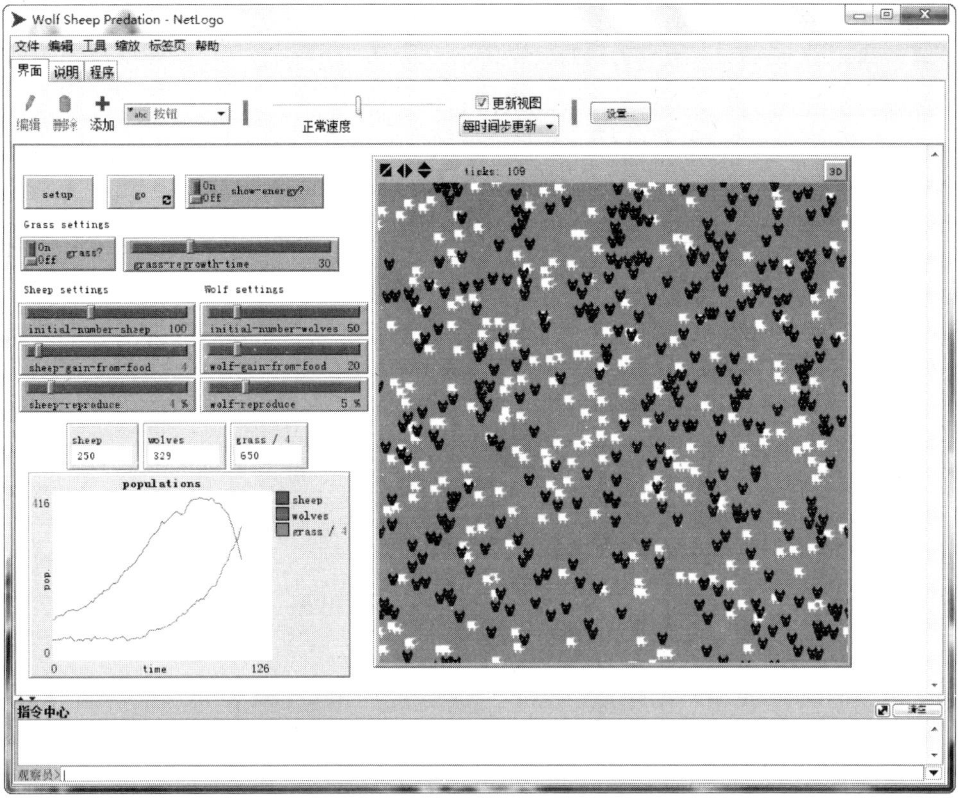

图 8－2　Netlogo 的运行界面

（3）据李朝柱（2012）等学者对在浙江龙游县和景宁县等地的调研可知，平均每户林农拥有林地面积约为 4.44 公顷，每户林农拥有林地块数约为 6 块，即每块林地的面积约为 0.74 公顷。所以在本模型中，假设每个林地地块的面积为 0.74 公顷，每 4 个林地地块为相邻的林地，分别属于 4 个不同的林户。

（4）林权的需求方为了实现规模经营，会同时和多个相邻地块的林权供给方进行谈判。在本书模型中，一个林权需求方个体在一次交易活动中只能和同一组相邻地块的林权供给方进行谈判，同样每组相邻地块的林权供给方也只能和一个林权需求方进行谈判。

（5）林权的供给方群体中的个体的劳动技能、信息掌握能力、决策分析能力等基本素质相差不大；同样需求方中的个体的信息掌握能力、谈判能力、决策分析能力等基本素质也大致相同。

（6）林权交易有转包、租赁、转让、互换、入股等多种方式，每种方式的林权交易价格的计算方式各不相同，并且根据林地状况以及林地附属资源的不同交易价格也有所不同。本书假设林权的交易价格由市场决定，林权的供求双方都是林权价格的接受者，价格不随交易双方讨价还价而波动。林权供给方每年收取林权需求方的租金，即交易价格。

2. 林权交易市场仿真系统的主体属性

（1）市场属性。本仿真模型中市场属性由全局变量（Globals）定义，描述林权交易市场属性的变量包括林权的交易价格、理想状态下的林地经营年收益、理想状态下的非林行业就业年收益、地块规模收益系数、林权的有效供给率、林权的有效需求率、林权交易率等。

1）林权的交易价格（P）：指林权供给方将 1 公顷的林地使用权转让给林权需求方，需求方每年需向供给方支付的价格。林权交易价格由市场决定，供求双方都是林权交易价格的接受者。根据李朝柱等学者对浙江龙游县和景宁县等地的林地流转状况的调研结果可知，林农每转出 1 公顷林地，每年可以获得约 1809.7 元的租金。所以在本书仿真模型中，令林地的交易价格为 1809.7 元/年（李朝柱，2012）。

2）理想状态下的林地经营年收益（R）：指在林地得到充分管理，林业科技成果得到充分应用，气候条件良好，能够取得森林采伐指标并且林木价格合理等的理想状态下，1 公顷林地每年所能获得的经营收益。由于这种理性状态现实生活中无法达到，所以参数值 R 的取得用的是专家打分法，参数值设置为 25269 元/年。林地经营者的实际年收益与经营者的经营管理能力、林地规模等因素有关。

3）理想状态下的非林行业就业年收益（I_S）：指在劳动者的素质、技能达到市场需求，劳动者时间充裕并充分就业等的理想状态下，从事非林行业劳动所能获得的收益。参数 I_S 的值用的是 2006 年浙江制造业、建筑业、住宿、餐饮业等非林行业就业人员的年平均收入，为 19795.5 元。劳动者实际所能获得的非林行业就业年收益与劳动者的技能水平、劳动者可支配的劳动时间以及非林行业劳动力市场需求等因素有关。

4）地块规模收益系数（k）：指经营连续的林地地块所能获得的收益占经营连续的 6.67 公顷林地所能获得收益的比例（根据在浙江、福建等地调研中咨询林业技术人员可知，在我国，要实现林地的规模经济，所需要的林地面积一般至少为 6.67 公顷）。林地地块规模收益系数与林业科技发展水平、林业科技成果应用水平等因素有关。在本书仿真模型中，令连续的一块、两块、三块、四块林地的地块规模收益系数分别为 k_1、k_2、k_3、k_4，参数 k_1、k_2、k_3、k_4 的值分别为 0.27、0.35、0.50、0.60。地块规模收益系数影响林地经营的实际收益。

5）林权的有效供给率：指采取交易策略的林权供给方占期初有转出意愿的林权供给方的比例。林权有效供给率的初始值为林权交易市场的有效供给率。

6）林权的有效需求率：指采取交易策略的林权需求方占期初有转出意愿的林权需求方的比例。林权有效需求率的初始值为林权交易市场的有效需求率。

7）林权交易率：指实际发生的林权交易量占可能发生的林权交易量的比例，可能发生的林权交易量即为有转出意愿的林权供给方的数量。林权交易率反映了林权交易市场交易的达成情况，是反映林权交易市场发展是否稳健的重要因素之一。

（2）林权供给方属性。在本书仿真模型中供给方用 Breed [providers provider] 定义，用“树”状的海龟代表林权的供给方，并用海龟变量来描述林权供给方的属性。不同颜色的树代表选择不同策略的林权供给方个体。如图 8－3 所示，相邻的 4 棵树表示相邻的 4 个林地地块，称为一个小区，即同一小区内的林地一起经营可以提高林地经营规模效益。

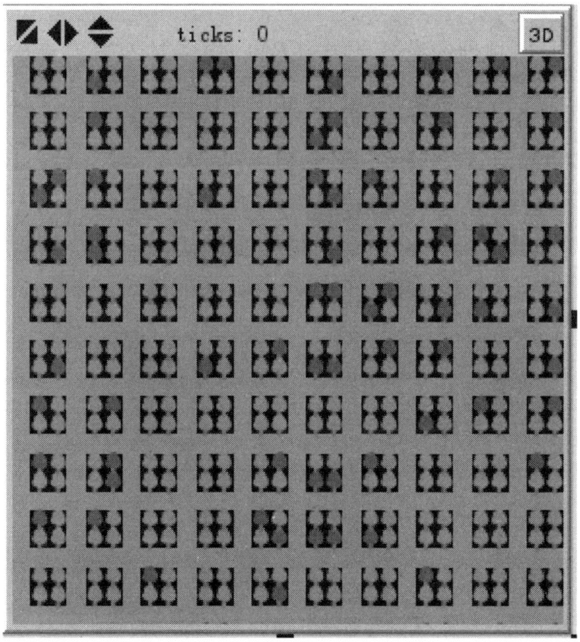

图 8－3　林权供给方界面

主要属性：

1）sincome：供给方个体的实际收益。供给方个体所选择的策略、供给方自身的特点（经营水平、技能等）以及交易对象（林权需求方）所选择的策略都影响供给方的实际收益。

2）sversion：供给方个体的视野范围，即供给方所能了解的林权交易信息的距离范围。sversion 反映供给方个体获取信息的能力。本书仿真模型中假设所有林权供给方获取信息的能力相当，令参数 sversion 的值为 7，即供给方能获得自己所在小区以及相邻小区的交易信息。

3）kd：供给方个体对视野范围内的有效林权需求率的期望值，反映供给方个体对林权交易活动的信心。在林权交易市场的发展初期，由于交易机制不健全，法制、服务等配套体系不完备等原因，林权供给方对林权交易活动的顾虑较多。

4）ssd：供给方个体视野范围内的有效林权需求率。林权供给方个体会将视野范围内的有效需求率与自己的期望值进行比较。如果大于自己的期望值，选择交易策略的概率就会增大；反之，选择不交易策略的概率会增大。

5）psincome：供给方个体视野范围内的林权供给方的平均收益。psincome 是影响供给方策略选择的主要因素之一。如果 psincome < sincome，则供给方个体在下一个交易周期很有可能继续采用当前选择的策略；如果 psincome > sincome，则供给方个体在下一个交易周期很有可能改变自己的策略选择。

6）θ_S：供给方个体林地经营系数。θ_S 与供给方个体的林地经营能力、资金实力以及取得林木采伐指标的能力等因素有关。据李朝柱（2012）等在浙江省的调研可知，龙游县和景宁县每块林地（0.74 公顷）的平均经营收入为 2776.59 元/年，根据理想状态下的林地经营收益 R 和单个林地地块的地块规模收益系数（k_1），可得供给方个体的林地地块收益系数的平均值为 0.55。仿真模型中令 θ_S 为 0.50、0.55 和 0.60 的任意值，由系统随机地为每个供给方个体分配地块规模收益系数。

7）ρ_S：非林行业就业收益系数，包括 ρ_{S1}（供给方个体在兼业状态下的非林行业就业收益系数）和 ρ_{S2}（供给方个体在林地转出后的非林行业就业收益系数）。非林行业就业系数与劳动者的劳动技能、从事非林行业劳动的可支配时间、市场需求等因素有关。正常情况下，与没有进行林地转出行为而处于兼业状态下的林农相比，林地转出后的林农有更多的可支配时间，有更多的参加技能培训的机会。供给方个体在林地转出后的非林行业就业收益系数在很大程度上影响供给方在林权转出后，生活的连续性和稳定性。

林权供给方作为有限理性的决策者，策略的选择一方面取决于成本收益的分析，另一方面受上期交易中自己的策略选择、自己的收益、视野范围内其他供给方的平均收益、视野范围内林权有效需求率以及自己对林权交易成功率的期望等因素的影响。供给方在长期的交易中不断学习、积累经验，调整自己的策略。供给方的学习函数如下：

$$L_{Si,t+1} = (L_{Si,t}U_{Si,t},\ \overline{U}_{Siv,t},\ K_{Siv,t},\ kd)$$

其中，$L_{Si,t+1}$表示第 i 个供给方在第 $t+1$ 期的策略选择，包括转出和不转出两种策略；$L_{Si,t}$表示第 i 个供给方在第 t 期的策略选择，包括转出和不转出两种策略；$U_{Si,t}$表示第 i 个供给方在第 t 期所得到的收益（$U_{Si,t}$的计算见第七章基本假设的分析）；$\overline{U}_{Siv,t}$表示第 i 个供给方所了解到的其他供给方在第 t 期的平均收益；$K_{Siv,t}$表示第 i 个供给方所了解到的第 t 期的林权有效需求率；kd 表示供给方对林权有效需求率的期望值。

（3）林权需求方属性。在本书仿真模型中需求方用 Breed [demanders demander] 定义，用“人”形状的海龟代表林权的需求方，并用海龟变量来描述林权需求方的属性。不同颜色的“人”代表选择不同策略的林权需求方个体。海龟“人”在海龟“树”之上，如图 8－4 所示，每个供给方与其所在同一个小区的需求方进行林权交易谈判、交易，以提高林地规模经营收益。

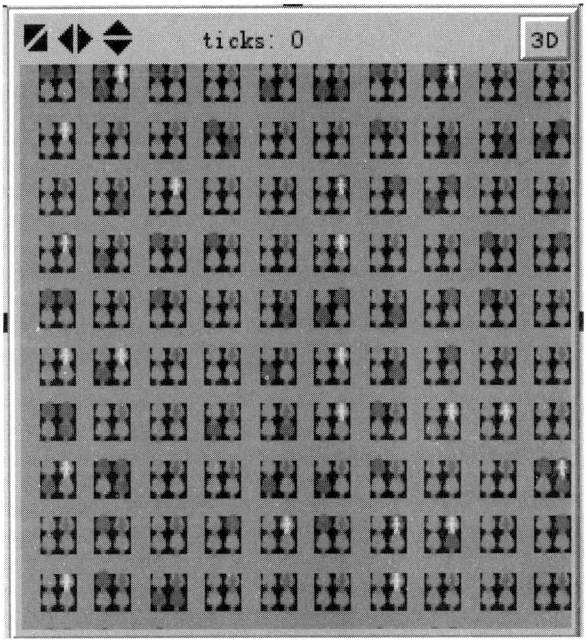

图 8－4　林权供给方和需求方界面

主要属性：

1）dincome：需求方个体的实际收益。需求方个体自己所选择的策略、需求方自身的特点（经营水平、技能、林木采伐指标的获取能力等）以及交易对象（林权供给方）所选择的策略都影响需求方的实际收益。

2）dversion：需求方个体的视野范围，即需求方所能了解的林权交易信息的距离范围。分析同供给方个体的视野范围（sversion）。

3）ks：需求方个体对视野范围内的有效林权供给率的期望值。同对供给方个体对视野范围内的有效林权需求率的期望值（kd）的分析。

4）sds：需求方个体视野范围内的有效林权供给率。同对供给方个体视野范围内的有效林权需求率（ssd）的分析。

5）pdincome：需求方个体视野范围内的林权需求方的平均收益。

6）θ_d：林权需求方个体林地经营系数。同对供给方个体林地经营系数（θ_S）的分析。

7）I_d：林权需求方的机会成本。指如果林权需求方不进行林权转入行为，将资金和劳动力用于其他投资和劳动所能获得的收益。在本书仿真模型中 I_d 主要由两部分构成：一部分是林地租金的3年期固定存款的利息收入，另一部分是兼业状态下非林就业收入。

林权供给方策略的选择一方面取决于供给方个体对成本收益的分析，另一方面受上期交易中自己的策略选择、自己的收益、视野范围内其他需求方的平均收益、视野范围内林权有效供给率以及自己对林权交易成功率的期望等因素的影响。需求方在长期的交易中不断学习、积累经营，调整自己的策略。需求方的学习函数如下：

$L_{Di,t+1}=(L_{Di,t},\ U_{Di,t},\ \overline{U}_{Div,t},\ K_{Div,t},\ ks)$

其中，$L_{Di,t+1}$表示第 i 个需求方在第 $t+1$ 期的策略选择，包括转入和不转入两种策略；$L_{Di,t}$表示第 i 个需求方在第 t 期的策略选择，包括转入和不转入两种策略；$U_{Di,t}$表示第 i 个需求方在第 t 期所得到的收益（$U_{Di,t}$的计算见第七章基本假设的分析）；$\overline{U}_{Div,t}$表示第 i 个需求方所了解到的其他需求方在第 t 期的平均收益；$K_{Div,t}$表示第 i 个需求方所了解到的第 t 期的林权有效供给率；ks 为需求方对林权有效供给率的期望值。

3. 林权交易市场仿真系统的可调参数

仿真系统的可调参数是指在模型运行之处可以调节的参数。Netlogo 平台提供的滑动条（Slider）控件可以实现仿真系统可调参数的添加。滑动条的要素包括名称、最小值、间隔、最大值、初始值以及单位等。名称可以使用参数变量名，也可以与参数变量名不同；最小值和最大值决定了可调参数的取值范围；间隔即可调参数可变动的最小幅度；初始值即为默认的模型运行参数值，单位即可调参数的数学或物理计量单位（仿真参数见表 8 - 1）。

表 8 - 1 仿真参数

参数名称	变化区间	间隔	初始值
sc	0 ~ 200	1	140
dc	0 ~ 250	1	180
ρ_{S2}	0 ~ 1	0.01	0.46
k_2	0 ~ 1	0.01	0.35
k_3	0 ~ 1	0.01	0.50
k_4	0 ~ 1	0.01	0.60
kd	0 ~ 1	0.01	0.51
ks	0 ~ 1	0.01	0.50

决定林权交易市场仿真系统性质的可调参数包括：

（1）交易成本。包括供给方的交易成本（sc）和需求方的交易成本（dc）。根据刘祖军（2011）和李朝柱（2012）的数据，sc 的初始值设置为 140，dc 的初始值设置为 180。

（2）转出林地后供给方劳动力从林地经营中完全解放出来的情况下，非林行业的就业收益系数（ρ_{S2}）。据李朝柱（2012）等学者对浙江龙游县和景宁县 2006 ~ 2010 年的林地流转的调研可知：不进行林地流转的林户，人均非林收入为 8015 元/年；转出一块林地的林户，人均非林收入为 9159 元/年。2006 年浙江制造业、建筑业、住宿、餐饮业等非林行业就业人员的年平均收入，为 19795.5 元，可得林农兼业状态下的非林就业收益系数（ρ_{S1}）约为 0.40，ρ_{S2} 约为 0.46。令 ρ_{S1} 为 0.35、0.40、0.45 的任意值，由系统随机地为每一个不进行林权转出的供给方进行分配；令 ρ_{S2} 的初始值为 0.46。

（3）林地地块规模收益率（k_2，k_3，k_4）。林地经营具有鲜明的规模效益。林地经营的机械化水平、林业科技成果的运用水平甚至林木采伐指标取得的难易都与林地的经营规模密切相关。k_2，k_3，k_4 分别指同时经营林地小区内两块、三块、四块林地所能够取得的地块规模收益率。k_2，k_3，k_4 的初始值分别设置为 0.35、0.50 和 0.60。

（4）对交易成功的期望系数。包括供给方对林权有效需求率的期望值

(*kd*)，需求方对林权有效供给率的期望值（*ks*）。

据调研，林农的林地转出意愿受周围实际交易情况影响很大，当周围有多于50.7%的林权需求方实际发生了林权转入行为时，供给方的林地转出意愿才可能大幅度提升；当周围有多于50.1%的林权供给方实际发生了林权转出行为时，需求方的林地转入意愿才可能大幅度提升。所以 *kd* 的初始值设置为0.51，即如果某个供给方个体了解到周围的有效需求率超过0.57，则此供给方个体选择交易策略的概率增大。*ks* 的初始值设置为0.51，即如果某个需求方个体了解到周围的有效供给率超过0.51，则该需求方个体选择交易策略的概率增大。

4. 林权交易市场仿真系统的程序设计

在 Netlogo 仿真模型中，程序由初始化程序（setup）和仿真运行程序（go）两部分组成。在本书的仿真模型中利用 setup 程序对市场属性、供给方主体的属性、需求方主体的属性以及各主体的初始状态等进行设置。go 是具有循环功能的主程序，主要包括4个子程序，即供给方主体做出策略选择（sup - select），需求方主体做出策略选择（dem - select），收益、交易量等的计算（caculate），画图（do - plot），这4个子程序依次执行。一个循环为林权交易的一个周期。

（1）初始化程序（setup）。

1）设置林地地块的分布，将没有林地的瓦片（Patches）设置为灰色（Gray），在每个有林地的瓦片上各生成一个“树”形状的海龟，表示林权的供给方，共400个，分为100个小区，每个小区有4个林地地块。

2）设置需求方主体的分布，在每个小区内各生成一个“人”形状的海龟，代表林权需求方个体，共100个。

3）设置供给方和需求方初始状态，即第一轮交易的交易状况。初始的有效林权供给率是 s_1，初始的有效林权需求率是 s_2。随机的选择 $s_1 \times 400$ 个林权供给方个体，在 Netlogo 软件中可个性化设置瓦片、海龟和树的颜色，如可将海龟的颜色变量设置为蓝色（Blue），其他“树”形状的海龟的颜色变量设置为绿色（Green）。随机选择 $s_2 \times 100$ 个林权需求方个体，将其海龟的颜色变量设置为黄色（Yellow），其他“人”形状的海龟的颜色变量设置为红色（Red）。

4）收益和交易量计算，计算每个供给方个体和每个需求方个体实际所得到的收益，计算每个供给方个体视野范围内供给方的平均收益和林权有效需求率，计算每个需求方个体视野范围内的需求方的平均收益和林权有效供给率，计算林权交易市场在第一个交易周期的林权有效供给量、林权有效需求量和林权交易的实际发生量。

5）画图，绘制林权有效供给率、林权有效需求率、林权交易率三个变量随时间推移的变动情况。在界面窗口添加绘图控件，并添加 3 支画笔，画笔的颜色分别为蓝色、黄色、黑色，分别用来描述林权有效供给率、林权有效需求率、林权交易率的变化情况。x 轴表示时间步，即交易次数，y 轴表示数量，即林权有效供给率、林权有效需求率、林权交易率的大小。

（2）仿真运行程序（go）。

1）供给方进行策略选择：供给方根据上期交易中自己的收益、了解到的林权供给方的平均收益、了解到的林权的有效需求率等信息进行策略选择（廖守亿等，2004），具体的决策过程如图 8－5 所示（其中 n 为 0～100 的随机浮点数）。

$$
\begin{cases}
L_{Si,t-1}=L_{SA}\begin{cases}
\text{sincome}<\text{psincome}\begin{cases}
ssd<kd\begin{cases} n<98\Rightarrow L_{Si,t}=L_{SB} \\ n\geqslant 98\Rightarrow L_{Si,t}=L_{SA}\end{cases} \\
ssd\geqslant kd\begin{cases} n<60\Rightarrow L_{Si,t}=L_{SB} \\ n\geqslant 60\Rightarrow L_{Si,t}=L_{SA}\end{cases}
\end{cases} \\
\text{sincome}\geqslant\text{psincome}\begin{cases}
ssd\geqslant kd\begin{cases} n<98\Rightarrow L_{Si,t}=L_{SA} \\ n\geqslant 98\Rightarrow L_{Si,t}=L_{SB}\end{cases} \\
ssd<kd\begin{cases} n<60\Rightarrow L_{Si,t}=L_{SA} \\ n\geqslant 60\Rightarrow L_{Si,t}=L_{SB}\end{cases}
\end{cases}
\end{cases} \\
L_{Si,t-1}=L_{SB}\begin{cases}
\text{sincome}\leqslant\text{psincome}\begin{cases}
ssd\geqslant kd\begin{cases} n<98\Rightarrow L_{Si,t}=L_{SA} \\ n\geqslant 98\Rightarrow L_{Si,t}=L_{SB}\end{cases} \\
ssd<kd\begin{cases} n<60\Rightarrow L_{Si,t}=L_{SA} \\ n\geqslant 60\Rightarrow L_{Si,t}=L_{SB}\end{cases}
\end{cases} \\
\text{sincome}>\text{psincome}\begin{cases}
ssd<kd\begin{cases} n<98\Rightarrow L_{Si,t}=L_{SB} \\ n\geqslant 98\Rightarrow L_{Si,t}=L_{SA}\end{cases} \\
ssd\geqslant kd\begin{cases} n<60\Rightarrow L_{Si,t}=L_{SB} \\ n\geqslant 60\Rightarrow L_{Si,t}=L_{SA}\end{cases}
\end{cases}
\end{cases}
\end{cases}
$$

图 8－5　林权供给方的策略选择函数

2）需求方进行策略选择：需求方根据上期交易中自己的收益、了解到的林权需求方的平均收益、了解到的林权的有效供给率等信息进行策略选择，具体的决策过程如图 8－6 所示（其中 m 为 0～100 的随机浮点数）。

3）收益和交易量计算和画图两个步骤与初始化程序中类似，略去。

仿真执行语句（go）是具有循环功能的主程序，在终止条件到达前或人为终止运行前，模型会不断循环执行 go 例程里这 4 个子程序，即林权交易市场中交易行为在不断地发生。

$$
\begin{cases}
L_{Di,t-1}=L_{DA}\begin{cases}
\text{dincome}<\text{pdincome}\begin{cases}
sds<ks\begin{cases} m<98\Rightarrow L_{Di,t}=L_{DB}\\ m\geqslant 98\Rightarrow L_{Di,t}=L_{DA}\end{cases}\\
sds\geqslant ks\begin{cases} m<60\Rightarrow L_{Di,t}=L_{DB}\\ m\geqslant 60\Rightarrow L_{Di,t}=L_{DA}\end{cases}
\end{cases}\\
\text{dincome}\geqslant\text{pdincome}\begin{cases}
sds\geqslant ks\begin{cases} m<98\Rightarrow L_{Di,t}=L_{DA}\\ m\geqslant 98\Rightarrow L_{Di,t}=L_{DB}\end{cases}\\
sds<ks\begin{cases} m<60\Rightarrow L_{Di,t}=L_{DA}\\ m\geqslant 60\Rightarrow L_{Di,t}=L_{DB}\end{cases}
\end{cases}
\end{cases}\\
L_{Di,t-1}=L_{DB}\begin{cases}
\text{dincome}<\text{pdincome}\begin{cases}
sds<ks\begin{cases} m<98\Rightarrow L_{Di,t}=L_{DA}\\ m\geqslant 98\Rightarrow L_{Di,t}=L_{DB}\end{cases}\\
sds\geqslant ks\begin{cases} m<60\Rightarrow L_{Di,t}=L_{DA}\\ m\geqslant 60\Rightarrow L_{Di,t}=L_{DB}\end{cases}
\end{cases}\\
\text{dincome}\geqslant\text{pdincome}\begin{cases}
sds\geqslant ks\begin{cases} m<98\Rightarrow L_{Di,t}=L_{DB}\\ m\geqslant 98\Rightarrow L_{Di,t}=L_{DA}\end{cases}\\
sds<ks\begin{cases} m<60\Rightarrow L_{Di,t}=L_{DB}\\ m\geqslant 60\Rightarrow L_{Di,t}=L_{DA}\end{cases}
\end{cases}
\end{cases}
\end{cases}
$$

图 8 －6　林权需求方的策略函数

林权交易市场仿真模型的界面如图 8 －7 所示。

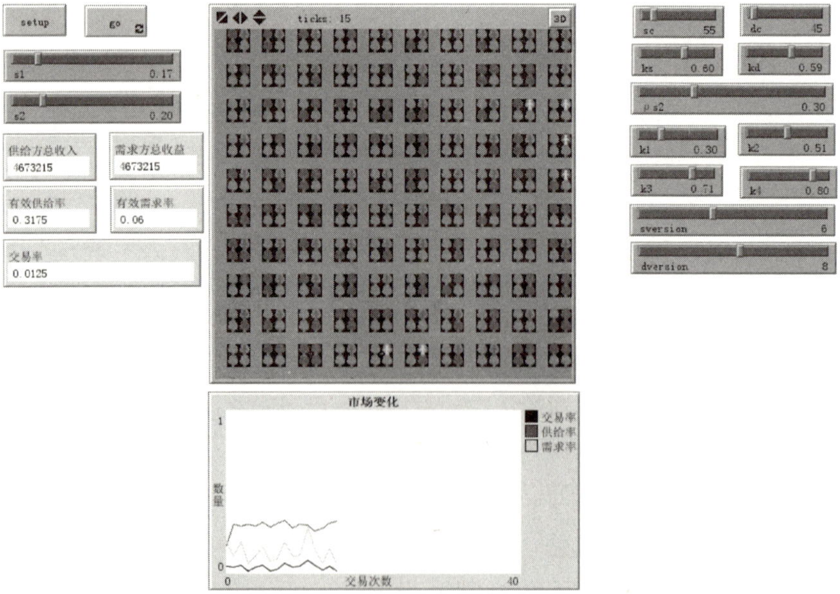

图 8 －7　林权交易市场仿真模型的界面

第二节　林权交易市场仿真模型的运行结果分析

一、仿真模型运行结果分析

图8－8显示的是各可调参数在初始给定数据下，供求双方经过50个交易周期的交易状况。初始状态时有42%的供给方有意图进行林权转出，51%的需求方有意图进行林权转入。从走势图可以看出，林权的有效供给率、有效需求率和交易率随着交易的进行呈明显的下降趋势。50个交易周期内，有效供给率的平均值为0.34，有效需求率的平均值为0.17，交易率的平均值只有0.07，林权交易量总体趋势呈现缓慢下降。

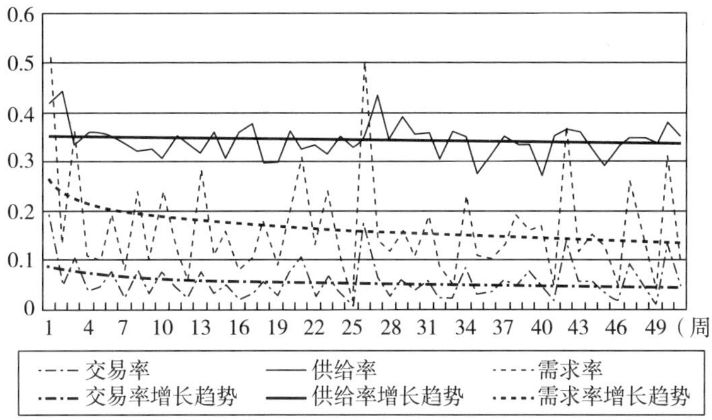

图8－8　初始条件下的交易结果

有效供给率和需求率是影响林权交易量的直接因素。表8－2为图8－8中交易率和有效需求率的相关性分析、交易率和有效供给率的相关性分析，交易率与有效需求率的相关性为0.961，交易率和有效供给率的相关性为0.280，显然交易率和有效需求率的相关性较强，即林权的有效需求是限制林权交易量的首要因素。

二、需求影响因素仿真分析

在本书仿真模型中影响林权需求方收益的可调变量包括林地地块规模收益率

(k_2, k_3, k_4)、需求方的交易成本（dc）、需求方对林权有效供给率的期望值（ks）3 个因素。

表 8－2 交易率与需求率、供给率的相关性分析

		交易率	需求率
交易率	Pearson Correlation	1	0.961**
	Sig. (2－tailed)		0.000
需求率	Pearson Correlation	0.961**	1
	Sig. (2－tailed)	0.000	
		交易率	供给率
交易率	Pearson Correlation	1	0.280*
	Sig. (2－tailed)		0.044
供给率	Pearson Correlation	0.280**	1
	Sig. (2－tailed)	0.044	
	N	51	51

注：** 表示在 0.01 水平上显著相关；* 表示在 0.05 水平上显著相关。

1. 林地地块规模收益率

图 8－9 显示的是林地地块规模收益系数（k_2, k_3, k_4）由（0.35，0.50，0.60）上升至（0.45，0.60，0.70）时，林权交易市场中的林权交易状况。相对于初始条件图 8－8 所显示的林权交易状况，图 8－9 中的林权有效供给率、需求率以及交易率都呈上升趋势，已改变了初始状态条件下的下降趋势。60 个交易周期内，有效供给率的平均值为 0.55，有效需求率的平均值为 0.59，交易率的平均值为 0.29，相对于初始条件下（0.34，0.17，0.07）有明显的上升。图 8－10 显示的是（k_2, k_3, k_4）为（0.50，0.65，0.75）时的林权交易市场中的林权交易状况。由于规模经营收益系数的再次增大，林权的有效供给率、需求率和交易率出现了明显的上升，从第 13 个交易周期开始，交易率以较快的速度增长，到第 30 个交易周期交易率上升到 0.61，并在以后的交易周期中围绕着 0.61 上下波动。

通过对图 8－9 和图 8－10 的分析可知，增大林地地块收益系数对刺激林权交易活动发生的效果明显。林地经营具有显著的规模效益，林业科学技术成果（如林木的抚育管理、林木的病虫害防治、森林防火等）的运用效率和林地经营的机械化水平等都与林地的经营规模密切相关。林地经营的投资者（即需求方）希望通过转入林地增大经营规模，提高林地的规模收益。

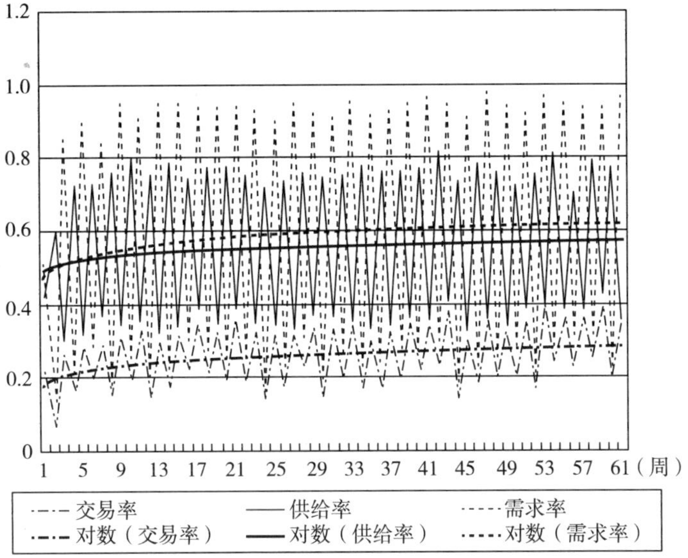

图 8－9　林地地块规模收益系数为（0.45，0.60，0.70）时的林权交易状况

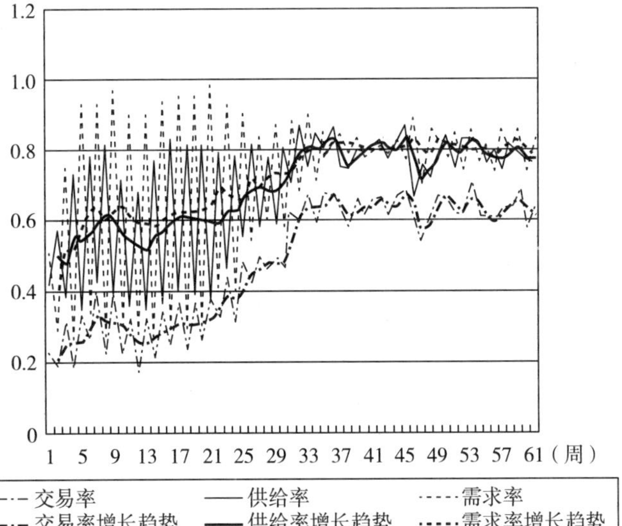

图 8－10　林地地块规模收益系数为（0.50，0.65，0.75）时的林权交易状况

我国林地的破碎化程度很高，据李朝柱（2012）在浙江龙游县和景宁县等地的调研结果可知，平均每户林农拥有的林地面积只有 4.44 公顷，而 4.44 公顷的林地又约由6块林地组成，即每块林地的面积约为0.74公顷，规模经营收益率非常低。

林地经营的投资者（即需求方）希望通过转入林地增大经营规模，提高林地的规模收益（程云行，2005）。而由于林地的破碎化程度很高，需求方需要同时同十几家甚至几十家林权的供给方进行交易谈判，这些林权需求方的转出意愿、价格预期各不相同，最终真正进行林权转出的可能只有几家，这样需求方的林地规模收益与预期相比就大幅度降低。在这种状况下，林权需求方的转入意愿一直处于低迷状态。

2. 需求方的交易成本

图8-11显示的是需求方交易成本为100时的林权交易状况，与初始条件下的交易状况（见图8-8）相比，林权的供给率、需求率和交易率有所增长。在60个交易周期内，有效供给率的平均值为0.49，有效需求率的平均值为0.43，交易率的平均值为0.17，相对于初始条件下的（0.34，0.17，0.07），增长幅度不大，交易率仍然维持在较低的水平。

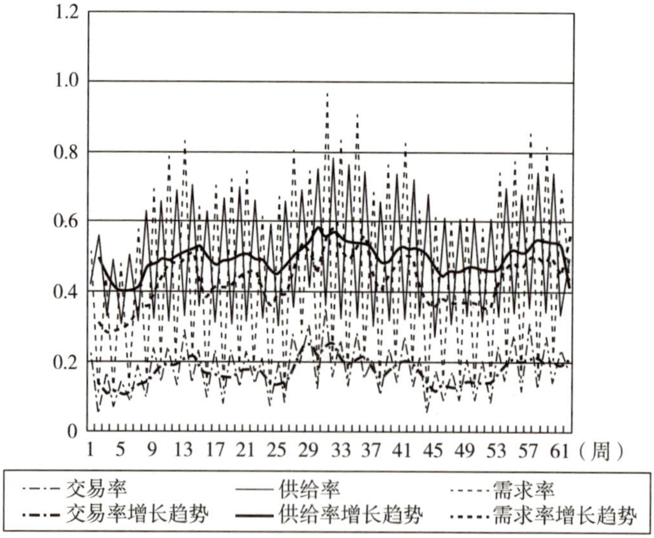

图8-11　需求方交易成本为100时的林权交易状况

图8-12显示的是需求方交易成本为0时的林权交易状况，与需求方交易成本为100时的林权交易状况（见图8-11）相差不大，交易率仍然维持在较低的水平。这说明如果其他因素不变，即使林权交易市场上的信息完全透明，需求方

所承担的林权计量、签订合同、监督违约和寻求赔偿等交易成本都为零的理想情形下，林权交易量也没有出现显著的上升。

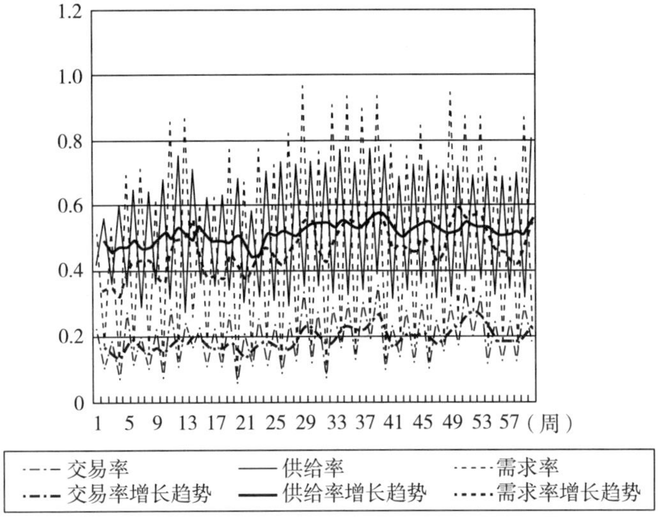

图 8－12　需求方交易成本为 0 时的林权交易状况

从对图 8－11 和图 8－12 的分析可知，只降低需求方的交易成本对林权交易行为的刺激效果不显著。图 8－13 是需求方的交易成本为 100，林地地块规模收益系数（k_2，k_3，k_4）为（0.45，0.60，0.70）时的林权交易状况（即在图 8－9 的基础上，林权供给方的交易成本由 140 减小为 100 时的林权交易状况）。

图 8－13 显示，交易率从交易开始后就以较快的速度增长，在第 23 个交易周期，交易率上升至 0.72，之后有所回落，并在 0.60 周围上下波动，虽然波动程度较大，但一直维持在较高的水平。只将需求方的交易成本降为 100（见图 8－11）或只将林地地块规模收益系数（k_2，k_3，k_4）增至（0.45，0.60，0.70）（见图 8－9），林权交易的发生率都很低，只有 0.22 左右。但是在两个因素的同时作用下，经过 23 个交易周期后交易率维持在 0.60 左右。另外，与只将林地地块规模收益系数（k_2，k_3，k_4）大幅度增至（0.50，0.65，0.75）相比，交易率增至 0.60 少用了 7 个交易周期，即对林权交易的刺激效果更好。

通过以上分析可得，虽然单独降低供给方的交易成本对交易行为的刺激作用不显著，但是在增大林地地块规模收益率的基础上再降低供给方的交易成本，能够显著加快交易量的上升速度，缩短交易量达到均衡的时间。

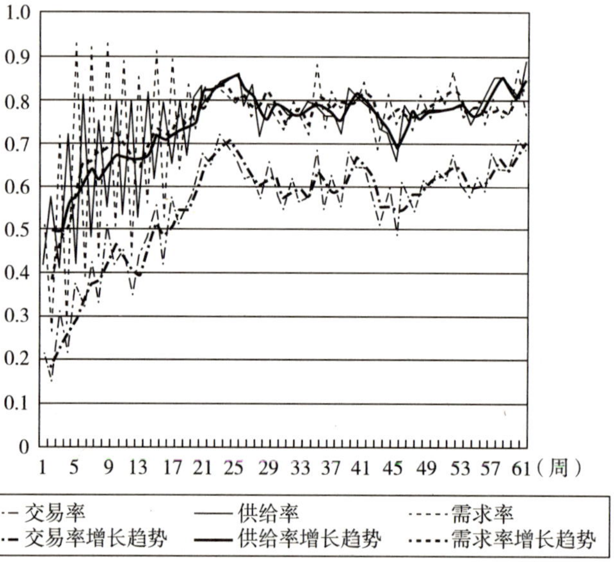

图8－13　需求方交易成本为100，林地地块规模收益系数为（0.45，0.60，0.70）时的林权交易状况

目前，林权需求方承担着较高的交易成本。由于林权被分配到千家万户，林权的需求方希望实现规模经营，需要收集大量林权供给方的相关信息，与大量的林权供给方进行谈判，这大大增加了需求方的信息搜索成本和讨价还价成本。另外，林权的需求方还承担着较高的违约索赔成本，由于有些林农的法律意识淡薄，违约现象屡见不鲜，而且通常是集体违约，这对林权的需求方造成极大的经济损失，而面对这么多处于经济弱势的林农，需求方想要通过法律途径索取赔偿难度很大。要减小林权供给方和需求方所需承担的交易成本，需改善林权交易市场信息不对称、信息短缺的现状，完善林权交易机制，规范森林资产评估制度。

3. 需求方对林权有效供给率的期望值

图8－14显示的是需求方对林权有效供给率的期望值为0.40时的林权交易情况，与初始条件下的交易状况（见图8－8）相比，林权的供给率、需求率和交易率都有明显的增长。图中显示，在第9个交易周期开始交易率以较快的速度增长，到第25个交易周期时，林权交易的发生率上升到0.50，在之后的交易周期中交易率的波动程度较大，最高到达0.60，最低只有0.40。但总体来看，降低需求方对林权有效供给率的期望值，对林权交易活动的刺激效果较好。图8－15显示的是需求方对林权有效供给率的期望值为0.40，供给方的交易成本为

100，林地地块规模收益系数（k_2，k_3，k_4）为（0.45，0.60，0.70）时的林权交易状况（即在图 8－13 的基础上，需求方对林权有效供给率的期望值从 0.50 降为 0.40 时的林权交易状况）。

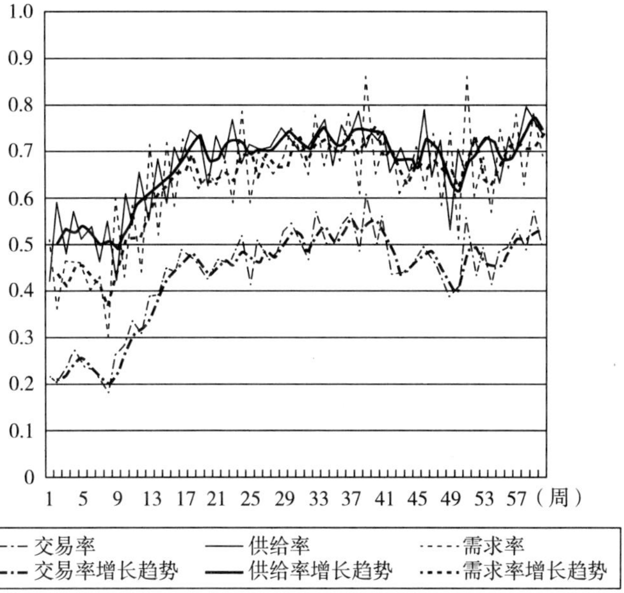

图 8－14　需求方对林权有效供给率的期望值为 0.40 时的林权交易状况

图 8－15 显示，交易率从交易开始后就以较快的速度增长，在第 10 个交易周期时，交易率上升至 0.60，之后稍有回落，又迅速上升到 0.65，并在以后的交易周期里在 0.60 周围上下波动。与需求方对林权有效供给率的期望值为 0.50，需求方的交易成本为 100，林地地块规模收益系数（k_2，k_3，k_4）为（0.45，0.60，0.70）相比，虽然最终的林权交易的发生率水平接近，但是图 8－15 交易率增至 0.60 少用了 7 个交易周期，即对林权交易活动的刺激效果更好。通过以上分析可得，降低需求方对林权有效供给率的期望值，同时增大林地地块规模收益率、降低需求方的交易成本对林权交易行为的刺激效果显著。

林权需求方对林权有效供给率的期望值较高，主要原因包括两方面：第一，投资者对林地投资的期望收益较低。我国林木采伐限额管理制度仍不完善，许多投资者担心拿不到林木采伐指标而不敢轻易进行林地投资。第二，林业经营具有投资周期长、风险性高等特点，我国林业风险防范机制尚未建立，这大大降低了投资者林地投资的热情。例如，2008 年的特大雪灾，给浙江的竹林生产经营造成了较大的损失，在实际调研中林农对这部分保险非常关注，但是还没有很好的解决措施。

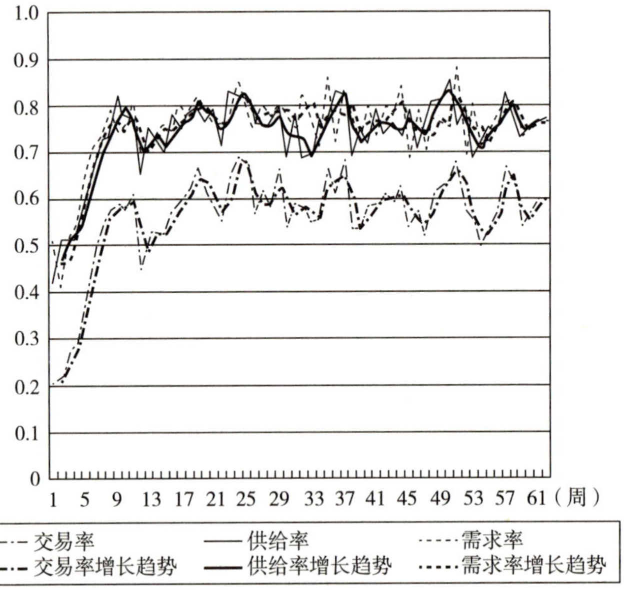

图 8 - 15　需求方交易成本为 100，林地地块规模收益系数为（0.45，0.60，0.70）需求方对林权有效供给率的期望值为 0.40 时的林权交易状况

三、供给影响因素仿真分析

在本书仿真模型中影响林权供给方收益的可调变量包括林地转出后非林行业就业收益率（ρ_{S2}）、供给方对林权有效需求率的期望值（kd）、供给方的交易成本（sc）三个因素。

1. 非林行业林地转出后就业收益率

图 8 - 16 显示的是林地转出后供给方的非林行业就业收益系数 ρ_{S2} 由 0.46 上升至 0.56 时，林权交易市场中的林权交易状况。相对于初始条件（见图 8 - 8）所显示的林权交易状况，图 8 - 16 中林权有效供给率、需求率以及交易率都有明显的增长。从第 2 个交易周期开始，交易率就以较快的速度增长，到第 10 个交易周期增长速度减缓，到第 46 个交易周期交易率增长到 0.67，并在以后的交易周期中围绕着 0.62 上下波动。图 8 - 17 显示的是林地转出后供给方的非林业就

业再次上升到0.75时，林权交易市场中的林权交易状况。图8-17所显示的交易率随时间推移的变化图与图8-16所显示的交易率随时间推移的变化图形状几乎相同，但交易率达到0.67只需38个交易周期，比ρ_{S2}为0.45时少用了8个交易周期。

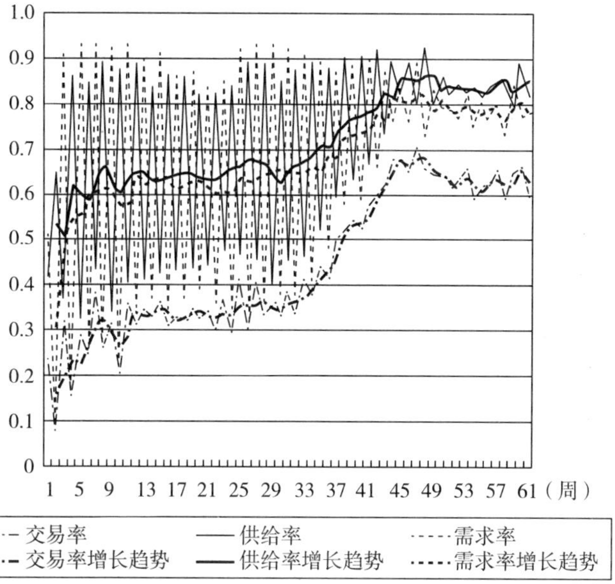

图8-16　非林行业就业收益系数为0.56时的林权交易状况

通过对图8-16的分析可知，增大林地转出后供给方的非林行业就业收益系数对刺激林权交易活动发生的效果显著。林农在林权转出后，劳动力从林地经营中解放出来，但非林行业的就业率与就业收益并未得到明显的提升。

林农进行林地流转后，家庭非林收入并没有明显的增加（孔凡斌等，2011）。造成这种现状的原因主要包括：第一，许多农民的技术单一、文化水平较低，达不到劳动需求水平。第二，职业中介机构运行不规范。农民缺乏城市劳动力需求的信息，而且农民工的职业中介机构运行不规范，农民不能通过职业中介机构找到合适的工作。第三，林地经营存在着自然产出，林农只需要投入少量的劳动，就可以从林地经营中得到一定的收益，所以，林农在保持最低的林地产出情况下，也有大量的时间和精力从事非林行业的劳动。林地转出后，林农家庭的非林行业就业收入并没有出现明显的增加，这使得林农失去了进行林地转出活动的动力。

通过图 8－16 和图 8－17 的对比分析可知，非林行业就业收益系数 ρ_{S2} 从 0.56 再次大幅度提高至 0.75，林权交易市场中的交易状况并没有发生明显的变化。所以仅仅只通过增加非林行业就业收益系数 ρ_{S2}，交易率虽然有显著的提升，但交易率的提升速度较慢。

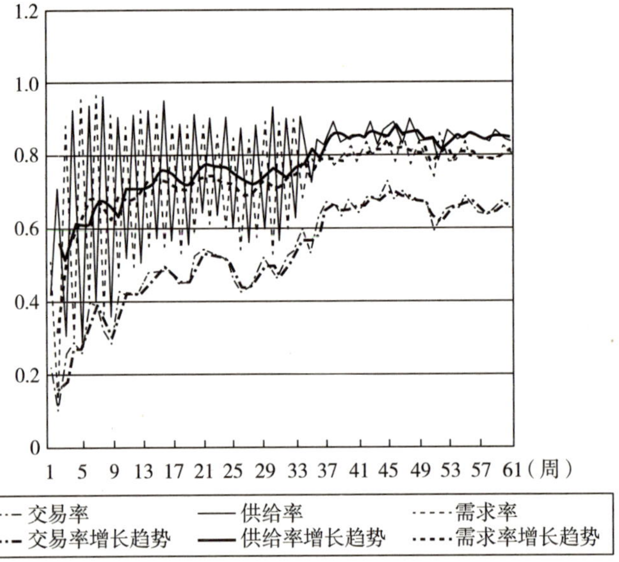

图 8－17　非林行业就业收益系数为 0.75 时的林权交易状况

2. 供给方的交易成本

图 8－18 显示的是供给方的交易成本由 140 降为 70 时，林权交易市场中的林权交易状况。相对于初始条件图 8－8 所显示的林权交易状况，图 8－18 中林权有效供给率、需求率以及交易率已改变了初始条件下的下降趋势，但交易率水平仍然很低。在前 10 个交易周期交易率一直呈下降状态，从第 10 个交易周期开始升高，并在以后的交易周期中围绕着 0.20 上下波动。图 8－19 显示的是供给方的交易成本为 0 的理想状态下的林权交易状况。林权交易的发生率有较为明显的上升，在第 35 个交易周期交易率上升到 0.50，并在以后的交易周期里围绕着 0.50 上下波动，波动幅度较大。

对图 8－18 和图 8－19 的分析可知，供给方的交易成本由 140 降为 70 对林权交易行为有一定的刺激效果，但是不明显。虽然供给方的交易成本为 0 时，交易率出现明显的上升，但交易成本为 0 只是一种理想化状态，不可能实现。所以只降低供给方的交易成本不能实现增加林权交易量目的。图 8－20 显示的是供给方的交易成本为 70，林农林地转出后的非林行业就业收益率为 0.56 时的林权交易状况（即在图 8－16 的基础上，林权供给方的交易成本由 140 减小为 70 时的林权交易状况）。

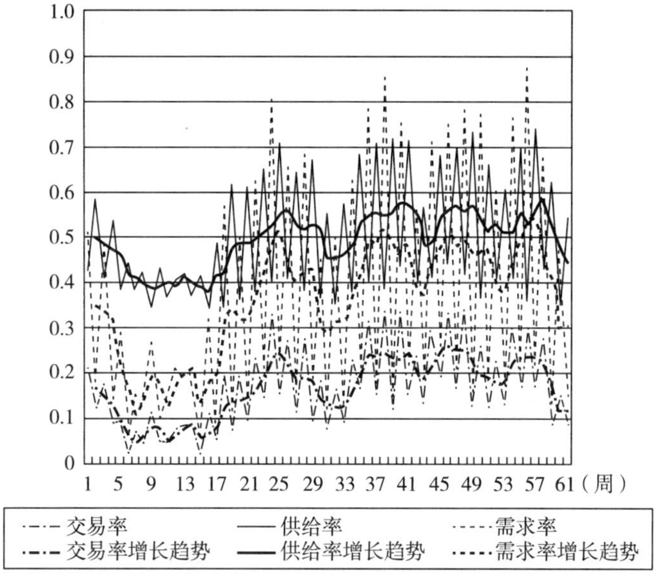

图 8－18　供给方的交易成本为 70 时的林权交易状况

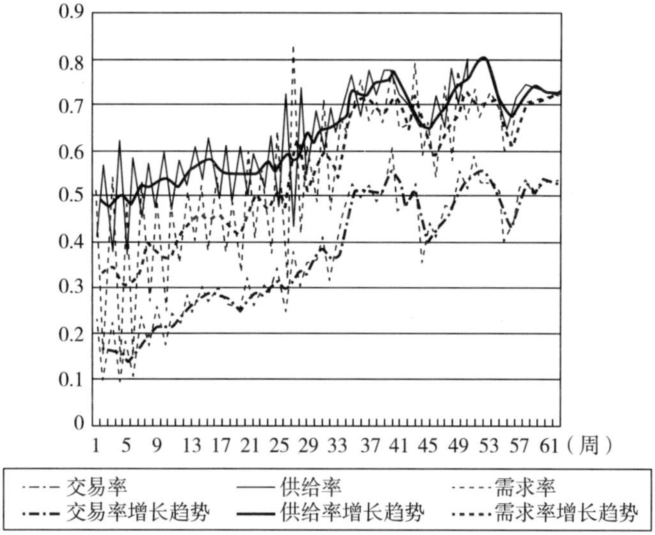

图 8－19　供给方的交易成本为 0 时的林权交易状况

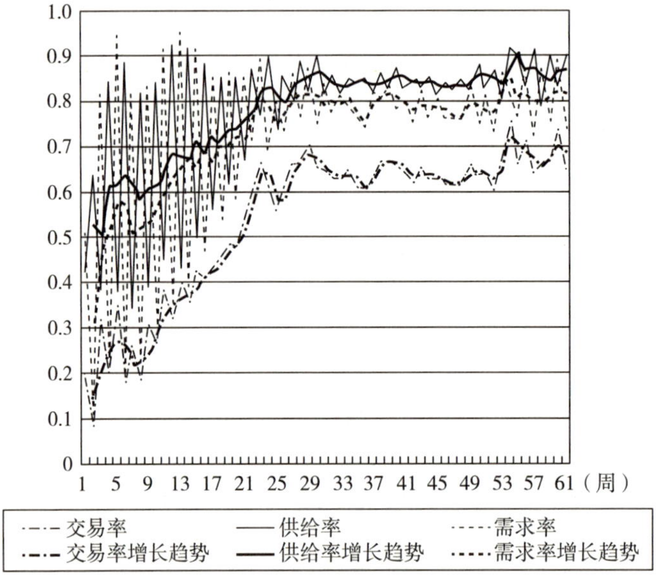

图 8-20　供给方的交易成本为 70，非林行业就业收益系数为 0.56 时的林权交易状况

图 8-20 显示，交易率从第二个交易周期开始就以较快的速度增长，在第 24 个交易周期时，交易率上升至 0.62，并在以后的交易周期里围绕 0.62 上下波动。在只将供给方的交易成本降为 70（图 8-18）时，交易率一直在 0.31 以下；在只将林权转出后林农的非林业就业收益率增加到 0.56（图 8-16）时，交易率达到 0.67 并围绕 0.62 上下波动需 46 个交易周期。在两个因素的同时作用下，经过 24 个交易周期后交易率维持在 0.62 左右。另外，与只将林权转出后林农的非林业就业收益率大幅度增加到 0.75 相比，交易率增至 0.62 少用了 22 个交易周期，即对林权交易行为的刺激效果更好。通过以上分析可得，增大林权转出后林农的非林业就业收益率同时降低供给方的交易成本对林权交易行为的刺激效果显著。

林权供给方承担着较高的交易成本。林权的供给方一般都为小户林农，由于受生活环境、文化水平等的限制，信息搜索能力较差，而且通常只有当需要将自己的林权转让出去时，才去收集林权交易的相关信息，短期内收集信息所花费的费用较多且准确性不高。另外，森林资产评估制度不健全且收费较高，林农承担了较高森林资产评估费用。

3. 供给方对林权有效需求率的期望值

图 8-21 显示的是供给方对林权有效需求率的期望值为 0.40 时的林权交易

情况，与初始条件下的交易状况（见图 8 – 8）相比，林权的供给率、需求率和交易率在第 33 个交易周期后有较为明显的增长，到第 51 个交易周期交易率增长至 0.46，并在以后的交易周期里在 0.46 周围上下波动。随着供给方对林权有效需求率的期望值从 0.50 降至 0.40 引起了交易量的增多，但是所需的时间很长。图 8 – 22 显示的是供给方对林权有效需求率的期望值为 0.40，供给方的交易成本为 70，林权转出后林农的非林行业就业收益系数为 0.56 时的林权交易状况（即在图 8 – 20 的基础上，供给方对林权有效需求率的期望值从 0.50 降为 0.40 时的林权交易状况）。

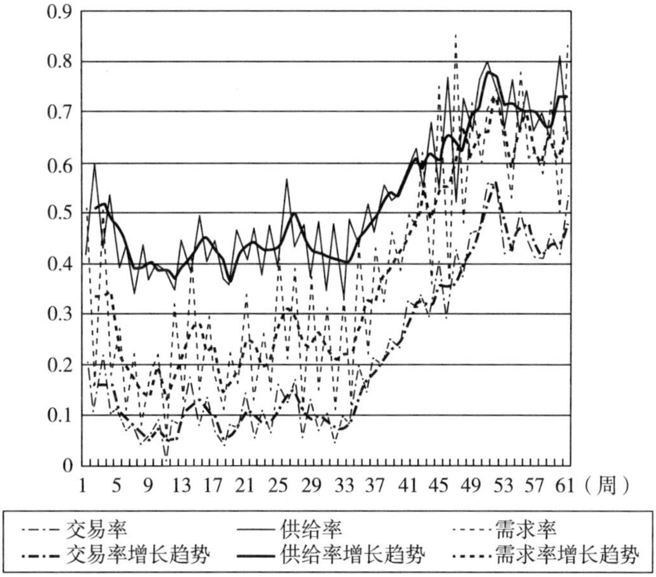

图 8 – 21 供给方对林权有效需求率的期望值为 0.40 时的林权交易状况

图 8 – 22 显示，交易率从第二个交易周期开始就以较快的速度增长，在第 16 个交易周期时，交易率上升至 0.60，并在以后的交易周期里在 0.60 和 0.70 上下波动。与图 8 – 20（供给方对林权有效需求率的期望值为 0.50，供给方的交易成本为 70，林权转出后林农的非林行业就业收益系数为 0.56）相比，虽然最终的林权交易的发生率水平接近，但是图 8 – 22 交易率增至 0.60 少用了 8 个交易周期，即对林权交易活动的刺激效果更好。通过以上分析可得，降低供给方对林权有效需求率的期望值，同时增大林权转出后林农的非林行业就业收益系数、降低供给方的交易成本对林权交易行为的刺激效果显著。

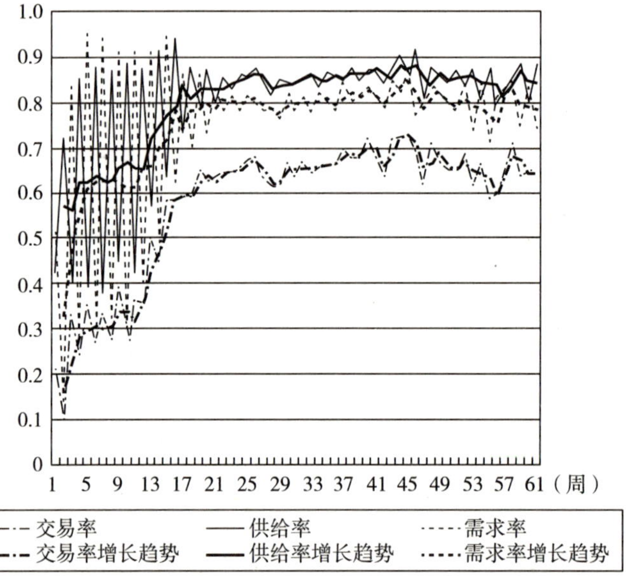

图 8-22 供给方的交易成本为 70，非林行业就业收益系数为 0.56，供给方对林权有效需求率的期望值为 0.40 时的林权交易状况

林权供给方对林权有效需求率的期望值较高，主要原因包括两方面：第一，传统思想的影响。中国是典型的农业大国，农耕思想深深地烙印在中国广大农民的心中。农民在无形中对土地产生了一种朴质的情感，所以即使在工业发达的今天，农业的比较利益低下，大量青壮年劳动力已转移到第二、第三产业，但许多林农依然不舍得转出荒废的土地。据谢屹（2008）在江西遂川县的实地调研中发现，在 50 岁以上的林户中，有转出意愿的只占一小部分，他们对饥饿、贫穷有深刻的理解，经历了“大跃进”、“文化大革命”等特殊时期，相对于年轻人更不愿意转出其林地。第二，第二、第三产业就业的不稳定性。多数农民都是以签订短期劳动合同的方式从事第二、第三产业的劳动，就业收入的稳定性差，失业风险高。所以农民不愿转出林地，将林地作为最后的退路，林地承担失业保险的功能。

四、综合因素作用下的仿真分析

图 8-23 显示的是在需求方和供给方的各影响因素的综合作用下林权交易市场中林权供给率、需求率和交易率的发展状况。交易开始后，交易率就以较快的速度增长，到第 6 个交易周期时交易率增至 0.60，到第 13 个交易周期时交易率增至 0.70，并在以后的交易周期里围绕 0.70 上下波动。通过以上分析可知，综

合各影响因素对林权交易行为的刺激效果显著。

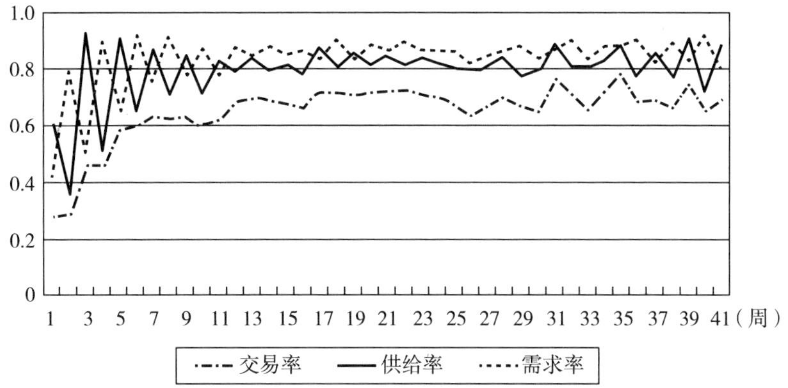

图 8－23 $ks=0.4$，$dc=100$，$(k_2, k_3, k_4)=(0.45, 0.60, 0.70)$，$kd=0.4$，$sc=70$，$\rho_{S2}=0.56$

与图 8－9 至图 8－22 的仿真结果相比，图 8－23 中交易率达到均衡时，交易率值为 0.70，比前期仿真结果中各均衡交易率的最大值高 0.10；达到均衡所用时间为 13 个交易周期，比前期仿真结果中所用时间的最小值少用 9 个周期。通过以上分析可知：与大力度地单独改善某一个或某几个影响因素相比，适当改善多个影响因素对林权交易行为的刺激效果更好。

第三节 仿真分析的结论与建议

一、研究结论

本章在分析林权交易市场中交易行为的基础上，以林权供给方和需求方的交易行为为主线，根据已有的进化博弈模型，提出了林权供给方群体和需求方群体交易行为的进化博弈模型，从定性的角度确定影响林权交易市场发展的因素，主要包括供求双方的交易成本、供给方的非林就业收益及稳定性、林业投资期望收益、林地地块规模收益等因素。并在此基础上借助 Netlogo 仿真平台，建立了供给方群体和需求方群体交易行为的仿真模型，模拟了林权交易量不同影响因素作用下的长期发展趋势，并对影响交易量的因素做了进一步的定量分析，得到如下结论：

（1）林地地块规模收益是影响林权交易量的重要因素。提高等面积林地的经营收益水平，对林权交易活动的刺激效果明显。

（2）降低林权供求双方的交易成本对林权交易的发生具有一定的刺激作用。虽然单独降低交易成本对交易行为的刺激作用不显著，但是在改善其他影响因素的基础上再降低交易成本，能够显著加快交易量的增长速度。

（3）林权交易市场中的交易状况对供求双方交易意愿的影响程度是影响林权交易量的重要因素。

（4）林地转出后供给方的非林行业就业收益及收益的稳定性是影响林权交易量的重要因素。

（5）综合改善以上各个影响因素，能够达到有效促进林权交易量增长的目的。单独改善一个或几个影响因素，虽然也能促进林权交易量的增加，但是交易量的增长速度非常慢。

二、对策与建议

根据影响林权交易关键因素的仿真分析结果，本书提出以下促进林权交易发展的对策建议：

1. 促进林业科技投入，提高林地规模效益，改变林业投资比较收益低的现状

与农业科技发展水平相比，林业科技的发展水平还很落后，科技成果的运用也不够充分。增大林业科技研究的投入，提高林地经营的机械化水平，提高林业病虫害防治投资的收益率，提高相同规模林地经营的收益，是刺激林权交易市场中交易行为发生的有效途径。

2. 建立、健全林权交易各个环节的中介服务组织，降低林权交易成本

中介服务组织对降低林权供求双方的交易成本有着重要意义（谢煜等，2013）。各级林权交易中心在各地已逐步建立起来，为林权交易提供了相关信息。但是林权交易中心主要涉及林地面积较大的林权交易，一般不提供小林户的林地信息。林权交易中介组织可发布小面积林地的林权供给信息，信息应尽可能齐全，包括林地的质量、林地的地貌特征、各种林产品及林木的价格、政府的政策信息等，尽量改变林权交易信息不对称的现状，降低林权供求双方的交易成本，并作为第三方促进林权交易活动公平的进行。

3. 规范职业中介组织的运行机制，提高非林收入

从市场供需理论的角度分析，非林行业劳动工资水平越高，非林行业劳动力的供给就会越多。从实际调研情况来看，在安徽、江西等省，如果林农有了较为稳定的非林收入，并无力从事林业生产或者迁居的，林权转出的意愿较高。农民

从事第二、第三产业劳动的平均收入水平和就业机会与城市居民相比处于明显的劣势地位，劳动力不能实现有效转移是阻碍林权交易发生的重要因素。规范职业中介组织的运行机制，应至少做到以下几个方面：①为农民提供二、第三产业的就业信息，使农民能找到适合自己的就业机会。②为农民提供专业技术培训的机会，提高林农的非林行业劳动技能水平、文化素质水平和新事物的接受能力等，增强林农的就业能力。③提高职业中介组织的准入门槛，加强对职业中介组织的管理，杜绝对农民就业的欺诈行为。

4. 发展林业保险，健全林业风险防范机制

据调研可知，2008 年的特大雪灾给浙江的竹林生产经营造成了较大的损失，林农对这部分保险非常关注，但是就目前来说，还没有很好的解决措施。由于林业风险防范机制的不完善，许多有资金实力的投资者持观望态度，不敢轻易投资林业。完善森林病虫险、林木火险等林业保险，对林业保险单独立法，提高政府对森林险的保费补贴额度，减小林权需求方对林权投资行为的顾虑，对促进林权交易量的增加有重要的意义。

5. 完善林木采伐管理制度

我国的林木采伐管理制度在改善生态环境、减少森林滥伐现象等方面的作用非常显著。但是现行的采伐限额管理制度在很大程度上削弱了林地经营者的林地投资热情，许多有资金、有实力的投资者对林地投资持观望态度，不敢轻易投资林业。这一点可从林农对竹林和木质用材林的经营态度中的差异得到证实。课题组在福建和浙江等地的调研中发现，林农更热衷于经营竹林，其中一个主要原因是由于国家对竹林的采伐限制要宽松得多。因此要改革现有的林木采伐限额管理制度，适应市场经济和林权改革要求，建立具有弹性的采伐管理制度，既保证森林资源的可持续发展，又能盘活森林资源，促进林权交易市场的稳健发展。

6. 完善农村社会保障制度

非林劳动收入的稳定性也是影响非林就业收益系数的一个重要因素，多数农民都是以签订短期劳动合同的方式从事第二、第三产业劳动的，就业收入的稳定性差，失业风险高。对林地转出后非林就业收入稳定性的担忧，使得许多林农宁愿将林地闲置也不选择将其转让出去。完善农村社会保障机制，增加非林业就业机会，从根本上消除林农的心里顾虑，使其愿意将闲置的、收益率低的林地转让出去，从而增加林权交易市场中林权的供给量。从实际调研情况来看，在安徽、江西等省，如果林农有了稳定的非林收入，并无力从事林业生产的或者迁居的，林权转出的意愿较高。

附录1　森林资源流转情况农户调查问卷

尊敬的先生/女士：您好！

我们受国家林业局的委托，在浙江省进行森林资源流转方面的调查研究，您的看法和情况代表了许多不在调查范围内的浙江省农户，请慎重作答。

我们承诺：您所提供的情况和想法只用于科学研究，并予以保密。

谢谢您的配合！

南京林业大学经济管理学院课题组

2010年1月

县名____________ 乡名______ 村名__________ 日期______年____月____日

填表人年龄____ 性别____ 民族____ 文化程度____________ 主要从事的工作____________

说明：森林资源流转包括①林地使用权和林木所有权的共同流转（林地流转）；②林地使用权的单独流转（无林地流转）；③林木所有权的单独流转（主要指活立木采伐和收益权的流转）。

一、农户基本情况调查

附表1　家庭基本情况

家庭成员序号	与您的关系	年龄	文化程度	主要从事的工作	是否担任村干部职务
1					
2					
3					
4					
5					
6					

附表2　2009年家庭收入及其构成　　单位：%

家庭总收入（元）	其中各类收入所占比重						
	农业收入	当地企业打工收入	外出打工收入	个体经营收入	财产性收入（如房租、利息）	转移性收入（如村集体统一分配收入、农业补贴）	其他收入
（1）1万以下							
（2）1万~3万							
（3）3万~5万							
（4）5万~7万							
（5）7万~10万							
（6）10万以上							

填表说明：请首先选择家庭总收入所处的区间，再填写各类收入在家庭总收入中所占比重。

附表3　2009年家庭支出及其构成　　单位：%

家庭总支出（元）	其中各类支出所占比重						
	日常生活支出	教育费用支出	医疗费用支出	婚嫁置房	农业生产投资	储蓄	其他支出
（1）1万以下							
（2）1万~3万							
（3）3万~5万							
（4）5万~7万							
（5）7万~10万							
（6）10万以上							

填表说明：请首先选择家庭总支出所处的区间，再填写各类支出在家庭总支出中所占比重。

您家的林地是通过什么方式承包的：（1）单户承包；（2）联户承包。

如果您选（1）单户承包，请填写下表：

附表4　林地经营状况

林地面积（亩）				林地与县城间的距离（公里）
自家承包林地面积	实际经营林地面积	流入林地面积	流出林地面积	

如果您选（2）联户承包，请说明联户承包的情况：

____

____

二、农户森林资源流转情况调查

您家是否有森林资源流转：(1) 是；(2) 否。

说明：如果您选 (1)，请回答以下问题；如果您选 (2)，请从 37 题开始回答。

★如果您把森林资源转出给他人，请回答 1～18 题

★如果您从他人那里把森林资源转入，请回答 19～36 题

1. 森林资源转出的数量、方式与价格。

附表 5　农户森林资源转出情况调查

地块	面积（亩）	流转期限	起止年份	价格（元/年）	付款方式	流转方式
1						
2						
3						
4						
5						

填表说明：付款方式和流转方式用数字填写，各数字的含义如下：

付款方式：(1) 分年度以现金支付　　(2) 一次性全部用现金支付

(3) 实物支付　　(4) 其他，请说明________________

流转方式：(1) 转包　　(2) 租赁　　(3) 拍卖　　(4) 招标

(5) 股份合作　　(6) 托管　　(7) 其他，请说明____________

2. 森林资源转出时，合同方式是什么？

(1) 口头协议　　(2) 书面协议

3. 您转出森林资源的主要原因是（多项）：

(1) 缺乏劳动力　　(2) 自己经营林地的效益太低

(3) 取得采伐指标太困难　　(4) 转出所得比自己经营的收益高

(5) 其他，请说明____________

4. 您转出的林地占所拥有的林地多少？

(1) 1%～25%　　(2) 25%～50%

(3) 50%～75%　　(4) 75%～100%

5. 您家森林资源转出到（多项）：

(1) 本组　(2) 本村外组　(3) 本乡外村
(4) 本县外乡　(5) 外县

6. 您家森林资源转出给（多项）:
(1) 父母、兄弟姐妹　(2) 亲戚　(3) 一个村的朋友
(4) 营林大户（林场）　(5) 其他，请说明____________

7. 森林资源流转的价格是如何确定的?
(1) 流转双方商定　(2) 森林资源资产评估中心评估确定
(3) 其他____________

8. 您认为森林资源流转的价格如何?
林地流转价格:(1) 偏高　(2) 合理　(3) 偏低
林木流转价格:(1) 偏高　(2) 合理　(3) 偏低

9. 森林资源转出后，您是否办理了林权变更登记?
(1) 是　(2) 否，请说明原因____________

10. 您对森林资源流转的相关政策和法律有多少了解?
(1) 完全不了解　(2) 较深入的了解　(3) 只是听过

11. 您对森林资源流转过程中产生的纠纷会如何解决?
(1) 双方协商解决　(2) 找村委会协调　(3) 找林业主管部门协调
(4) 提起诉讼　(5) 其他，请说明____________

12. 您有在将来继续转出森林资源的打算吗?
(1) 没有
(2) 有，请说明具体情况____________

13. 您知道林权交易中心吗?
(1) 知道　(2) 不知道

14. 您是否尝试过通过林权交易中心流转森林资源?
(1) 是　(2) 否

15. 您选择通过林权交易中心流转森林资源的原因是（多项）:
(1) 中心提供了森林资源流转的信息，容易找到买家
(2) 中心操作规范，方便快捷
(3) 中心对森林资源的估价较为公平合理
(4) 中心提供法律法规政策咨询，可以减少因森林资源流转产生的纠纷
(5) 其他，请说明____________

____

16. 您没有通过林权交易中心，而选择其他途径流转森林资源的原因是（多项）：

（1）不知道有林权交易中心

（2）去林权交易中心太麻烦，不如交易双方直接谈判方便

（3）通过中心交易要额外缴纳一笔费用，不划算

（4）中心交易流程复杂，相对而言，通过中心完成交易需要更长的时间

（5）中心提供的森林资源流转信息更新较慢，找不到合适的交易方

（6）其他，请说明____

____

17. 您认为林权交易中心的收费标准如何？

（1）收费偏高　　　　（2）收费合理　　　　（3）收费偏低

18. 您对林权交易中心有何改进的建议：________________________

____

说明：如果您从他人那里把森林资源转入，请回答 19 ~ 36 题。

19. 森林资源转入的数量、方式与价格：

附表 6　农户森林资源转入情况调查

地块	面积（亩）	流转期限	起止年份	价格（元/年）	付款方式	流转方式
1						
2						
3						
4						
5						

填表说明：付款方式和流转方式用数字填写，各数字的含义如下：

付款方式：（1）分年度以现金支付　　　（2）一次性全部用现金支付

（3）实物支付　　（4）其他，请说明________________________

流转方式：（1）转包　　（2）租赁　　（3）拍卖　　（4）招标

（5）股份合作　　（6）托管　　（7）其他，请说明______________

20. 森林资源转入时，合同方式是什么？

（1）口头协议　　　　（2）书面协议

21. 您转入森林资源的主要原因是（多项）：

（1）有多余的劳动力　（2）给亲戚朋友帮忙　（3）能够明显增加收入
（4）实现林地的规模经营　（5）投资，看中长期价值
（6）其他，请说明________________

22. 您家森林资源是从何处转入的？（多项）
（1）父母、兄弟姐妹　（2）亲戚　（3）一个村的朋友
（4）其他，请说明________________

23. 您家森林资源是从何地转入的？（多项）
（1）本组　（2）本村外组　（3）本乡外村
（4）本县外乡　（5）外县

24. 您是怎么获取森林资源流转信息的？
____
____

25. 森林资源流转的价格是怎么确定的？
（1）流转双方商定　（2）森林资源资产评估中心评估
（3）其他________

26. 您认为转入森林资源的价格如何？
林地流转价格：（1）偏高　（2）合理　（3）偏低
林木流转价格：（1）偏高　（2）合理　（3）偏低

27. 森林资源转入后，您是否办理了林权变更登记？
（1）是　（2）否，请说明原因____________

28. 您对森林资源流转的相关政策和法律有多少了解？
（1）完全不了解　（2）较深入的了解　（3）只是听过

29. 您对森林资源流转过程中产生的纠纷会如何解决？
（1）双方协商解决　（2）找村委会协调　（3）找林业主管部门协调
（4）提起诉讼　（5）其他，请说明______________

30. 您有在将来继续转入森林资源的打算吗？
（1）没有
（2）有，请说明具体情况________________________________
____

31. 您知道林权交易中心吗？
（1）知道　（2）不知道

32. 您是否尝试过通过林权交易中心流转森林资源？

（1）是　　　　　　　　　（2）否

33. 您选择通过林权交易中心流转森林资源的原因是（多项）：

（1）中心提供了森林资源流转的信息，容易找到卖家

（2）中心操作规范，方便快捷

（3）中心对森林资源的估价较为公平合理

（4）中心提供法律法规政策咨询，可以减少因森林资源流转产生的纠纷

（5）其他，请说明____

____

34. 您没有通过林权交易中心，而选择其他途径流转森林资源的原因是（多项）：

（1）不知道有林权交易中心

（2）去林权交易中心太麻烦，不如交易双方直接谈判方便

（3）通过中心交易要额外缴纳一笔费用，不划算

（4）中心交易流程复杂，相对而言，通过中心完成交易需要更长的时间

（5）中心提供的森林资源流转信息更新较慢，找不到合适的交易方

（6）其他，请说明____

____

35. 您认为林权交易中心的收费标准如何？

（1）收费偏高　　　　　（2）收费合理　　　　　（3）收费偏低

36. 您对林权交易中心有何改进的建议：________________________

____

说明：如果您没有流转森林资源，请回答 37 ~ 41 题。

37. 您现在没有把森林资源转出的主要原因是（多项）：

（1）除了林业生产劳动，没有其他活可干

（2）不需要转出，因为自己完全有能力经营

（3）不愿转出，因为森林资源是“绿色银行”，能保值增值

（4）想转出去，但没人愿意要或对方出价太低

（5）想转出去，但集体不同意

（6）担心转出去，收益得不到保障

（7）担心转出去，难以收回自己经营

（8）其他________________________

38. 您现在没有从他人那里转入森林资源的主要原因是（多项）：

(1) 缺乏更多的劳动力
(2) 林业生产劳动的效益太低，增加林地面积对收入增长的影响不大
(3) 没人愿意转让
(4) 转入价格太高
(5) 担心转入后，经营风险增加，收益得不到保障
(6) 其他______________________

39. 您希望转出森林资源却没有转出的原因是（多项）：
(1) 不知道有谁愿意转入森林资源
(2) 转出价格太低，不情愿转出
(3) 转出价格太高，别人不情愿转入
(4) 没有人愿意转入
(5) 与别的林农谈判太麻烦
(6) 其他______________________

40. 您希望转入森林资源却没有转入的原因是（多项）：
(1) 不知道有谁愿意转出森林资源
(2) 转入价格太高，不情愿转入
(3) 没有人愿意转出
(4) 缺少资金
(5) 与别的林农谈判太麻烦
(6) 其他______________________

41. 满足什么条件的情况下，您会流转森林资源？

____

____

三、农户森林资源流转环境调查

1. 政府规定的林地承包期限，是否会影响您对森林资源的流转？
(1) 是　　(2) 否　　(3) 说不清楚
2. 您认为获取森林采伐指标难吗？
(1) 难　　(2) 不难　　(3) 说不清楚
3. 税费减免是否对您流转森林资源有重要影响？
(1) 是　　(2) 否　　(3) 说不清楚
4. 您在流转森林资源时，是否得到当地政府、村委会和村小组的支持？

（1）没有支持　　（2）很少支持　　（3）支持

5. 您认为需要设立林权交易中心吗?

（1）需要　　（2）不需要

6. 您参加了森林综合保险还是森林火灾保险?

（1）森林综合保险　　（2）森林火灾保险　　（3）两者都没有参加

7. 如果您在城里有稳定的工作和收入来源，您是否愿意进行森林资源流转?

（1）是　　（2）否

附录2　森林资源流转情况村干部调查问卷

县名________ 乡名________ 村名________ 日期________ 年____月____日

填表人姓名________ 年龄________ 性别________ 民族________ 文化程度________

说明：森林资源流转包括①林地使用权和林木所有权的共同流转（林地流转）；②林地使用权的单独流转（无林地流转）；③林木所有权的单独流转（主要指活立木采伐和收益权的流转）。

一、村级基本情况

1. 农户数____户，人口数____人。

2. 农地分布状况：总面积____亩。其中：水田面积____亩；旱地面积____亩；池塘水面____亩；林地____亩；海涂____亩；其他____亩。

3. 该村劳动力收入来源的主要行业：

指标	从事农业劳动	外出打工	自主经营二三产业	其他
占总劳动力的比率（%）				

4. 村集体收入及其构成

年份	总收入	农业（除林业外）		林业		工业、建筑业		运输业、服务业等	
		收入（万元）	占比（%）	收入（万元）	占比（%）	收入（万元）	占比（%）	收入（万元）	占比（%）
2007									
2008									
2009									

5. 村民人均纯收入：____元；最高者：____元；最低者：____元。

二、森林资源流转情况

1. 您村里林地流转面积：________亩；无林地流转面积：________亩；活立木流转的数量：________立方米。

2. 您村里森林资源流转的方式及各种方式所占的比重：__________________

____

____

3. 您村里森林资源流转的途径主要是什么？

（1）林权交易中心内交易

（2）其他交易方式____

4. 村集体是否有一些对林农之间自发流转森林资源的管理措施？

（1）有

（2）没有

5. 如果没有，您认为是否应加强管理？

（1）是

（2）否，理由：____

6. 森林资源流转后村集体和农户收入变化情况如何？

____

____

7. 森林资源流转的困难和问题有哪些？

____

____

8. 该村对完善森林资源流转制度的意见和建议：

____

____

参考文献

［1］ Arthur W B. 1999. Complexity and the Economy ［J］. Science，284 (5411)：107 -109.

［2］ Bone C，Dragicevic S. 2009. Evaluating Spatio - temporal Complexities of Forest Management：An Integrated Agent - based Modeling and GIS Approach ［J］. Environmental Modeling & Assessment，14 (4)：481 -496.

［3］ Campo P C，Mendoza G A，Guizol P，et al. 2009. Exploring Management Strategies for Community - based Forests Using Multi - agent Systems：A case Study in Palawan，Philippines ［J］. Journal of Environmental Management，90 (11)：3607 - 3615.

［4］ Coase R H. 1937. The Nature of the Firm ［J］. Economica，4 (16)：386 -405.

［5］ Gujaratid N. 计量经济学基础：第4版［M］. 北京：中国人民大学出版社，2004.

［6］ Jin S，Sader S A. 2006. Effects of Forest Ownership and Change on Forest Harvest Rates，Types and Trends in Northern Maine ［J］. Forest Ecology and Management，228 (1 -3)：177 -186.

［7］ Purnomo H，Mendoza G A，Prabhu R，et al. 2005. Developing Multi - stakeholder Forest Management Scenarios：A Multi - agent System Simulation Approach Applied in Indonesia ［J］. Forest Policy and Economics，7 (4)：475 -491.

［8］ Smith J M，Price G R. 1973. The Logic of Animal Conflict ［J］. Nature，246 (5427)：15.

［9］ Thorstain Veblen. 1898. The beginning of Ownership ［J］. The American Journal of Sociology，14 (3)：352 -365.

［10］ 奥利弗·E. 威廉姆森. 资本主义经济制度［M］. 北京：商务印书馆，2010.

［11］蔡志坚，李莹，谢煜等．基于TPB模型的农户林地转出决策行为分析框架［J］．林业经济，2012，242（9）：8－12.

［12］陈念东，刘祖军．集体林权流转弱市场化困境的思考——基于交易费用理论视角［J］．林业经济问题，2012（5）：392－396.

［13］程云行．集体林区林地产权制度改革途径研究［J］．林业资源管理，2005（3）：11－14.

［14］仇晓璐，陈绍志，赵荣．集体林权制度改革对农户收入的影响——基于倾向得分匹配法（PSM）的实证分析［J］．中国农业大学学报，2018，23（12）：211－220.

［15］崔雨晴，徐秀英，鲍泽钦等．非木质林产品生产对农户收入的影响分析［J］．浙江农林大学学报，2011，28（1）：121－126.

［16］董加云，刘金龙．理论与实践：中国集体林地流转研究进展与展望［J］．林业经济问题，2012（3）：189－194.

［17］方斌．林业产权交易所经营目标的模式及功能定位——以华东和南方两个林业产权交易所为例的比较分析［J］．安徽林业科技，2017，43（1）：28－31.

［18］方美琪，张树人．复杂系统建模与仿真［M］．北京：中国人民大学出版社，2007.

［19］高宝俊，宣慧玉，李璐．基于Agent的连续竞价股票市场仿真研究［J］．管理评论，2005（6）：3－7.

［20］郭萌．当前木材市场的变化与发展浅析［J］．林业经济问题，1996（4）：46－48.

［21］韩立达，徐怀卫．中国集体林权制度改革的回顾与思考［J］．林业资源管理，2009：14－18.

［22］韩雅清，魏远竹．林权交易中心的双边市场性质探讨［J］．林业经济，2017，39（5）：64－70.

［23］贺东航，朱冬亮，王清军等．集体林权制度改革2013年监测观察报告［J］．林业经济，2014，36（4）：23－36.

［24］贾治邦．集体林权制度改革给我们的几点启示［J］．林业经济，2006（6）：5－8.

［25］柯水发，李红勋．集体林地使用权流转的利益相关者博弈分析［J］．绿色科技，2011（6）：220－224.

[26] 孔凡斌，杜丽．集体林权制度改革中的林权流转及规范问题研究[J]．林业经济问题，2008（5）：377－384.

[27] 孔凡斌，廖文梅．基于收入结构差异化的农户林地流转行为分析——以江西省为例[J]．中国农村经济，2011（8）：89－96.

[28] 孔祥智，郭艳芹，李圣军．集体林权制度改革对村级经济影响的实证研究——福建省永安市15村调查报告[J]．林业经济，2006（10）：17－21.

[29] 雷加富．集体林权制度改革是建设社会主义新农村的重要举措——福建、江西集体林权制度改革透视与深化[J]．东北林业大学学报，2006（3）：1－4.

[30] 冷清波．我国集体林权竞争市场中交易行为博弈分析[J]．西北林学院学报，2011，26（6）：224－228.

[31] 李朝柱．农户林地流转及对家庭收入的影响研究［D］．浙江农林大学，2012.

[32] 李慧．林权改革下林地适度经营规模研究——以天水市、秦皇岛市为例［D］．北京林业大学，2013.

[33] 李兰英，黄文义，童红卫等．林农合作社对山区林农收入影响实证分析[J]．浙江农林大学学报，2011，28（5）：783－788.

[34] 李霄．农村土地使用权流转的博弈分析[J]．农业经济问题，2003（12）：4－7.

[35] 李怡，高岚，刘一明．我国林权流转效益分析与评价[J]．农村经济，2016（2）：44－49.

[36] 李子奈，潘文卿．计量经济学（第三版）［M］．北京：高等教育出版社，2010.

[37] 廖守亿，戴金海．复杂适应系统及基于Agent的建模与仿真方法[J]．系统仿真学报，2004（1）：113－117.

[38] 林旭霞，张冬梅．林权的法律构造[J]．政法论坛，2008（3）：180－187.

[39] 刘璨，张巍．退耕还林政策选择对农户收入的影响——以我国京津风沙源治理工程为例[J]．经济学（季刊），2007（1）：273－290.

[40] 刘璨．我国南方集体林区主要林业制度安排及绩效分析[J]．管理世界，2005（9）：79－87.

[41] 刘伟平．三明市集体林产权制度变迁研究[J]．林业经济问题，2006

(6)：481-489.

[42] 刘依依. 集体林地承包经营纠纷解决机制中的个体行为决策研究：双账户视角 [D]. 南京林业大学，2018.

[43] 刘园园，谢煜，张浩等. 林权交易市场中交易行为的博弈分析[J]. 林业经济问题，2012，32 (5)：433-439.

[44] 刘贞，张希良，何建坤. 实验经济学中多主体博弈仿真框架研究[J]. 系统仿真学报，2008，20 (24)：6658-6663.

[45] 刘祖军. 福建集体林权流转实证研究 [D]. 北京林业大学，2011.

[46] 龙飞，祁慧博，刘笑萍等. 碳税情景下企业碳减排技术创新的响应机理与系统仿真[J]. 技术经济，2016，35 (8)：92-98.

[47] 卢秋佳，魏远竹，徐龙顺等. 计划行为理论视角农户选择林权交易中心意愿分析[J]. 林业经济问题，2018，38 (6)：48-55.

[48] 卢现祥，朱巧玲. 新制度经济学（第2版）[M]. 北京：北京大学出版社，2012.

[49] 吕德文. 林权改革的历史与现实[J]. 调研世界，2009 (1)：21-23.

[50] 吕铎，罗兰，赵春荣. 基于演化博弈的集体林权流转市场初级阶段的理论探索[J]. 林业经济问题，2014，34 (1)：43-49.

[51] 罗必良，何应龙，汪沙等. 土地承包经营权：农户退出意愿及其影响因素分析——基于广东省的农户问卷[J]. 中国农村经济，2012 (6)：4-19.

[52] 罗攀柱，李际平，陈元红. 集体林区林地使用权流转模式、动机与路径选择——基于湖南省一个县的实证调查[J]. 林业科学，2010，46 (9)：158-163.

[53] 乔永平，聂影. 森林资源产权交易市场建设的实践与探索——以南方林业产权交易所为例[J]. 中国林业经济，2011 (4)：26-28.

[54] 乔永平，曾华锋. 南方集体林区森林资源产权市场交易平台的整合[J]. 中国林业经济，2013 (1)：26-29.

[55] 乔永平. 森林资源产权场内交易分析——基于南方林业产权交易所的数据[J]. 江苏农业科学，2014 (9)：430-433.

[56] 乔永平. 森林资源产权市场发展研究[J]. 江苏农业科学，2011，39 (5)：582-584.

[57] 秦铁军. 交易费用经济学回顾与展望：威廉姆森视角[J]. 世界经济情况，2010 (7)：70-74.

［58］邱皓政．量化研究与统计分析——SPSS 中文视窗版数据分析范例解析［M］．重庆：重庆大学出版社，2009.

［59］全国绿化委员会办公室．2014 年中国国土绿化状况公报（摘要）［J］．国土绿化，2015（3）：10－13.

［60］沈文星，贾卫国，吕月良等．福建集体林区林木处置权制度变革探讨［J］．林业经济，2008（9）：39－43.

［61］盛昭瀚，张军，杜建国．社会科学计算实验理论与应用［M］．上海：上海三联书店，2009.

［62］盛昭瀚，张军，刘慧敏．社会科学计算实验案例分析［M］．上海：上海三联书店，2011.

［63］石丽芳，王波．农户林地经营的效率和适度规模问题探究——基于福建集体林区农户调查分析［J］．林业经济问题，2016，36（6）：489－493.

［64］王宪恩．南方集体林区经营方式的探讨——浙江林业改革十年回顾［J］．林业经济，1989（5）：28－29.

［65］魏建，尹少华，刘璨．新一轮集体林权制度改革对兼业与非兼业农户收入的影响研究［J］．林业经济，2018，40（12）：64－71.

［66］魏远竹，谢帮生，陈建敏．福建省林权交易主要方式比较分析——基于典型县市的调查［J］．林业经济问题，2011（4）：304－309.

［67］魏远竹，谢帮生，叶莉．农户选择林权交易中心的影响因素实证分析——以福建省尤溪、邵武、沙县、永安四县市为例［J］．东南学术，2014（1）：143－151.

［68］魏远竹，谢帮生，张宝芳．福建省林权交易中心案例研究——以永安、沙县、尤溪、邵武为例［J］．林业经济，2011（10）：19－25.

［69］魏远竹，张春霞，杨建州等．福建省新一轮林改尚存的若干问题及对策探析［J］．中国农学通报，2007（11）：166－173.

［70］温作民，朱小静，谢煜．浙江省林权交易中心案例研究报告［M］．北京：中国农业出版社，2012.

［71］文彩云，李扬，王砚时等．集体林权流转现状、成效及发展趋势［J］．林业经济，2015（5）：3－6.

［72］吴守蓉，李柯樵，白石则彦．我国林权管理服务机构的运行特征和优化设计［J］．农村经济，2016（11）：52－56.

［73］谢刚．房地产市场中的机会主义行为与合作建房探讨［J］．产业与科

技论坛，2007（7）：167－168.

［74］谢和生，李智勇．林农合作形式多样性选择交易理论分析［J］．林业经济，2011（2）：32－35.

［75］谢彦明，刘德钦．林农森林保险需求影响因素分析——以云南 492 户林农为例［J］．林业经济问题，2009，29（5）：419－422.

［76］谢屹，温亚利，陈建成．我国林权交易市场的现状与展望［J］．林业经济，2012（9）：3－7.

［77］谢屹，温亚利．农户林地林木转出行为影响因素的实证分析［J］．北京林业大学学报（社会科学版），2009，8（4）：48－54.

［78］谢屹．江西省集体林权制度改革中的林地林木流转研究［D］．北京林业大学，2008.

［79］谢宇．回归分析［M］．北京：社会科学文献出版社，2010.

［80］谢煜，蔡志坚，丁胜等．集体林权制度改革后基层林业站职能的转变［J］．南京林业大学学报（自然科学版），2007，31（5）：143－146.

［81］谢煜，蔡志坚，张浩等．基于多主体的林权交易市场仿真研究框架［J］．林业经济，2014（4）：37－42.

［82］谢煜，朱小静，温作民等．集体林权制度改革后林权交易市场的运行机制研究［J］．农村经济，2013（12）：33－36.

［83］谢煜，朱小静，温作民等．为什么小规模林农没有选择场内交易——来自浙江的实证研究［J］．农林经济管理学报，2016（3）：271－279.

［84］徐秀英，石道金，杨松坤等．农户林地流转行为及影响因素分析——基于浙江省临安、安吉的农户调查［J］．林业科学，2010（9）：149－157.

［85］徐秀英，石道金．集体林地产权制度变革的农户心态调查［J］．林业经济问题，2004（2）：70－72.

［86］徐秀英，石道金．浙江集体林地使用权流转的调查研究［J］．林业资源管理，2003（5）：15－18.

［87］许佳贤．杉木用材林适度规模经营研究［D］．福建农林大学，2010.

［88］杨超，宋维明．林权改革条件的林农选择：营林行为与营林规模［J］．改革，2015（11）：77－85.

［89］杨德才．新制度经济学（第 2 版）［M］．南京：南京大学出版社，2016.

［90］杨丽颖，谢煜．中国林业产权场内交易现状分析——基于南方林业产

权交易所4565条交易数据[J]．林业经济问题，2017，37（5）：79－84.

[91] 杨丽颖．中国林业产权交易市场场内交易研究［D］．南京林业大学，2018.

[92] 杨萍．福建省集体林林权流转方式探讨[J]．中国林业经济，2008（3）：32－36.

[93] 杨洋．中部林业产权交易服务中心长沙揭牌[J]．林业与生态，2014（12）：44.

[94] 佚名．得天时占地利聚人和“中部林权”盛装起航——中部林业产权交易服务中心介绍[J]．湖南林业科技，2015，42（4）：105.

[95] 佚名．改革开放40年浙江林业十件大事[J]．浙江林业，2018（12）：7.

[96] 佚名．华东林业产权交易所[J]．今日浙江，2013（9）：2－4.

[97] 于景元，周晓纪．从综合集成思想到综合集成实践——方法、理论、技术、工程[J]．管理学报，2005（1）：4－10.

[98] 于维生．博弈论与经济［M］．北京：高等教育出版社，2007.

[99] 袁春，吴伟光．集体林区农户对林业生产技术需求及其决定因素分析[J]．浙江农林大学学报，2016，33（3）：369－376.

[100] 袁榕，姚顺波，刘璨．林改后林农扩大林业经营规模意愿影响因素实证分析——以南方集体林权区为例[J]．山东农业大学学报（自然科学版），2012，43（1）：148－154.

[101] 岳修奎，刘灿灿，徐明瑜等．上市公司并购重组中股份定价研究[J]．中国资产评估，2018（5）：23－32.

[102] 翟东升，王铠．基于多Agent的期货市场实验研究[J]．财贸研究，2006（4）：77－82.

[103] 张春霞．木材市场开放与宏观经济管理问题[J]．福建林学院学报，1985（2）：71－75.

[104] 张红霄．我国集体林权制度改革的法律解析[J]．林业经济，2008（9）：760－765.

[105] 张蕾，蔡志坚，谢煜等．农户林地流转影响因素的实证研究——基于农户职业分化和收入分化视角[J]．林业经济问题，2013，33（5）：397－402.

[106] 张文彤，闫洁．SPSS统计分析高级教程［M］．北京：高等教育出版社，2009.

［107］张晓丽．基于林权交易市场的林业引资路径与模式研究［D］．北京林业大学，2013.

［108］张月月，李兰英，章伟民等．林权流转价格及其影响因素分析［J］．林业经济问题，2019，39（2）：143－148.

［109］赵海兰，刘德钦，谢彦明．云南省集体林权配套制度改革绩效评价及创新路径分析［J］．林业经济问题，2012，32（1）：66－70.

［110］赵洪祝．深化林业产权制度改革　大力发展浙江现代林业［J］．绿色中国，2007（15）：24－25.

［111］赵伟，张维．集体林权制度改革的产权设定与林权流转市场的构建［J］．林业经济问题，2009，29（3）：210－213.

［112］中共崇义县委．江西崇义县集体林权制度改革的做法与成效［J］．林业经济，2006（4）：11－16.

［113］中国集体林产权制度改革主要政策问题研究课题组．集体林产权制度改革与林地可持续经营［J］．林业经济，2010（9）：12－29.

［114］中国集体林产权制度改革主要政策问题研究课题组．集体林流转政策实践与研究进展［J］．林业经济，2010（8）：53－58.

［115］朱文清，张莉琴．集体林地确权到户对林地流转的政策效果分析［J］．资源科学，2018，40（7）：1407－1417.

［116］朱小静，张红霄．影响农户流出林地承包经营权的制度因素研究——基于农户权利的视角［J］．求实，2012（11）：88－91.

［117］朱永．第七次全国森林资源清查结果表明——我国提前两年实现对世界承诺的森林增长目标［J］．国土绿化，2009（12）：5－7.

［118］朱再昱，曹建华，王红英等．构建区域中心性林权交易市场的探讨——以江西省赣州市17个县市为例［J］．林业经济，2010（4）：45－49.